Nuova Narrativa Newton
818

Questa è un'opera di fantasia. Nomi, luoghi e avvenimenti
sono frutto dell'immaginazione dell'autore o sono usati
in maniera fittizia. Qualunque analogia con fatti
o persone reali, esistenti o esistite, è puramente casuale.

Titolo originale: *The Exiled*

Originally published in the English language
as *Exiled* by Bonnier Zaffre, London

Copertina © Sebastiano Barcaroli

Traduzione di Gabriella Diverio e Francesca Noto

Prima edizione: ottobre 2019

ISBN 978-88-227-3581-2

www.newtoncompton.com

Realizzazione a cura di Corpotre, Roma
Stampato nell'ottobre 2019 da Puntoweb s.r.l., Ariccia (Roma)

David Barbaree

Il potere di Roma

Newton Compton editori

A Anna

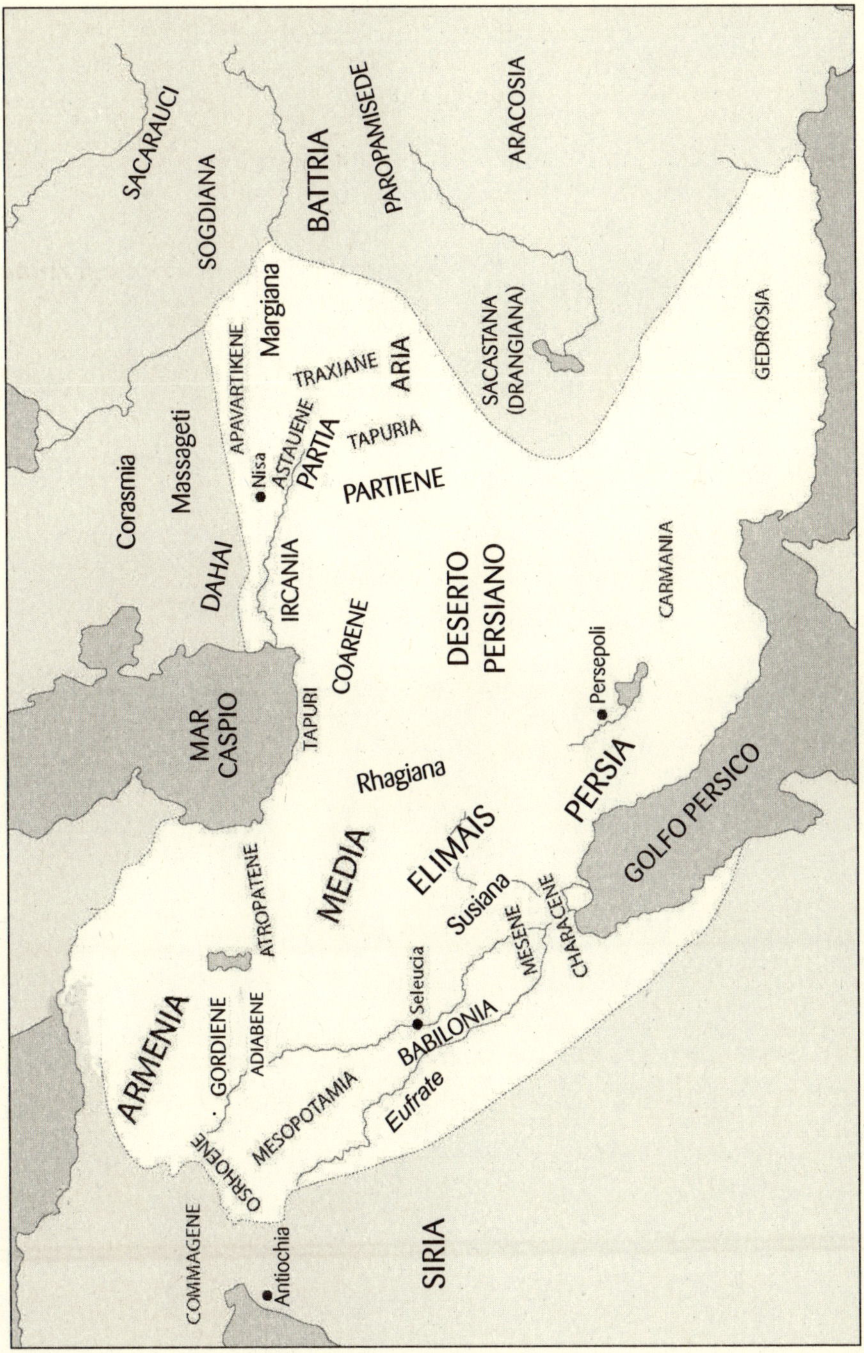

La provincia dell'Impero partico e i territori limitrofi.

Il Golfo di Napoli.

PERSONAGGI

PARTIA

I re di Partia

Re Vologase, sovrano malato di Partia, re dal 51d.c., ha scatenato la guerra civile nominando suo successore il figlio cadetto, Pacoro II.
Re Vologase II, primogenito di Vologase, uno dei tre figli che ambiscono al trono.
Re Artabano III, secondogenito di Vologase, non se la sta passando bene nella guerra civile.
Re Pacoro II, figlio cadetto di Vologase e suo successore.

I fedeli a Re Artabano III

Zenobia, moglie del re Artabano III.
Dario, satrapo di Battria, consigliere del re Artabano III.
Meerdate, detto il Rospo, figlio latinizzato di un ostaggio partico a Roma; gli sono state tagliate le orecchie da re Gotarze (detto il Macellaio), dopo un colpo di stato fallito.
Imero, capo degli eunuchi dell'harem del re.

ITALIA

I Flavi

Vespasiano, defunto imperatore di Roma, ha regnato dal 68 al 79 d.C.
Tito Cesare, figlio primogenito di Vespasiano, ex soldato e generale, nominato imperatore dopo la morte del padre nel giugno del 79 d.C.
Domiziano, figlio secondogenito di Vespasiano.
Domitilla, figlia primogenita di Vespasiano.
Vespasia, figlia secondogenita di Vespasiano.

Servitori e cortigiani imperiali

Tolomeo, schiavo e segretario imperiale di Tito.
Giocasta, serva fedele da lunga pezza di Domitilla.
Livia, serva di Domitilla.

Casa di Secondo

Plinio Secondo, detto Plinio il Vecchio, ammiraglio della flotta imperiale, militare, scrittore e intimo consigliere degli imperatori Vespasiano e Tito.
Gaio Cecilio, nipote di Plinio, schivo e amante dello studio.
Spartaco, segretario dell'ammiraglio Plinio.
Zosimo, schiavo di Gaio.

Casa di Ulpio

Lucio Ulpio Traiano, ricco senatore cieco proveniente dalla Spagna
Marco Ulpio Traiano, nipote di Lucio Ulpio
Teseo, liberto ed ex gladiatore con un solo occhio
Ciro, liberto di Ulpio
Elsa, una vecchia schiava, come una madre per Marco

Senatori e Patrizi

Cocceio Nerva, senatore caduto in disgrazia presso i Flavi, dispone di una rete di spie in tutto l'impero.
Sulpicio Petico, tornato da poco dalla Siria, proprietario di gladiatori, il fratello è stato messo a morte sotto Nerone.
Ceriale, generale e amico dell'imperatore Tito, fidanzato con Domitilla.
Tascio Pomponiano, vive vicino a Stabiae, nel Golfo di Napoli.
Eprio Marcello, defunto, senatore sotto Nerone e Vespasiano, ha cospirato per uccidere e rovesciare Vespasiano.
Cecina Alieno, defunto, ex comandante durante le guerre civili, coinvolto nella cospirazione di Marcello per rovesciare Vespasiano
Valerio Festo, arrogante membro dell'entourage di Domiziano.

Soldati e guardia pretoriana.

Virgilio, da poco nominato prefetto della guardia pretoriana e uomo di fiducia di Tito.
Manlio, centurione incaricato di sorvegliare gli ostaggi partici, Barlaa e Sinnace.
Catullo Messalino, legato della guardia pretoriana e buon amico di Domiziano.

Ostaggi partici

Carene, defunto, generale e satrapo della Mesopotamia, ha sostenuto Meerdate nel fallito colpo di stato per rovesciare re Gotarze.
Barlaa, guerriero di discendenza regale, uno dei cospiratori, con Carene, nel colpo di stato per rovesciare re Gotarze.
Sinnace, figlio di Carene, nato in Italia.

Emissari partici

Arshak, capo degli emissari partici, basso, con gli occhi eterocromi
Farbod e Farhad, fratelli, alti e di nobile aspetto.
Atropate, vecchio traduttore che indossa un copricapo sciita.

Gladiatori e cacciatori

Il Batavo, leggendario *venator*, cacciatore di belve, di proprietà di Nerva.
Sanguinerola, gladiatore, categoria mirmillone, di proprietà di Sulpicio Petico.
Lancia di Sogdiana, guerriero portato in Italia dagli emissari partici.

Reatini

Plinio Pinario, becchino, che vorrebbe un'udienza con Domitilla a Baiae.
Sesto Pinario, figlio di Plinio Pinario, che dovrebbe subentrargli nella gestione degli affari di famiglia.

SIRIA

Casa di Ulpio.

Nerone, deposto imperatore, sotto le spoglie dello spagnolo Lucio Ulpio Traiano.
Marco, ex schiavo, attualmente si finge nipote di Ulpio.
Teseo (detto Spiculo), ex gladiatore preferito di Nerone.
Doriforo (detto Ciro), ex liberto di Nerone, attore e maestro nei travestimenti.

Patrizi locali

Commodo, governatore della Siria.
Sulpicio Petico, senatore di Roma, proprietario di gladiatori, il fratello è stato messo a morte sotto Nerone.

NOTA DELL'AUTORE

Per più di due secoli la Partia fu rivale dell'antica Roma. Si estendeva dall'Eufrate a ben oltre il Mar Caspio, fino alla catena montuosa del Parapamiso e a sud fino al Golfo Persico. Comprendeva l'odierno Iran, l'Iraq e parte di paesi limitrofi, tra cui la Turchia e l'Afghanistan.

Quando non erano in guerra aperta, il rapporto tra i due grandi imperi poteva essere considerato come l'equivalente antico dell'odierna guerra fredda. Si appoggiavano i pretendenti al trono del rivale. Si scambiavano ostaggi. Le concessioni ottenute venivano usate per conseguire vittorie politiche nel proprio paese.

Sappiamo poco della storia politica interna della Partia, specie riguardo alla seconda metà del I secolo dopo Cristo. Del periodo tra il 77 e l'80 d.C., successivo al regno trentennale di Vologase I, esistono riferimenti storici riguardanti tre diversi successori, Vologase II, Pacoro II e Artabano III, che indurrebbero a pensare a conflitti civili, ma si tratta solo di supposizioni.

A Roma Nerone, l'ultimo degli imperatori della dinastia Giulio-claudia, governò fino al 68 d.C. A prendere il potere dopo di lui fu Vespasiano, a seguito di una breve ma sanguinosa guerra civile. Vespasiano regnò per un decennio e fondò la dinastia flavia, destinata a durare per altri vent'anni sotto i suoi figli, Tito e Domiziano.

Durante il regno dei Flavi almeno tre uomini proclamarono di essere il deposto imperatore Nerone. Non sono sopravvissute molte testimonianze inerenti questi cosiddetti "falsi" Neroni. Sappiamo che erano spine nel fianco dei Flavi e che uno di essi cercò rifugio e appoggio in Partia durante il regno di Tito, ma poco più.

Questo libro è il secondo di una serie ispirata ai falsi Neroni. È ambientato nel 79 e 80 d.C. Le notizie storiche sul periodo sono prevalentemente costituite dai resoconti di uomini che ne hanno scritto decenni o addirittura secoli dopo i fatti, interpretando il compito di documentare la storia attraverso la lente delle loro scelte di parte, personali e politiche. È quindi impossibile sapere con precisione cosa sia o non sia realmente accaduto durante il regno della dinastia flavia. Per fortuna, chi scrive romanzi non è tenuto ad attenersi alle stesse regole degli accademici. Questa è un'opera di fantasia. Mi sono preso tutte le libertà che un romanziere può concedersi., e la maggior parte delle imprecisioni storiche sono intenzionali. Allo stesso tempo ho però cercato di narrare una storia a suo modo veritiera, attraverso l'analisi dei documenti storici, delle intrinseche scelte di parte e delle contraddizioni mai chiarite, con l'ambizione di colmare quel vuoto che uno studio di carattere accademico non avrebbe potuto colmare.

PROLOGO

Il generale arriva nel pomeriggio. Ad attenderlo c'è mezza città.

«Cominciamo?», chiede.

La domanda è retorica: è il generale a decidere i tempi, non sono gli altri a imporglieli. Ma il sacerdote – uno del posto, che non conosce il protocollo imperiale – non mostra quella deferenza che spetterebbe di diritto all'uomo più importante dopo l'imperatore.

«Dobbiamo attendere», risponde bruscamente il sacerdote, «fino a quando il sole non inizierà la sua discesa».

Il generale borbotta. «Attendere?». Ma il sacerdote non è altro che un tramite, che incarna la volontà di Apollo. Chi è dunque il generale per mettersi a discutere?

Perciò, decide di accamparsi. E di attendere.

Cesare sarebbe venuto in prima persona. Ma non sta bene, ed è così già da qualche tempo. A letto, si dice, destinato a non alzarsi più. Il senato ha deciso di mandare suo figlio, il famoso generale. Anche se nessuno ha osato dirlo ad alta voce, sono stati tutti concordi nel ritenere che fosse solo questione di tempo prima che il figlio venisse proclamato imperatore, non appena Cesare avesse esalato il suo ultimo respiro.

All'ora sacra il generale percorre a piedi una foresta di pini antichissimi, su una collina scoscesa, per arrivare al Tempio di Apollo. La costruzione ha più di mille anni, è persino più vecchia di Roma. Facciata in marmo del Nordafrica, colonne con scanalature e due podi uniti da una gradinata; sul primo arde in un braciere un fuoco perenne. Poco distante c'è una scogliera che domina il Tirreno. Si intravede in lontananza l'isola di Ischia, uno scoglio nero dai contorni confusi che si erge dal mare.

Alla luce delle torce il generale sacrifica tre tori neri e un bue. Agli animali viene praticato un taglio nel collo e un fiume di sangue si riversa sul terreno, formando pozzanghere gelatinose e scure. Gli accoliti recitano versi antichi mentre il sacerdote inginocchiato, con le braccia sporche di sangue dalla punta delle dita ai gomiti, tira fuori e ispeziona le interiora degli animali, facendo scorrere il pollice su ogni fegato, come una sarta che controlli ogni cucitura. Una volta accertato che non vi sia nulla di anomalo, conduce il generale giù per la foresta attraverso uno stretto sentiero sterrato, fino all'ingresso di una grotta.

Al compagno del generale, un soldato dai capelli bianchi, viene detto di attendere assieme agli accoliti.

Il sacerdote si abbassa per entrare nella grotta; il generale lo segue.

Il passaggio è stretto e buio. Il sacerdote lo conduce in un antro. Alla luce delle torce, un fagotto di dimensioni umane inizia a muoversi in un angolo.

La Sibilla.

Si tira su a sedere, poggiando la schiena contro l'aspra parete della grotta.

La sacerdotessa è esile, tutta ossa e tendini, con capelli neri e folti.

È soltanto una ragazzina, avrà intorno agli otto anni. Ma con la sua pelle pallida e quegli occhi neri ha l'aspetto di una donna anziana, già prossima alla morte.

«Parla, e lei risponderà», dice il sacerdote.

Il generale esita.

Da soldato non ha mai avuto esitazioni. Sorride e pensa, Cosa ti prende? Questa piccola sacerdotessa di Apollo è forse più spaventosa di un'orda di germanici o di un assassino dei Sicarii? Ricorda che non lo stai facendo per te, ma per i sacerdoti che sono a Roma e per il Senato timorato di Dio. Chiedi quanto sei venuto fin qui a chiedere, e poi va' a fare qualcosa di più utile.

Il generale si schiarisce la voce: «Gli oracoli raccontano di una calamità che colpirà Roma se l'ultimo dei troiani attraverserà l'Eufrate». Si impone di non pronunciare il nome dell'uomo. Significherebbe dare troppo credito a quell'impostore. «Corrono voci su qualcuno che afferma di essere tale uomo, e che starebbe radunando un esercito a Oriente. Potrebbe attraversare il fiume da un giorno all'altro. Potrebbe averlo già fatto. Dimmi cosa devo fare, per il bene di Roma».

La voce della Sibilla è come un sussurro vuoto. «Non avere timore. Ogni impero è destinato a cadere».

«Dimmi, sacerdotessa», la voce del generale si fa più forte man mano che riacquista sicurezza. «Cosa devo fare per proteggere il Principato e scongiurare la guerra?».

La sacerdotessa getta la testa all'indietro, i suoi occhi iniziano a vagare come se stessero osservando il volo irregolare di un'ape, e la sua voce diventa profonda quanto quella di un uomo. Dunque si pronuncia:

«Quando l'ultimo dei troiani sarà a Oriente e a Occidente, montagne cadranno e il cielo si riempirà di cenere nera.
Quando il seme di Enea attraverserà l'Eufrate, il cuore del lupo brucerà e una piaga si diffonderà.
Fa' attenzione alla maledizione di una madre. Segue il colpevole anche oltre la morte.
Fa' attenzione alla maledizione di Remo. Non sei nessun Romolo.
Fa' attenzione alla forza. È la tua più grande debolezza.
Quando i bambini dai capelli d'oro se ne saranno andati, sarà uno schiavo a governare.
Apollo mantiene la sua parola».

Cade sul pavimento vomitando bile nera, poi si raggomitola nuovamente nel fagotto che era quando i due sono entrati.

Il generale è pallido quando esce dal tempio, anche se più tardi sosterrà che fosse per l'effetto del chiaro di luna, non per il colore che ha abbandonato il suo viso, non per un sintomo di paura. Si ritira nella sua tenda con il compagno canuto, a bere vino fino alla mattina seguente. Parlano di guerra, di donne, di qualsiasi cosa che possa distogliere la mente da quel mucchietto di ossa che dispensa oracoli, con cui ha parlato Cesare.

Il soldato dai capelli bianchi pensa: questo doveva essere solo un classico tributo pagato allo spirito superstizioso dell'impero. Che sia diventato qualcosa di più?

Alla fine, chiede: «Che cosa ha detto la Sibilla?».

Il generale gli ripete le parole della Sibilla come le ricorda. Quando ha finito, si sforza di ridere. Dopotutto, è il grande generale che ha posto fine all'assedio di Gerusalemme. Cosa gliene importa delle predizioni di una bambina di otto anni?

«Ha detto che le montagne cadranno», dice al suo amico. «Come se gli dèi potessero rovesciare le montagne».

I
TREMORI
79 D.C.

ZENOBIA

1 aprile
Harem di Artabano IV, *Partia*

Il messaggio giunge dopo il tramonto. L'eunuco del re, Imero, lo consegna. Non ci sarà battaglia, comunica. Non stasera.

Ottantotto donne, in tensione da quando in mattinata era stato identificato un esercito nemico, tirano tutte un sospiro di sollievo. Accanto a me la regina, che è incinta di otto mesi, inizia a piangere lacrime di gioia. L'harem non è pronto ad affrontare un'altra battaglia. Le cicatrici lasciate da Persepoli, con le vite perse e la crudele, lunga marcia verso nord, devono ancora guarire.

La notizia giunge a sorpresa, e io non condivido il loro sollievo. Mi sento... delusa. È vero, stasera non ci sarà battaglia. Ma siamo in guerra. Le battaglie arriveranno. Un combattimento avrebbe almeno posto fine al nostro esilio, avrebbe potuto significare riavere un tetto sulla testa, al posto delle tende impregnate di fumo grigio che vedo davanti agli occhi ogni sera mentre aspetto di addormentarmi.

Imero conclude il discorso con le solite banalità sul nostro re, ricordandoci il suo ineguagliabile genio, la sua magnanimità, la giustezza della sua causa. L'adulazione nelle sue parole è così esagerata, così retorica, che mi scappa quasi da ridere. Eppure, su qualcuna riesce a far presa. Alcune donne annuiscono con il capo; altre mormorano preghiere per il loro re. Forse sono solo quelle che non hanno mai incontrato Artabano e non hanno idea del suo carattere, sebbene non possa affermarlo con certezza. A differenza di altri, io non sto a tenere il conto di tutte quelle a cui è stato concesso l'onore di condividere il suo letto regale. Ci fu un tempo in cui lo facevo, quando ero giovane, competitiva e vanesia. Quei giorni ormai sono alle mie spalle, così come le vittorie.

Una volta concluso il discorso, Imero mi cerca con lo sguardo e si fa strada in mezzo alla tenda. Alcune donne, ansiose di maggiori informazioni o di rassicurazione, si avvicinano tirandogli la veste. L'eunuco concede a tutte una parola di conforto o un sospiro solidale, ma senza mai interrompere il passo.

Quando mi raggiunge, sussurra: «Il satrapo vorrebbe scambiare due parole con te».

«Davvero?», dico alzando un sopracciglio. È *consentito?*

«Dice che è di grande importanza». Il tono di Imero è un perfetto esempio di buone maniere. È il capo eunuco dell'harem del re e non proporrebbe mai nulla che andasse contro il protocollo.

«Ti accompagnerò io».

Annuisco, mi annodo il velo e seguo l'eunuco fuori cercando di non dare nell'occhio. Sotto uno spicchio di luna bianca percorriamo insieme il campo fino a un'altra tenda, più piccola della sede del lungo harem, con il tetto a più falde. All'interno c'è odore di selvaggina arrostita, forse struzzo, e un accenno di incenso appena acceso; un vano tentativo di coprire la puzza di carne cotta che detesto. Una delicatezza da parte di un vecchio guerriero intrattabile, che di rado ne concede.

Si vede che gli manco.

O forse ha bisogno di me.

La tenda si spalanca e Dario, il satrapo di Battria, entra dentro.

La sua figura non è cambiata dalla nostra prima notte di nozze: non alto ma robusto, con le spalle di un toro. Anche il sorriso è lo stesso: sghembo, lascia intravedere una sottile fila di denti e può essere malizioso o minaccioso, a seconda del rapporto che si ha con lui in quel momento. L'unica cosa a essere cambiata è la sua barba. Un tempo nera, ora è quasi tutta grigia. «Zenobia», mi dice, «amatissima moglie».

«*Non* sono tua moglie», rispondo.

Dario guarda Imero facendogli segno con il dito di voltarsi. Obbediente, l'eunuco gira su se stesso e ci volta le spalle. A eccezione del re, il satrapo è l'unico uomo a cui Imero potrebbe obbedire a quel modo.

«Ah no?». Dario finge di essere sorpreso. «Strano, perché ricordo ancora molto bene il nostro matrimonio, anche dopo tutti questi anni».

Si avvicina e mi alza audacemente il velo.

Il suo sorriso si addolcisce. Il cambiamento nell'espressione è sincero, dico tra me, un segno di affetto, anche se non saprei dire cosa veda. Il mio momento migliore è passato, ho le rughe e una punta di grigio sui capelli. Non posso definirmi vecchia, non arriverei a tanto, ma certo non sono più la giovane bellezza che ha sposato.

«No», ribadisco, «non sono tua moglie. Non più. Mi hai fatta fuori».

Mi prende le mani e se le porta al petto. «Questo mai».

Invece lo ha fatto. Ha buttato via la sua moglie ventiquattrenne come si fa con l'acqua del bagno usata. È vero che non sono riuscita a dargli un figlio, quantomeno uno che sopravvivesse alla gravidanza o ai primi, incerti anni di vita. Ma a parte ciò sono sempre stata leale, rispettosa, amorevole; una confidente, una consigliera assennata, tutto ciò che si potrebbe desiderare da una moglie.

Perlomeno in tempo di pace.

Poi è arrivata la guerra a cambiare tutto. Quando Vologase, il re dei re, si ammalò rischiando di morire, nominò suo successore Pacoro, il più giovane dei suoi trentotto figli. E quando due dei suoi trentasette fratelli si rifiutarono di accettare la volontà del padre ebbe inizio questo brutale conflitto. Tutti i nobili dell'impero furono costretti a scegliere da che parte stare. Dario scelse Artabano. Poi, per ingraziarsi il suo nuovo re, Dario gli fece dono di tre delle sue figlie e di me, la preferita tra le mogli. All'inizio il piano era sembrato buono. Divenni rapidamente indispensabile nell'harem, assumendo il ruolo di matrona, istruendo le mogli e concubine del re più giovani e inesperte sulla complessa vita dell'harem, le sue politiche e regole comportamentali, sulla loro toeletta personale, sull'arte di soddisfare quel marito notoriamente difficile da accontentare. Ma forse Dario ha fatto male i suoi calcoli: il mio ex marito, l'illustre generale, il brillante stratega, potrebbe aver scelto il cavallo sbagliato nella corsa al trono.

«Ti sei pentito?», gli chiedo.

«Ogni giorno che passa».

«E cosa accadrà se il nostro re non sarà il vincitore? Sarà stato tutto per niente».

«Non può perdere. Sono io a consigliarlo».

«Potresti anche averlo scordato, mio caro, ma non sono una stupida. La sconfitta di Persepoli è stata un colpo terribile. E ora siamo costretti a nasconderci nelle foreste come animali, mentre Pacoro, il ragazzo che pensavi non sarebbe durato neanche un giorno, ha in mano tutto l'Occidente».

Dario scuote la testa. «Non sono tanto le doti del ragazzo a impressionare, quanto quelle dei sovversivi che lo sostengono. Si sono dimostrati più valorosi di quanto avessi previsto».

«Ma sarai d'accordo con me che la guerra non sta andando per niente bene».

Dario sorride. «Ecco! È proprio questo ciò che mi manca. Il tuo acume. Tutte le mie mogli sono così tediose».Come te, quando hai deciso di rinunciare a me».

Dario sospira lasciando andare teatralmente le mie mani; fa alcuni passi.

«Sì», dice, «può darsi che sia vero. Ho rinunciato a te e questo fa di me un pazzo. Ma ormai non si può più tornare indietro, no?»

«E allora perché, mio caro, mi hai fatto venire qui?».

Dario rimugina per un momento, fissando la parete della tenda. Poi dice: «È per gli uomini che sono arrivati stasera. Gli stranieri. Che voci ti sono giunte su di loro?»

«Solo stupidaggini. All'harem non arriva la verità. Soltanto esagerazioni raccontate dagli eunuchi e dalle serve».

Dario scuote la testa e dice, più a se stesso che a me, «Forse non sono solo stupidaggini».

«Sono romani?», chiedo. «Abbiamo sentito dire che si tratta di soldati romani».

«Soprattutto Romani, sì. Ma ci sono anche greci, ebrei, siriani, briganti. È arrivato chiunque per unirsi a Pacoro».

Dario fa una pausa. Sta prendendo tempo, incerto o riluttante ad arrivare al punto. Non l'ho mai visto così. Il satrapo di Battria di solito non è uno di quelli che temporeggiano.

«Dovrei tornare», gli dico, «prima che la mia assenza venga notata. Dimmi, mio caro. Di che cosa hai bisogno?».

Dario fa un respiro profondo, poi annuisce, come se alla fine fosse arrivato a prendere una decisione.

«La nostra sorte è legata ad Artabano. Non ti sto chiedendo di fare nulla che possa danneggiarlo o ti arrechi disonore. Dopotutto sei sua moglie, adesso. La mia preoccupazione è che ci siano altri che si stanno dando da fare per guadagnare posizioni di fronte al nostro re. E che lo stiano facendo a suo discapito».

Non ho dubbi che Dario intenda quello che afferma, eppure quando dice qualcosa c'è sempre dell'altro dietro. Se dovessi indovinare, direi che ciò che tace è che quegli uomini stanno operando contro *i suoi* interessi. Dario teme di perdere il posto che gli spetta di diritto accanto al suo re.

«Domani», dice, «c'è un incontro con gli stranieri. Il tuo greco è migliore del mio. E tu parli anche il latino, una capacità che pochi hanno qui nel nostro campo. Ho bisogno che partecipi anche tu a quell'incontro, ascoltando e garantendomi di poter apprendere tutto ciò che viene detto».

Faccio del mio meglio per non scoppiare a ridere all'assurdità della richiesta.

«Vorrei tanto aiutarti, mio caro, oh se lo vorrei. Ma spiegami come potrebbe una componente dell'harem partecipare a un incontro tra due eserciti».

«A parte me e Imero», dice Dario indicando il mio velo, «solo le donne dell'harem conoscono il tuo viso. Nessuna delle mogli del re sarà presente all'incontro. Voglio che tu partecipi come se fossi la mia serva. Imero ti fornirà l'abbigliamento adeguato. Starai al mio fianco e tradurrai ciò che viene detto».

Il piano è tale che solo Dario avrebbe potuto escogitarlo: semplice ma audace.

Tuttavia ciò che propone mi esporrebbe a grande rischio. Se fossi colta a gironzolare per il campo vestita da serva la mia reputazione sarebbe rovinata. Nel migliore dei casi sarei cacciata dall'harem, messa al bando e costretta a cercare di sopravvivere da sola, solo gli dèi sanno come. Nel peggiore…

Il re è imprevedibile. Ci sono state donne che sono tornate dalla sua tenda con gli occhi gonfi o le labbra rotte. Reazioni sproporzionate a innocui commenti o risatine innocenti. E poi c'è stato quell'episodio, durante la nostra marcia verso est dopo la sconfitta di Persepoli, dopo che un'altra nobile famiglia aveva abbandonato la sua causa. Infuriato, volendo rifarsi su qualcuno – che non poteva essere il nobile traditore, il quale aveva ormai attraversato il deserto per metà e non poteva più essere raggiunto – Artabano se la prese con uno dei suoi segretari, un lontano parente del nobile in fuga. Per ordine del re, venne scavata una buca nel deserto e, sotto minaccia di morte, l'uomo dovette entrarvi e attendere che gli uomini del re la riempissero di nuovo di terra, seppellendolo fino al collo. Venne abbandonato da solo nel deserto, singhiozzante, a gridare pietà, mentre la nostra carovana riprendeva la sua marcia verso est. Da allora, l'ho sognato molte volte, con le cornacchie che gli beccano gli occhi e staccano brandelli di carne dal suo viso bruciato dal sole.

Un monito a ricordare una regola che non si dovrebbe mai scordare: è saggio evitare di destare le ire dei re.

Tuttavia, mi rendo conto che non mi basta starmene con le mani in mano ad attendere che la guerra finisca, sperando che il mio nuovo marito ne esca vincitore. Posso essere sposata con un re, ma questo non significa che non possa fare piani per un domani in cui lui non dovesse più regnare.

A Dario rispondo: «Lo farò per te, ma a una condizione».

«Qualsiasi cosa», fa lui.

«Sono fedele al nostro re, tanto quanto te». Evito di aggiungere che Dario può concedersi il lusso di scegliere chi merita la sua lealtà, mentre io questo lusso non ce l'ho. «Ma siamo in guerra. Se le cose dovessero mettersi male, voglio che tu mi prometta di prenderti cura di me».

Lui sorride. «Ovviamente. Non c'era bisogno di chiederlo. Sei la mia amatissima moglie».

«Io non sono tua moglie e ho bisogno di più garanzie di un tuo sorriso».

«Hai la mia parola».

Scuoto la testa. «No, non è sufficiente».

Mi guardo attorno nella tenda per farmi venire un'idea. Me ne balena una all'improvviso mentre fisso il petto del satrapo.

«Il tuo amuleto di famiglia», gli dico. «Lo terrò io finché la guerra non sarà finita».

Nascosto sotto il *kandys* e la tunica di seta, appeso al collo a una catena d'oro, Dario porta un amuleto, un enorme rubino incastonato in oro massiccio, che la sua famiglia si tramanda di padre in figlio, generazione dopo generazione, da centinaia di anni. Dario ha sempre affermato che fosse un regalo di Alessandro alla sua sposa battriana. È la cosa più preziosa che possiede il satrapo. Il nostro re potrebbe non sopravvivere a questa guerra, ma Dario lo farà. Se ho il suo amuleto, mi troverà ovunque io sia e si prenderà cura di me.

Il satrapo è infastidito; il suo sorriso si spegne. Non può credere che a qualcuno – figuriamoci a una donna e per di più sua ex moglie – non basti la sua parola. «Dubiti della mia lealtà?», chiede.

«Sì», rispondo. «Mi hai ceduta a un altro. Sarei pazza a non farlo».

Dario finge di pensarci, ma sappiamo entrambi che ha bisogno di me.

Annuisce, apre il kandys e tira fuori l'amuleto da sotto la tunica. Ammira per un attimo il suo bagliore dorato sotto la luce della lampada, prima di depositarlo nelle mie mani.

«Non dubitare più».

Il mattino dopo Imero entra nell'harem, si schiarisce la voce e, parlando abbastanza forte perché tutte le donne lo possano sentire, richiede il mio aiuto. È l'eunuco del re e nessuna metterà in discussione la mia assenza fintanto che sono con lui.

Mi porta alla sua tenda e mi consegna una lunga tunica senza maniche e un copricapo che potrebbe indossare una cameriera. Sono entrambi di pessima qualità e mi irritano la pelle.

Dopo che mi sono cambiata, l'eunuco mi mette davanti uno specchio incrinato. Le mie braccia e il mio viso saranno esposti in pubblico per la prima volta da quando ero ragazza a Seleucia. La cosa mi sembra tanto inopportuna quanto eccitante. Mi pizzico la pelle cadente sotto la spalla e, per un attimo, vorrei tornare ad avere le braccia di quando ero giovane. Ma quella ragazza, la figlia di un nobile seleucide sciocca e viziata, non si sarebbe mai trovata nella condizione di dover decidere di fare ciò che sto per fare io.

«Pronta?», chiede Imero.

«Sì».

Il consiglio si tiene in una radura, in mezzo alla quale è stato collocato un lungo tavolo rettangolare. I pioppi gettano brevi ombre al sole di mezzogiorno. Da qualche parte, nascosto alla vista, scorre un ruscello che scende dalle montagne.

I primi ad arrivare sono gli stranieri. Segno, sussurra l'eunuco, che si trovano in una posizione di maggiore debolezza. Gran parte di loro indossa armature ammaccate, cotte di maglia arrugginite e stracci sbiaditi che forse un tempo erano cappe rosse. Alcuni sembrano veri soldati e indossano l'armatura con disinvoltura; altri paiono criminali, a loro agio con indosso una corazza come potrei esserlo io. Tutti hanno i denti guasti e un odore anche peggiore, che è subito percepibile nel momento stesso in cui entriamo nella radura. Sono colpita dal loro aspetto bestiale, malvagio e scarsamente intelligente. Mio padre ha sempre detto che i Romani erano gentaglia, ma un'altra cosa è vederli in carne e ossa, all'altezza della loro reputazione.

Una sfilata di soldati, generali, nobili, satrapi, segretari e consiglieri di fiducia di Artabano entra nella radura a ritmo di timpano. Tanto sono selvaggi e spettinati gli stranieri, quanto sono perfettamente puliti i cortigiani del nostro re: barbe curate nere, castane o grigie con i capelli in tinta, arricciati in boccoli; alcuni indossano il kandys sopra a tuniche di seta, altri hanno armature di scaglie d'argento che tintinnano a ogni passo.

Gli occidentali sono ammutoliti, gli occhi spalancati.

Sono impressionati dallo spettacolo.

Dario non si siede, come credevo, nel mezzo della tavola. Questo onore viene concesso a Meerdate, il Rospo. Si siede di fronte al comandante dei Romani che, come molti altri suoi commilitoni, ha un naso da ubriacone, una grande protuberanza con una tonalità di rosso più scura del suo mantello sbiadito.

È una sorpresa che il comando oggi sia stato dato al Rospo. Dacché mi ricordo è sempre stato un emarginato, un'ombra grottesca che percorreva le sale della corte reale. Calvo, scheletrico e senza orecchie come un pesce; la sua menomazione è come un ricordo vivente della crudeltà del Macellaio, re Gotarze. Il Rospo potrà anche avere sangue reale, ma non è niente di meglio di uno straniero.

Da secoli i nostri re inviano ostaggi a Roma con la pretesa di promuovere la pace, quando il loro vero scopo è liberarsi dei loro rivali. È quello che è successo al padre di Meerdate. Visto come un rivale al trono, fu inviato a Roma da re Fraate. Per cui Meerdate nacque in suolo italico e crebbe sotto il sole dell'Italia. Anni dopo, quando il Macellaio era re, la crudeltà del sovrano spinse i nobili a cercare un degno avversario con sangue reale. Furono mandati a Roma degli emissari segreti, che tornarono con Meerdate alla testa di un esercito. Il Macellaio lo sconfisse facilmente e quando l'usurpatore fu trascinato dinanzi a lui, fedele al suo nome ordinò che a Meerdate venissero tagliate le orecchie, pensando che con una tale menomazione non avrebbe mai potuto governare. Da quel giorno in poi Meerdate venne detto il Rospo, un nome che sembra averlo forgiato, con la sua pelle grigiastra, gli occhi sporgenti. Un uomo così brutto da non potersi neppure guardare, figurarsi seguirlo.

Eppure oggi è lui ad avere il comando. Un'ulteriore prova che la guerra non sta andando bene e che il nostro re ha un disperato bisogno di alleati.

Dopo aver fatto le presentazioni in greco, il Rospo chiede se non preferiscano parlare in latino. Il comandante romano sembra sollevato.

Era questo a preoccupare Dario. Sapeva che oggi sarebbe stato il Rospo a condurre i giochi e che parla latino correntemente, dopo aver trascorso così tanti anni a Roma.

Una volta che gli è stata garantita la comodità di poter parlare la sua lingua, il comandante romano riacquista fiducia in se stesso e passa a un atteggiamento più spavaldo.

«Dov'è il tuo re?», chiede.

Sono cresciuta a Seleucia, una città in cui convivono in ugual numero greci e persiani, uno degli ultimi bastioni dell'impero seleucide. Ho imparato il latino su insistenza di mio padre, che riteneva che sua figlia, una principessa, dovesse conoscere come minimo undici lingue. Il mio tutore era un filosofo, bandito da Roma. Mi ha insegnato il latino dei poeti, come lo chiamava lui, il latino del Senato e il latino dei ricchi. Ma di tanto in tanto, quando era ubriaco o arrabbiato, parlava in un altro modo. Poi, quando la sbornia gli era passata o si era calmato, si scusava per aver parlato in latino volgare, il latino dei poveri, non adatto alle orecchie di una principessa. La ricordo come una lingua molto rozza, priva di raffinatezze, ma aveva caratteristiche così distinte che sono in grado di riconoscerlo ancora adesso, dopo tutti questi anni, mentre viene sputato fuori dalla bocca dell'ubriacone romano.

È una fortuna che il nostro re non parli direttamente con i Romani. Questi barbari non hanno alcun senso del pudore, per mandare un uomo simile a contrattare con il re dei re.

«Dov'è il *tuo* re?», chiede il Rospo.

«Non abbiamo nessun re», risponde il romano col naso rosso. «Abbiamo qualcosa di meglio. Un dio tra i mortali».

Io sto sussurrando all'orecchio di Dario, traduco tutto ciò che posso.

«Che cosa vuoi?», chiede il Rospo. «Cosa vuoi che ce ne facciamo di un esercito logoro di gente lontana da casa propria?»

«I nostri interessi coincidono», dice il comandante romano. «Sappiamo che Roma ha rifiutato di riconoscere il vostro re. E sappiamo che il vostro esercito ha bisogno di soldati».

«Arriva al punto», lo esorta il Rospo. «Che cosa vuoi? Cos'hai da proporre?»

«Uccidere i Flavi, ristabilire l'imperatore, ridargli il suo trono».

«Ristabilire chi sul trono?», chiede il Rospo. «Di cosa stai parlando?».

Il comandante romano sorride. Si gira e sussurra all'orecchio di un ragazzo dietro di lui. Il ragazzo corre via.

«Ristabilire sul trono l'imperatore», prosegue l'ubriaco, «quello *legittimo*». Fa un cenno a un uomo che sta entrando nella radura, protetto ai fianchi dai soldati.

Il viso dell'uomo è nascosto da un cappuccio. Si avvicina, lentamente.

Quando arriva dietro ai Romani seduti si ferma e toglie dal capo il cappuccio del mantello, tirandolo indietro sulle spalle.

Capelli rossi. Occhi neri. Barba color del rame. E una corona di alloro.

«Sono Nerone Claudio Cesare», dice. «Imperatore di Roma».

Parla in greco, per cui tutti capiscono quello che dice.

Si sentono dei sussulti sul nostro lato del tavolo.

Il comandante romano sorride con orgoglio.

«Insieme», prosegue l'uomo con la barba color del rame, «distruggeremo i nostri nemici e riprenderemo i nostri troni».

GAIO

18 agosto
Pendici del Vesuvio, Campania, Italia

Il latrato dei cani si ode in lontananza. Sono sulle tracce di un cinghiale, pericoloso e probabilmente terrorizzato, che sfreccia via tra gli alberi.

Almeno, credo sia quello che stiamo inseguendo, su e giù per le pendici insidiose del Vesuvio. Questa mattina zio Plinio mi ha detto: «Oggi parteciperai alla caccia al cinghiale, perché è questo che fanno i giovani uomini».

È questo che ha detto? O ha detto cervo? Per quanto mi riguarda non fa molta differenza, avrei preferito rimanermene a Misenum a leggere, a imparare versi da declamare o a studiare Livio; qualunque cosa fuorché correre per i boschi con una lancia in mano.

«Gaio».

Mi chiedo di che razza siano. I cani, intendo dire. Ci sono buone probabilità che zio Plinio me lo chieda perché fa domande su tutto. Rimarrebbe deluso se non sapessi rispondergli.

«Gaio!».

Potrei chiedere a qualcuno della nostra squadra. Ma forse è una cosa che a questo punto dovrei ormai sapere. Potrebbero ridere di me. Mi chiedo…

«Gaio!».

Una nuvola temporalesca, fatta di zampe nere e pelliccia ruvida e pungente, irrompe dal sottobosco, e a una distanza di forse due pertiche sfreccia davanti a me.

A bocca aperta e con gli occhi spalancati guardo passare la bestia, abbastanza vicina da sentire un lieve spostamento d'aria al suo passaggio. Ho la vaga consapevolezza di non aver fatto nemmeno un tentativo per colpirla con la lancia, scopo principale di questo pesante sforzo mattutino.

Poi il cinghiale se ne va, portandosi dietro la muta di cani ringhianti che lo inseguono.

Le cicale nascoste, che nel tumulto si erano zittite, riprendono il loro frinire incessante.

«Non lo sapevi, Gaio?». Domiziano è lì alla mia sinistra; si tira via dagli occhi la lunga frangia nera. «Difficilmente una statua può essere un buon cacciatore».

Dietro di me si sentono delle risate. Senza dubbio gli amici ruffiani di Domiziano, desiderosi di compiacere il fratello minore di Cesare.

Marco Ulpio arriva dal sentiero tracciato nella boscaglia dalla corsa del cinghiale. Si ferma per riprendere fiato, piegandosi con le mani in vita, come un corridore alla fine di una gara. A differenza di Domiziano e di me, rimasti indietro finché il cinghiale non ha ripercorso in senso opposto il suo tragitto, Marco capeggiava il gruppetto che lo inseguiva attraverso la foresta. È difficile dirlo da dove mi trovo, ma mi pare che stia sorridendo. Una volta rientrati si farà scherno di me con gli amici. *Il piccolo Gaio Cecilio aveva il cinghiale proprio davanti al naso, ma per lui era troppo disturbo tirargli addosso la lancia.*

Santi numi, io odio la caccia. Non so cosa sia peggio: se correre in mezzo alla foresta sotto un caldo rovente o trascorrere la giornata con i figli blasonati dell'élite di Roma.

Zosimo mi porge un otre pieno d'acqua. «Non hai colpa, padrone. Nessun uomo avrebbe potuto voltarsi e gettare la lancia così velocemente. Mi ha colpito la calma che hai mantenuto, pur essendogli così vicino».

«Grazie, Zosimo».

La mia tunica è incollata alla schiena per il sudore. Mi verso un po' d'acqua sulla spalla, sperando di sciogliere l'addensamento appiccicoso che si è formato.

Sinnace, il più giovane tra i due ostaggi partici, entra nella radura con l'arco in mano. Fa un commento per dire che l'arco è più efficace della lancia, lasciando intendere una conoscenza di prima mano dell'arte della guerra. Ma come figlio di un ostaggio partico, nato a Roma, è difficile che abbia mai lasciato l'Italia, tanto meno combattuto in qualche guerra.

La nostra guida, un liberto che tutti chiamano Nove dita, a causa del mignolo che gli manca nella mano destra, è il prossimo ad arrivare nella radura. Si avvicina a Domiziano. «Mio Signore, sei stato tu a prendere in giro il giovane Gaio? Vedo che la *tua* lancia è immacolata quanto la sua».

Domiziano gli lancia un'occhiata senza dire niente. Il fratello minore di Cesare è lesto a giudicare, ma non sopporta di ricevere critiche dagli altri.

Il vecchio ostaggio partico, Barlaa, e il centurione Manlio, sono gli ultimi a entrare nella radura.

Barlaa ha l'aspetto di un eroe barbaro avvizzito. È alto, con splendidi occhi azzurri e una folta barba ben curata, con tanti peli neri quanti bianchi. Ma ha la pancia più larga delle pur imponenti spalle, e respira a fatica a ogni passo.

Manlio, il centurione, fisicamente è l'esatto opposto di Barlaa: basso e tracagnotto, sembra fatto di pietra, con gli zigomi che potrebbero affilare una lama. Il centurione è incaricato di sorvegliare entrambi gli ostaggi partici. Ma è stato con Barlaa così a lungo che i due sembrano più marito e moglie che una guardia col prigioniero.

«Sei troppo lento Barlaa», gli dice Manlio sorridendo. «L'animale se n'è andato da un pezzo».

«Stavo aspettando te», ribatte Barlaa. «Sono tutti così lenti a marciare i soldati romani? C'è da stupirsi che Roma sia arrivata a est dell'Eufrate».

Barlaa è vecchio, troppo vecchio oserei dire, per dare la caccia a un cinghiale in mezzo ai boschi. Ma anche lui, come tutti i suoi conterranei, è un fanatico della caccia. E quando non è lì ad ansimare o a tenersi la schiena, si può immaginare il giovane che è stato un tempo: dall'elegante fluidità del movimento con cui accocca l'arco alla corda e la tira indietro fino all'orecchio, da come l'arco sembri essere un'estensione del suo braccio. Zio Plinio dice che un tempo, in Partia, era un temuto guerriero. Ma adesso, dopo essere stato ostaggio a Roma per quasi trent'anni, può usare le sue abilità solo per andare a caccia.

Gli uomini iniziano a parlare tra loro mentre sorseggiano acqua e riprendono fiato.

Marco se ne resta un po' in disparte. Ricordando le istruzioni di zio Plinio, e non volendo deluderlo, mi avvicino a Marco e faccio del mio meglio per attaccare conversazione con lui.

«Gli sei arrivato vicino?», chiedo. «Al cinghiale?».

Con la stessa espressività di un ritratto in marmo, Marco risponde: «No», e nient'altro. Proseguo, per il solo motivo di poter dire a zio Plinio che almeno ci ho provato.

«Che peccato», dico. «Hai mai ucciso un cinghiale prima d'ora?»

«Sì» risponde lui, allontanandosi come fossi un lebbroso.

Nove dita chiede al gruppo di tacere e cerca di sentire dove siano i cani. «A destra», dice, «riprendiamo prima di perdere definitivamente l'animale».

Svariate ore dopo, esausto, dolorante e senza più nemmeno un goccio d'acqua, sono l'ultimo ad arrivare alla radura.

Appena in tempo per vedere Marco affondare la sua lancia sulla schiena di un cinghiale nero delle dimensioni di un cavallino. Sarà due volte tanto l'animale che abbiamo visto in mattinata.

Guardo da lontano, con il resto della nostra squadra di cacciatori.

I cani sono famelici, abbaiano come se fossero posseduti dalle furie. Il cinghiale si impenna e alza i suoi zoccoli anteriori muovendoli per aria. Marco perde l'equilibrio. Il cinghiale muove la testa di lato e le sue zanne si scontrano con l'asta della lancia di Marco, spezzandola in due.

Marco cade all'indietro. Miracolosamente, riesce per un soffio a evitare di essere incornato.

Il cinghiale si impenna un'altra volta prima di caricare il resto della squadra. Passa dallo stare fermo a zampe per aria a correre come una furia prima ancora che io abbia il tempo di emettere un respiro.

Pietrificato, incapace di muovermi, sono dominato da un unico pensiero: un'incornata sarebbe un modo estremamente doloroso di morire.

Chiudo gli occhi.

Maledico la Fortuna e i casi della vita che mi hanno portato qui. L'estate pestilenziale che ha fatto andare tutta l'élite di Roma a sud, nel golfo di Napoli; l'ordine di zio Plinio di andare a caccia stamattina e fare amicizia con Marco Ulpio; mia madre, che come sempre non è stata capace di intervenire.

Ma poi sento una freccia scoccare, e poi il suo sordo *stump* mentre penetra nella pelle e nelle carni.

Apro gli occhi e vedo il cinghiale piombare col muso sul terreno e scivolare in avanti fino ai piedi di Barlaa. L'arco del vecchio è senza freccia.

Dopo un attimo di silenzio in cui non si sente nemmeno un respiro, gli uomini cominciano a ridere.

Abbasso lo sguardo sul mio inguine, sperando che l'urina che sono piuttosto certo mi sia scappata non si veda. Per fortuna qualunque cosa sia fuoriuscita si è già mescolata al sudore e alla sporcizia della mia tunica.

Sinnace è eccitato. Continua a ripetere che quel tiro è stato una vittoria per la Partia.

«È stata solo fortuna, ragazzo», dice Barlaa, mostrando un certo biasimo per Sinnace. «Vai a combattere in guerra e vedrai. Non puoi abbattere una bestia grande come quella con una sola freccia, senza l'aiuto degli dèi».

Nove dita ispeziona la creatura morta. «Credo che tu sia troppo modesto, Barlaa». Fa oscillare la freccia, piantata in profondità sotto la pelle dell'animale. «Questa si direbbe più abilità che fortuna. È stato davvero un gran tiro».

Barlaa rifiuta il complimento con un brontolio e con una riga di bestemmie partiche. «Conosci la regola, Gaio?», mi chiede Domiziano con un sorriso compiaciuto. Si libera gli occhi dalla frangia nera. «Quello che arriva per ultimo sul luogo dell'uccisione deve trascinare il cadavere al campo».

Tutti gli uomini si mettono a ridere.

Numi del cielo, quanto odio la caccia.

Zio Plinio – ammiraglio Secondo, comandante della flotta di Misenum, scrittore, scienziato, storico, consigliere e confidente di due imperatori – è addormentato alla sua scrivania. Con il sole alto sopra di lui, la schiena dritta e un libro aperto davanti a sé, ha tutto l'aspetto di un uomo al lavoro. Se non fosse che ha gli occhi chiusi e sta russando.

L'ufficio di zio Plinio è invaso dai libri. Sono sparsi su tutta la scrivania, sopra tavoli e sedie, sul pavimento, sopra altri libri; alcuni sono persino riusciti a strisciare fuori, sul balcone. Quando lo zio viene chiamato a Roma, come spesso accade, gli aiutanti di casa devono passare una giornata intera a trovare quel tal papiro, catalogarlo e restituirlo a qualche senatore o cavaliere romano che aveva perso la speranza di rivedere il testo prestato all'ammiraglio Secondo. Gli inservienti da tempo ripetono la stessa battuta: se loro impiegano un mese per togliere tutti i libri dal suo ufficio, a zio Plinio, quando ritorna, basta meno di un'ora per riempirlo di nuovo.

Dall'altra parte della stanza, seminascosto da tende di seta traslucida bianco panna, c'è un lungo balcone che affaccia sul Porto Imperiale e, oltre il pontile, il golfo di Napoli. Sul molo sottostante, la flotta dell'ammiraglio lavora con zelo sotto il sole del pomeriggio. Lo stridio di una sega. La risata di un marinaio. Il sartiame di una nave che si stringe e si allenta col rollio delle onde.

Mi siedo di fronte all'ammiraglio addormentato. È un vero omone, tutto petto e spalle, ventre prominente, baffi bianchi e guance rubiconde. Sembra quasi un orso, con le grosse zampe appoggiate alla scrivania. Alle dita non porta nulla, salvo un anello di corniola sull'anulare sinistro. Sotto la luce del pomeriggio la pietra rossa sembra bordeaux, quasi nera.

Il segretario di zio Plinio si schiarisce la voce. Nello stesso preciso istante zio Plinio apre gli occhi. Sul momento sembra colto di sorpresa, allarga gli occhi come fosse pazzo, ma poi si riprende rapidamente. Fa un respiro profondo e dice con calma: «Grazie Spartaco. Non c'è altro».

Il segretario si inchina ed esce.

La devozione al lavoro di zio Plinio supera la sua resistenza fisica. Si sveglia prima dell'alba, lavora fino a tarda sera e dorme meno di quattro ore per notte. Lo fa con rigida regolarità, indipendentemente dal vino che può aver bevuto o dalla lunghezza del viaggio che ha appena compiuto. È impossibile star dietro a quel ritmo, specie per qualcuno che ha già cinquantasei anni. Perciò durante il giorno, per pura necessità, fa spesso una pausa che dedica a brevi sonnellini, apparentemente soddisfacenti. Certo, le sue abitudini quotidiane sono piuttosto strane, ma trattandosi ormai di consuetudini consolidate né lui né il segretario ci fanno più caso.

«Dimmi, com'è andata con la caccia?»

«Orrendamente».

«Non avete preso nessun cinghiale?»

«No, un cinghiale l'abbiamo preso» rispondo. «E anche piuttosto grosso, a detta della nostra guida».

Zio Plinio si accarezza la barba bianca come il latte, segno che è pronto per affrontare un avversario in un dibattito, come un gladiatore quando alza la spada.

«Non si misura forse il successo con il compimento di ciò che ci si è prefissati di fare?»

«Non era per inseguire e assassinare una povera bestia solitaria che mi hai costretto ad andarmene questa mattina. O sì?».

Zio Plinio sorride. «Certo che lo era».

«Hai detto che la caccia era un buon allenamento in vista del periodo di formazione militare a cui dovrò presto adempiere, e che mi sarebbe stato utile per aumentare i miei contatti. E in particolare mi hai chiesto di *entrare in confidenza* con Marco Ulpio Traiano, che ho inteso come un eufemismo per stringere amicizia con lui».

«Ah», fa lo zio. «Capisco. Suppongo tu non ti senta più preparato di prima alla vita da soldato».

«Neanche un po'».

Zio Plinio ride. Conosce i miei punti di forza e di debolezza. Pur cercando di migliorare questi ultimi quando e come può, sa benissimo che non farò mai una carriera da soldato come la sua. Guardando l'ammiraglio anziano e piuttosto in carne non si direbbe, ma zio Plinio è stato un eccellente soldato e un abile cavaliere, ed era bravissimo a lanciare il giavellotto, dritto e lontano. Sfortunatamente, io non ho nessuna delle sue caratteristiche fisiche. Sono sempre stato mingherlino, più basso che alto, e con la coordinazione di un pulcino appena nato. Non sono bravo con nessun tipo di armi: con lance, spade o scudi sono un disastro totale, indipendentemente da quanto ci provi. Io sono fatto per lo studio, non per la vita da soldato, anche se la consuetudine richiede che trascorra almeno un anno nelle legioni.

«E riguardo agli altri obiettivi che ci eravamo prefissati per oggi? Hai sviluppato contatti sociali migliori?»

«Ho gli stessi contatti che avevo quando sono partito stamattina», dico. «Non saprei come misurare un loro eventuale miglioramento».

«Capisco». Il sorriso di zio Plinio sta svanendo. «Mi sembra quindi di capire che non sei più prossimo a formare un legame di amicizia con il giovane Marco Ulpio?»

«No, non lo sono», gli rispondo. «E penso che dovrai porre fine alla speranza che possa accadere».

«E perché?»

«In primo luogo, non gli piaccio. Forse mi disprezza persino. Non ho idea del perché o se ho fatto qualcosa che l'abbia offeso, ma l'antipatia che ha per me è palpabile, e non vi è alcuna possibilità che possa venire meno. In secondo luogo, lui non piace a me. È un bullo, e un bruto. L'unica cosa peggiore di un patrizio arrogante è un patrizio *di provincia* arrogante. Sono altrettanto maleducati e boriosi, ma con una maggiore tendenza alla violenza. In terzo luogo, è pazzo». Gli descrivo la scena con il cinghiale. «Solo gli dèi sanno cosa stesse cercando di dimostrare Marco. Sembrava intenzionato a uccidersi».

«C'è qualcosa di male nel cercare di emulare i romani più leggendari?», chiede zio Plinio. «Forse si sente un giovane Romolo».

«Forse. Non mi sorprenderebbe se uccidesse suo fratello».

Il sorriso di zio Plinio è sparito. Sta per rimproverarmi ma, per fortuna, gli viene in mente una cosa. Afferra il suo stilo e la tavoletta di cera. «Prima che me ne dimentichi, di che razza erano i cani che avete usato oggi?».

L'insaziabile sete di conoscenza di zio Plinio gli impone di trascrivere e capire tutto. Non mi stupirei se a breve pubblicasse un trattato da cinque tomi sui cani da caccia.

«Non saprei dirlo con certezza», rispondo.

«Va bene, ma erano cani veloci, per stringere all'angolo l'animale? O erano più grandi, con forti mascelle, per abbatterlo?».

Cerco di ricordarmi cosa facessero esattamente i cani. «Tutte e due le cose, credo».

«Puoi descrivere il colore e il tipo di manto?»

«Ehm. Marrone?».

Mette da parte lo stilo e raddrizza il suo anello di corniola. La sua espressione accigliata e insoddisfatta è fugace, eppure difficile da digerire. Detesto deluderlo. Temo che pensi: *Ma se non sei fatto per fare il soldato, se tutto ciò che hai* è *il tuo ingegno, non dovresti allora essere più intelligente di così? Più attento? Più erudito?*

Torna agli Ulpi.

«Lo capisci perché voglio che tu costruisca una relazione con Marco Ulpio?»

«Perché sei ossessionato da suo zio, Lucio Ulpio, che ha visto la sua posizione crescere in modo rapido e clamoroso. In meno di otto mesi è passato da oscuro provinciale appena arrivato a Roma a consigliere più prossimo dell'imperatore». Trasalisco, pentendomi subito della descrizione fatta. In fretta aggiungo: «Dopo l'ammiraglio Secondo, naturalmente».

Alle mie parole, zio Plinio sbatte violentemente la sua zampa d'orso sul tavolo. «Puah! Non ne sarei così sicuro. Sono sempre stato vicino a Cesare, ma questo Ulpio sembra avermi superato. Ha contribuito a smascherare il complotto ordito da Marcello e dalla sua gente, questo glielo concedo. Ma quell'uomo sta tramando qualcosa. Ricordati delle mie parole. E voglio scoprire cosa».

Nella prima parte dell'anno, un gruppo di senatori e soldati guidati dai senatori Marcello e Cecina ha cercato di rovesciare Vespasiano Cesare e mettere le mani sul Principato. La maggior parte dei cospiratori è stata arrestata e giustiziata. Marcello è attualmente sotto processo a Roma. Lucio Ulpio, lo zio di Marco, un senatore cieco ed eccentrico proveniente dalla Spagna, è stato determinante nel far emergere il complotto. Di conseguenza è cresciuto molto nella considerazione di Cesare. Zio Plinio dice che l'unica cosa che lo preoccupa è che Ulpio possa avere dei secondi fini. Ma, anche se non lo ammetterà mai, penso che a preoccuparlo sia anche il fatto che la sua stella è in declino, in rapporto all'astro nascente di Ulpio.

«Ad ogni modo», continua lo zio, «Ulpio può anche aver contribuito a salvare la vita di Vespasiano, ma non è servito a granché. Povero disgraziato. Anche se...». Lo zio inclina la testa, portando, come spesso fa, una confutazione del suo pensiero originale. «Suppongo sia meglio morire per cause naturali o per volere di Fortuna che avvelenato per mano nemica. Sicuramente ha consentito un passaggio di potere più graduale di padre in figlio».

Vespasiano Cesare ha retto il Principato per dieci anni. È passato a miglior vita due mesi fa. Gli è successo Tito, il figlio. Zio Plinio ha tirato un sospiro di sollievo quando il trono è passato a Tito senza violenza, senza una guerra civile. Erano stato predisposti dei piani in previsione della morte di Vespasiano e della successiva ascensione di Tito. Ma si sa, in politica nulla è certo.

«E», continua zio Plinio, «ti sbagli riguardo a Ulpio. Non sono per niente ossessionato da lui. Sono semplicemente curioso del suo passato».

«Curioso? Tieni addirittura un libro su di lui, nel quale annoti ogni dettaglio che scopri».

«Scrivo libri su un buon numero di uomini. Potrei persino averne uno su di te», dice con un sorriso. «Ma "libro" è la parola sbagliata. È un elenco di fatti che non voglio dimenticare».

«Sì», faccio io, «ma quante spie hai mandato in Spagna a indagare su di lui?»

«Spie? Di quali spie parli? In Spagna ho mandato un *amico* per svariate ragioni, una delle quali era indagare su Ulpio. Le risposte che ha trovato non avevano senso, quindi ho mandato qualcun altro. Ma questa non è certo una novità. Sono al servizio di Cesare. Ed è il mio lavoro verificare che Ulpio sia un amico piuttosto che un nemico».

«Ma Ulpio non ha forse dimostrato la sua lealtà a Cesare?»

«No». Zio Plinio scuote la testa. «Per dimostrare la propria lealtà occorre essere onesti. E Lucio Ulpio non è onesto. Racconta storie, ma non la verità. Sono storie che non tornano. E nasconde qualcosa, anche se non so ancora cosa».

«Capisco. Da qui la tua indicazione di ingraziarmi suo nipote, Marco?»

«Precisamente. Io mi concentro sul vecchio Ulpio e tu sul giovane. Insieme scopriremo la verità». Lo zio comincia a rovistare tra le carte sulla sua scrivania. «Adesso che abbiamo chiarito il motivo dei nostri reciproci scopi, torniamo alla sostanza. Sei sicuro che l'idea che ti sei fatto del giovane Marco sia quella giusta?»

«Abbastanza sicuro».

«Sul serio? La prima impressione raramente è quella giusta».

«Allora immagino che sia una di quelle rare occasioni».

L'ammiraglio mi fissa per un istante. Quanti soldati ha piegato con quello sguardo? Mi preparo, in attesa che inizi di nuovo ad argomentare, ma non lo fa. C'è stato un tempo in cui avrei considerato una vittoria il suo silenzio. Ma ho già visto zio Plinio fare altre volte questa manovra. Non si è ritirato. Sta solo raccogliendo le forze in cerca di un terreno a lui più favorevole.

Cambia argomento. «Chi altri ha preso parte alla caccia?», chiede. «C'erano anche gli ostaggi partici?»

«Sì, Barlaa e Sinnace».

«Il vecchio Barlaa non è tipo da perdersi una battuta di caccia, vero? Ha parlato degli inviati dei Parti?»

«Non che io abbia sentito. Gli altri erano più interessati alla guerra civile».

«Ah! E cosa aveva da dire il vecchio Barlaa in proposito?»

«Lo conosci. Ha detto che era una domanda stupida. Che lui ne sapeva tanto quanto noi della guerra civile in Partia».

«Sì, tipico di Barlaa».

«Avrà qualche ruolo quando arriveranno gli inviati partici?»

«Ruolo? Giocherà sicuramente *un* ruolo, ma non così fondamentale quanto l'imperatore vorrebbe. Normalmente, gli ostaggi di Roma vengono fatti sfilare dinnanzi agli emissari partici per mostrare il nostro potere. Tuttavia, Barlaa è troppo testardo e ha troppo orgoglio per poterlo tenere sotto controllo. In definitiva finirebbe per fare le bizze se Tito usasse troppo il bastone con lui».

«E quanti Parti ci saranno?».

Zio Plinio può vedere la mia eccitazione. «Calmati, giovane Gaio. La delegazione dei parti non sarà come quelle di cui hai letto. Qua non si parla del principe Mitridate che marcia attraverso l'Italia con cinquemila arcieri su cinquemila destrieri niseani divorandosi il territorio durante il cammino. Ci aspettiamo una piccola delegazione in rappresentanza del re».

«Ma chi è poi, il nuovo re?»

«Colui che alla fine vincerà», dice zio Plinio. «Pacoro. Il ragazzo. Più giovane di te, a quanto mi è stato detto. Ha in mano tutto l'Ovest, la Mesopotamia e la Seleucia. La sua posizione è la più forte».

La Partia è nel bel mezzo di una guerra civile, con tre fratelli in lizza per il trono. Re Vologate I ha governato la Partia per quasi trent'anni. Due anni fa, quando la sua salute stava vacillando, nominò suo erede il figlio più giovane, Pacoro. Due dei suoi fratelli, Vologase II e Artabano, non accettarono la decisione del padre. Ciascuno dei due formò un esercito e la guerra civile ebbe inizio. Su consiglio di zio Plinio, Vespasiano Cesare si rifiutò di riconoscere uno dei tre finché non fosse stato più che certo di chi fosse il vincitore. Abbiamo avuto notizia dai nostri contatti in Oriente che è probabile che Pacoro possa vincere da un giorno all'altro.

Dopo che Tito è stato nominato Cesare, ha invitato Pacoro a

mandare degli emissari a Roma. Vuole assicurarsi che il principale rivale di Roma tenga posizioni amichevoli. Un imperatore appena proclamato non ha bisogno di schermaglie ai confini o di una guerra con una potenza straniera mentre sta consolidando la sua autorità a casa propria. L'incontro rappresenterà anche un'opportunità per entrambi i leader di rafforzare la loro posizione in patria riconoscendosi reciprocamente.

Zio Plinio guarda il suo orologio ad acqua sulla scrivania, di solito segno che per me è arrivata l'ora di andarmene. Mentre mi alzo per uscire mi dice: «Ci vediamo al molo attorno alla decima ora?»

«Al molo? E perché?», chiedo, incapace di nascondere l'espressione di terrore che mi è comparsa sul viso.

«Perché stasera abbiamo una cena. Naturalmente».

«No, dimmi che non è vero. Un'altra cena, anche stasera...».

Lo zio sorride. «Ti sei dimenticato dove siamo, nipote. Nel golfo di Napoli non si finisce mai di socializzare».

Ha ragione, purtroppo. Nel giro di pochi giorni sono già stato trascinato a più cene che non in tutto il resto dell'anno.

«Chi ci invita stasera?»

«L'Augusta in persona. E non se ne parla proprio di rifiutare un invito dalla sorella dell'imperatore».

Tutto ciò che posso fare è lasciar cadere la testa sconfortato. Un'altra sera persa.

«La nostra nave partirà prima dell'undicesima ora», aggiunge zio Plinio godendo del mio supplizio. «Vieni per favore di tua spontanea volontà. Odio doverti far trascinare al molo dai miei marinai».

Mi sono perso i bagni, così Zosimo arriva nella mia stanza con un panno e un secchio di acqua pulita. Dopo avermi sfilato di dosso la tunica solidificata, dedica un bel quarto d'ora a strofinare via i pezzi di bosco che ho portato a casa con me. Si inzuppa abbondantemente le mani di olio di croco, se le strofina vigorosamente, come se dovesse accendere un fuoco, e poi mi dà dei colpetti sulle guance e sul collo e asciuga l'eccesso sui suoi fianchi. Quando sono presentabile, mi rimane pochissimo tempo per andare a parlare con mia madre.

La trovo seduta sul balcone a guardare il porto, che sotto la luce incerta del crepuscolo è di un colore blu cobalto. Sta guardando una scialuppa che, portata da un marinaio, salpa lentamente dal molo verso una delle due dozzine di navi che vi sono ancorate.

Mi guarda di sfuggita e volge di nuovo lo sguardo alla scialuppa.

«Tuo zio ti ha mandato a caccia oggi?»

«Sì». Anziché sedermi dimostrando di essere disponibile per una chiacchierata, rimango in piedi, appoggiato al parapetto.

«Non era necessario andarci, se non lo volevi», mi dice, «sono sicura che sarà stato pericoloso».

«No, non è stato pericoloso», ribatto io. «È stato bello. Zio Plinio aveva ragione. È stata una buona opportunità. L'occasione per apprendere competenze che mi mancano».

«Ma tu non sai cacciare, no?».

Continua a fissare la scialuppa.

«No», rispondo io, «direi di no».

«E non approvo che tu trascorra tutto quel tempo con i figli dei senatori. C'è già tuo zio che supera troppo spesso i confini del suo ceto. Non è una cosa da imitare. Siamo cavalieri, dopotutto».

Annuisco con scarso entusiasmo, senza promettere formalmente di attenermi alle sue volontà. È un modo obsoleto di vedere le cose, che non condivido.

«Dobbiamo stare attenti, Gaio. Tito Cesare ha consultato la Sibilla, che ha profetizzato un grande disastro per Roma».

Mia madre è, per molti versi, l'esatto opposto di zio Plinio. Mentre l'ammiraglio non teme nulla, lei ha paura di tutto. Oggi le sue paure sono la caccia, il ceto dei senatori e una sacerdotessa vergine che ha visioni da oracolo ma che il più delle volte non fa altro che da banderuola per i pettegolezzi. Immagino che sia l'ultima storiella che circola, quella della Sibilla che ha avvertito Cesare di un disastro incombente.

«Hai parlato con zio Plinio di questo?», le chiedo. «Non penso che dia molto credito alla Sibilla. L'idea che una donna possa prevedere con precisione il futuro, parlando direttamente con Apollo…».

La mamma fa schioccare la lingua con disapprovazione. «Tuo zio ride degli dèi. Un giorno dovrà pagare il conto».

Non sono d'accordo, ma non ha senso mettersi a discutere.

«Ci accompagnerai stasera?», chiedo, cercando di cambiare argomento.

«No», risponde. «Il mare è piuttosto agitato».

Lancio un'occhiata al mare, che è piatto come lo è stato tutto il giorno.

«Dovrei andare adesso, mamma».

Muove la mano congedandomi, senza staccare gli occhi dalla scialuppa.

Undicesima ora. La nostra nave parte sotto un sole al tramonto. Sopra le nostre teste stridono gabbianelle. Il nostro capitano marcia avanti e indietro sul ponte impartendo istruzioni. Sottocoperta i tamburi iniziano a battere il loro ritmo costante e ondulatorio. I marinai prendono i loro remi – sono una trentina circa per ogni lato della nave – portandoci in avanti una vogata alla volta. Zio Plinio, che non sta mai senza far niente, è a prua a dettare una lettera. Spartaco incide forsennatamente la tavoletta di cera cercando di segnare ogni parola.

Superiamo il molo del porto imperiale ed entriamo nel golfo di Napoli. Il mare è calmo, il vento inesistente.

Misenum si trova nel punto più occidentale del golfo. Mi appoggio alla battagliola della nave e guardo la città farsi lentamente più piccola, fino a quando non comincia a somigliare a ogni altro insediamento sulla costa, ammassi di tetti di tegole rosse e di muri di pietra bianca, separati da boschi verdi e vigneti terrazzati a picco sul mare, come le gradinate di un anfiteatro. Baiae, la nostra destinazione di stasera, è la città successiva lungo la costa. Più a est c'è Puteoli; poi Napoli, Herculaneum, Pompei e Stabiae. Il Vesuvio si staglia sul golfo. In questa luce, assomiglia alla punta nera di una lancia puntata verso il cielo.

Mi avvicino a zio Plinio a prua e gli dico cosa mi ha detto mia madre sulla visita di Cesare alla Sibilla. «Lo sapevi?»

«Naturalmente. Ma non era ancora Cesare allora. Vespasiano era ancora vivo».

«Sei preoccupato?»

«Preoccupato? Circa le previsioni di una ragazza suggestionabile, manipolata da ciarlatani? No, non sono preoccupato. E neanche tu dovresti esserlo. Non ne ho ancora parlato con Cesare, ma non è il tipo da lasciarsi influenzare da simili assurdità. Ha una mente forte».

«Perché prendersi la briga di andare a consultare la Sibilla, allora?»

«La tradizione lo richiedeva», dice zio Plinio con un sospiro. «Come sai, gli Oracoli sono tenuti a Roma». Alza le mani come volesse protestare. «E per favore, non chiedermi di spiegarti perché il nostro grande impero consulti ancora un libro di versetti millenario per determinare il destino della nostra nazione. È una pura assurdità, non diciamo altro. Ad ogni modo, come *pure* sai, quei famosi Oracoli predissero grandi sventure per l'impero se o quando "l'ultimo dei troiani" avesse attraversato l'Eufrate. La frase fu scritta da alcuni impostori mille anni fa. Uomini che sapevano che facendo una profezia abbastanza vaga, sarebbe inevitabilmente stata presa per vera. Cioè, dalle menti deboli. Così, quando il falso Nerone è stato avvistato vicino, o forse mentre attraversava l'Eufrate... alcune menti deboli, o menti subdole che volevano insidiare l'imperatore appena proclamato, hanno subito invocato quella riga scritta negli Oracoli, dicendo: "Per Giove! Siamo condannati!". I sacerdoti incaricati di interpretare il testo fecero ciò che qualsiasi uomo ragionevole avrebbe fatto al posto loro. Hanno detto che gli Oracoli erano "inconcludenti", suggerendo di consultare la Sibilla. Intendendo con questo scaricare il problema su altri. E così, per placare lo spirito superstizioso di Roma, Cesare andò. A quanto ho capito, ha dato avvertimenti imprecisi in versi su come evitare un disastro, che Cesare ha trasmesso al Senato. E la cosa dovrebbe morire lì».

«Ciononostante», dico io, «le profezie sembrano... allarmanti. Anche se noi non vi prestiamo fede, altri potrebbero farlo».

«Sì», dice lo zio Plinio, «è questo il vero problema». Gioca con il suo anello di corniola. «Se già tua madre ne sta spettegolando, puoi scommetterci che presto lo farà tutta l'Italia». Si stringe nelle spalle. «Ma del resto c'è sempre qualche disgrazia all'orizzonte. Alla gente, a ragione o a torto, piace chiacchierare. Io non mi preoccupo, finché Cesare non si lascia imbrogliare da bugie di questo tipo».

Il nostro capitano urla gli ordini di voga. I remi solcano un mare tranquillo. Il sole continua la sua discesa e il cielo passa dal rosa al viola scuro. Nelle case e nelle gigantesche ville di cui è disseminato il golfo si accendono i fuochi e ben presto la costa sarà costellata di tanti piccoli lumicini. Ci stiamo avvicinando a Baiae. Il lusso e la ricchezza che la contraddistinguono dalle città limitrofe iniziano a poco a poco a intravedersi. C'è la cupola dei bagni, un solido blocco di cemento come non ce n'è neanche a Roma, figuriamoci in Campania; e poi le ville, con gli stessi tetti rossi e muri bianchi delle altre sul golfo, ma più grandi, più immacolate, abilmente organizzate in più piani per via della costa molto scoscesa, con gli archi dei colonnati rivolti verso il mare.

Per non parlare del progetto stesso della città. Baiae si trova sul golfo di Baiae, un ulteriore piccolo golfo all'interno del golfo di Napoli. La costa curva naturalmente formando un semicerchio che culmina a Punta Epitaffio, un dito roccioso che si protende nel mare. Grazie alla genialità dell'ingegneria romana, questo semicerchio naturale è completato artificialmente da un molo di cemento, che tecnicamente potrebbe essere definito un frangiflutti, ma è più ampio di qualsiasi altro frangiflutti, talmente ampio che sopra vi sono state costruite altre ville. La linea della costa, unita al frangiflutti, forma un lago artificiale che, indipendentemente dalle condizioni del mare, è sempre perfettamente tranquillo. L'unico ingresso a questo lago è nel passaggio lungo e stretto tra i due bracci di un pontile, largo appena perché scafo e remi della nostra nave possano passarci. Per aiutare la visibilità dopo il tramonto su ognuno dei due bracci viene acceso un fuoco.

Le fiamme ruggiscono mentre la nostra nave vi scivola in mezzo.

Una volta all'interno del frangiflutti scivoliamo lisci sull'acqua, come una chiatta sul lago di Como.

I Flavi dispongono di tre ville imperiali a Baiae. Stasera la nostra meta è la villa dei Pisoni, che ha preso il nome della famiglia che un tempo ne era proprietaria e che si trova giusto sotto Punta Epitaffio, all'estremità orientale della città. Un baldacchino viola indica dove devono sbarcare gli ospiti. È affiancato da due bracieri a treppiede accesi. Mentre la nostra nave attende il suo turno, l'equipaggio alza il collo sperando di vedere se si riesce a individuare qualcuno di famoso che scende sul molo. Vengono scambiati bisbigli eccitati sul Batavo, la leggenda vivente della lotta con le belve feroci. È lui? No, non può essere. *Non è abbastanza alto.* Mi ritrovo anch'io ad allungare il collo per vedere la leggenda vivente dell'arena.

L'equipaggio sposta l'attenzione sulla nave accodata alla nostra. È presidiata da gladiatori, vestiti per i giochi, come se dovessero entrare nell'arena da un momento all'altro: perizomi o corte tuniche, cinture da spada, schinieri di bronzo su pesanti imbottiture, bracciali di lamiera dal polso alle spalle. Alcuni indossano persino elmi della categoria dei mirmilloni o dei traci.

Chiedo a zio Plinio chi possa mai arrivare con una tale scorta. «Non so esattamente», risponde aggrottando le sopracciglia. «Qualcuno che sente il bisogno di intimidire gli altri. O un uomo di spettacolo, che cerca di aumentare le aspettative sulle gare che verranno».

Quando il molo si libera, con tre rapide vogate i nostri remi ci spingono a riva. Un tonfo sordo segna la fine del nostro viaggio, quando la nave colpisce il molo. Un valletto imperiale mi prende la mano aiutandomi a scendere a terra e ci accompagna lungo un colonnato illuminato dalle torce. Entriamo in un peristilio che circonda un piccolo boschetto di limoni. Il sole è tramontato, e la sfumatura violetta del cielo è quasi coperta dalla luce delle torce. Il giardino è animato da uomini e donne, abbigliati con i loro migliori abiti di seta e appesantiti dall'oro con cui adornano polsi e dita, o che penzola dal loro collo.

Zio Plinio accetta due coppe di vino da uno schiavo e me ne porge una.

«Ricorda», dice, «non abbiamo né nobili natali né ricchezza per permetterci di diventare sbronzi a una cena come questa. Siamo semplici cavalieri al servizio dell'imperatore. Puoi bere due coppe al massimo. Falle durare».

Mescolati tra gli ospiti vedo gran parte dei miei compagni di caccia di stamattina. Ci sono gli ostaggi partici, Barlaa e Sinnace. Anche Domiziano è qui, dall'altra parte della stanza, circondato dal suo entourage di giovani patrizi. Ridono nel modo in cui lo fanno i giovani quando bevono vino, chiassosi e con una certa arroganza. Presi uno per uno, alcuni di loro possono essere passabili, ma tutti insieme sono insopportabili. A parte Domiziano, i peggiori di tutti sono Valerio e Catullo. Provengono entrambi da ricche famiglie, che grazie al rapporto stretto con i Flavi esercitano un potere e un'influenza considerevoli a Roma.

«Ammiraglio!».

Ci voltiamo e vediamo Virgilio, l'appena nominato neoprefetto della guardia pretoriana. Saluta zio Plinio con un abbraccio. Il vecchio soldato è esile e ossuto, con una folta zazzera di capelli bianchi e barba altrettanto bianca.

«Ho sentito che il giovane Gaio si è comportato bene oggi», dice Virgilio.

Lo zio Plinio fa un sorriso sornione. «Non ne dubito», dice, «non ne dubito minimamente, anche se ho sentito che è stato il vecchio Barlaa il vero eroe del giorno».

Ci giriamo e guardiamo gli ostaggi partici dall'altra parte della stanza.

«Vero», conferma Virgilio. «Una gran bella mira. Ringraziamo gli dèi che quell'arco non verrà mai più puntato contro il collo di un romano».

«Il ragazzo è vestito strano», osserva lo zio Plinio. «Come un Romano».

Anch'io l'ho notato. Mentre il vecchio Barlaa indossa un costume tradizionale partico – un lungo kandys, pantaloni infilati dentro a stivali da cavallerizzo e un pugnale sul fianco – il giovane Parto è vestito come un romano. Indossa una tunica corta e una giacchetta di seta costosa, ed è completamente rasato.

«Un uomo si veste a seconda del suo compito», dice Virgilio. «Indossa l'armatura prima di andare in guerra, una toga prima di rivolgersi al senato».

Zio Plinio annuisce. «Proprio così».

«E», continua Virgilio, «un giovane che va a una cena, intenzionato a portarsi a letto una giovane Romana, deve anche lui vestirsi come il ruolo richiede ».

Zio Plinio si mette a ridere tenendosi la pancia. Ride così tanto che a un tratto la sua risata diventa una tosse sibilante e gli vengono le lacrime agli occhi.

Spesso mi meraviglio della varietà degli argomenti di conversazione di zio Plinio. È tanto a suo agio a parlare con un sacerdote nel tempio quanto con un soldato in caserma. È come un attore, che sa recitare qualsiasi parte, che sia commedia o tragedia. Questo suo eclettismo si esprime al meglio nel corso delle cene. Lo zio passa con naturalezza da un argomento all'altro, sembrando sinceramente interessato ed entusiasta di parlare con chiunque a cui capiti di afferrare il braccio del famoso ammiraglio.

Credo che la sua sia una capacità innata. Per quanto ci possa provare, io non sono in grado di fare come lui. Sono a mio agio con i libri e con poco altro. Ogni momento di questa serata di festa per me sarà una tortura.

L'osservazione di Virgilio voleva essere umoristica, ma mi chiedo se sia fuori strada. Nonostante il suo abbigliamento, c'è qualcosa che rende Sinnace diverso. Non ha niente a che vedere con gli altri giovani

Romani. Non è né un Parto né un Romano, è come se galleggiasse in qualche punto tra queste due identità.

Quando si riprende, zio Plinio chiede a Virgilio: «E dov'è Cesare? Sicuramente dovrà arrivare in tempo per dare il benvenuto agli emissari partici».

«Non c'è da preoccuparsi, ammiraglio», risponde Virgilio. «Cesare arriverà presto».

Zio Plinio alza le sopracciglia. «Eri con lui quando ha incontrato la Sibilla?».

Virgilio abbassa lo sguardo, non volendo incrociare quello dello zio. «Non mi è stato permesso di entrare, ma ho parlato con lui dopo l'incontro».

«E?».

Virgilio scuote la testa. «Cesare era... Le parole della Sibilla lo hanno turbato, anche se non lo ammetterà mai».

«Cesare non sarà caduto preda di quei ciarlatani, vero? I sacerdoti di Cuma sono dei noti truffatori».

«Non sono entrato nell'antro», dice Virgilio, «quindi non so con precisione cosa sia successo. Ma se avessi visto la faccia di Cesare quando è uscito... In ogni caso non può essere solo una coincidenza, non credi? Il falso Nerone ha attraversato l'Eufrate. Proprio come predetto dagli Oracoli».

Zio Plinio ride. «Il solo fatto che un brigante dai capelli rossi attraversi l'Eufrate non ne fa necessariamente Nerone. Gli enigmi possono predire qualsiasi cosa, se chi li interpreta non usa il proprio raziocinio. Quello che è successo a Cuma è stato soltanto fumo negli occhi. Riuscirò a convincerti di questo, amico mio», dice. «Forse non subito, ma prima o poi ci riuscirò».

Virgilio annuisce. «Io non conto niente. È Cesare che dovrai convincere».

«È ciò che intendo fare».

Passano ad argomenti molto meno avvincenti, tasse e amministrazione provinciale.

Lascio vagare lo sguardo.

Scruto tra la folla la donna che ci ospita, la sorella di Cesare, Domitilla. I suoi particolari riccioli color noce moscata sono raccolti ben sopra le spalle e le lasciano scoperto il lungo collo, liscio e perfetto come il marmo egizio. È vestita di nero, porta ancora il lutto per la morte del padre. Molti dicono che la vera bellezza di famiglia sia sua sorella Vespasia, ma non mi trovano d'accordo. Devo letteralmente costringermi a staccarle gli occhi di dosso ed evitare di fissarla troppo a lungo.

Dietro di lei, nel lato più lontano del giardino, c'è Marco Ulpio. Sta parlando con una schiava. È carina, direi. Alta, con i capelli neri e gli occhi azzurri. Marco sta gesticolando animatamente. Lei lo fissa con sguardo glaciale. Incredibile. Sta urlando arrabbiato a una schiava nel bel mezzo di una cena. Sapevo che la mia prima impressione era corretta: quel ragazzo è un rozzo.

Più tardi, dopo un quarto della coppa di vino, una donna saluta zio Plinio con un abbraccio. Ha le guance coperte da uno spesso strato di belletto rosa e i capelli arricciati e raccolti sulla testa a formare un alveare barcollante.

«Mia cara Rectina!», esclama zio Plinio.

«Quando verrai a farmi visita nella mia nuova villa?», chiede lei, sbattendo le ciglia in modo tale che se al posto di mio zio ci fosse un altro penserei che stesse flirtando.

«Hai una nuova villa?», chiede zio Plinio.

Lei gli dà un colpetto sul braccio. «Oh, che cattivone! Te l'ho scritto all'inizio dell'estate. È sul mare, vicino a Oplontis».

Un uomo si precipita a interrompere la conversazione. Lo sconosciuto afferra zio Plinio per le spalle.

«Ammiraglio Secondo!».

È grande e grosso, con le spalle larghe e il ventre ancora più largo; le guance sono deturpate da vecchie cicatrici e gli occhi sono azzurro chiaro, quasi bianchi.

Rectina alza gli occhi al cielo e dice: «Plinio, immagino ti ricordi del senatore Sulpicio Petico».

«Certo», risponde lo zio. «Rientrato da poco dalla Siria, nevvero?»

«Esatto», risponde Sulpicio. «Esatto».

«Ah», annuisce zio Plinio come se avesse capito qualcosa all'improvviso, «allora era la tua, quella nave piena di gladiatori?».

Sulpicio annuisce a sua volta. «Sì, erano i miei combattenti. Sto cercando di stuzzicare l'appetito della gente prima dei giochi. Ho destato a sufficienza il tuo interesse?».

Zio Plinio si stringe nelle spalle. Rectina sorride alla noncuranza dell'ammiraglio.

«Quando sei tornato dalla Siria?», chiede zio Plinio.

«Sono in Italia da queste calende. Sono arrivato appena in tempo, direi».

«Oh!». Zio Plinio non dà l'impressione di essere colpito come Sulpicio avrebbe voluto.

«Sì. Il corpo dell'imperatore non è ancora freddo che già suo figlio si lascia influenzare da provinciali poco raccomandabili».

«A chi alludi?»

«Allo storpio. A Ulpio. Quell'uomo è un bugiardo. Un impostore».

Niente di nuovo. C'è molta gelosia tra i senatori. Fanno sempre a gara a mettere in cattiva luce i loro colleghi. L'ho visto fare così tante volte da aver perso il conto. Specialmente con uomini come Ulpio, le cui fortune sono in fase ascendente. Lo zio Plinio può avere i suoi sospetti, ma è sempre equanime, sempre saggio e non abusa mai del suo rapporto con Cesare. Gli risponde come fa normalmente di fronte a un'accusa di questa portata: prende Sulpicio da parte e con un tono come per dire *Ciò che mi stai rivelando è la cosa più importante che ho sentito oggi*, gli dice: «Raccontami tutto».

Mi scuso, e mentre Sulpicio inizia a esternare le sue rimostranze, decido di fare un giro della famigerata villa dei Pisoni. Zio Plinio perdonerà una mia breve assenza dalla festa.

Lascio il peristilio ed entro in un lungo, ampio corridoio. Il pavimento è costituito da un mosaico di piccole pietre bianche e nere. Le nicchie contengono statue di dèi e busti di uomini morti da tempo. Mi fermo ad ammirare il ritratto in marmo di Pisone, l'ultimo proprietario della villa prima che Nerone ne venisse in possesso, dopo l'esecuzione di Pisone stesso. Nel suo marmo sono scolpite guance incavate, occhi senza vita e un naso che punta verso il soffitto. La pittura è sbiadita e si sta sfaldando, lasciando intravedere il marmo sottostante. Devono essere anni che nessuno ritocca il busto. L'incuria è comprensibile, ma la cosa strana è che non sia mai stato rimosso. Pisone ordì una congiura per uccidere Nerone e appropriarsi del trono. Avrei pensato che una delle prime mosse di Nerone dopo l'acquisizione della villa fosse quella di eliminare il busto dell'uomo che aveva cercato di ucciderlo. Forse è stato effettivamente tolto e poi rimesso al suo posto quando la villa passò da Nerone ai Flavi. O forse Nerone ha preferito mantenere il busto di Pisone come monito, per non scordarsi mai che Cesare deve stare sempre all'erta.

Dal cicaleccio dei discorsi nel giardino vicino sento emergere distintamente le voci di due persone che stanno litigando. Sembrano provenire dal corridoio, dietro l'angolo. La curiosità ha la meglio su di me. Convinto di tornare subito indietro dopo aver dato un'occhiata, mi avvio a passo felpato per scrutare dietro l'angolo. Ancora una volta, vedo Marco e la povera schiava che litigano. Tra di loro è in corso un'accesa discussione. La ragazza sta per andarsene infuriata quando Marco l'afferra per un braccio e la blocca.

Prima di sapere cosa sto facendo, prima di avere il tempo di rifletterci sopra, con un disprezzo per le conseguenze che decisamente *non è* da me, giro l'angolo, mi schiarisco la voce e dico: «Sc-sc-scusami Marco, ma non mi pare il caso di maltrattare così la signorina».

Marco lascia andare il braccio della ragazza e mi dà un'occhiataccia.

Alla ragazza, chiedo: «Stai bene?».

E lei, invece di ringraziarmi per il mio intervento, sputa in mia direzione e se ne va furiosa. Mentre si allontana, dice qualcosa a Marco in una lingua che non ho mai sentito prima.

Marco la guarda allontanarsi.

Dimenticando per un momento la mia maleducata intromissione, motivata da pura curiosità, chiedo a Marco: «Che lingua era?».

Marco fissa il corridoio vuoto. Sembra arrabbiato. Distrattamente mi risponde: «Aramaico».

«Tu parli l'aramaico?», chiedo, sorpreso che Marco sia capace di parlare qualunque cosa che non siano i suoi pugni.

La sua attenzione non è più concentrata sulla ragazza. «Sì», risponde con un sogghigno.

Da come mi guarda, potrebbe aggredirmi seduta stante, nel bel mezzo di una cena.

Provo a placarlo.

«Senti, Marco. Non erano fatti miei e forse non avrei dovuto interferire, ma mi è sembrato che fossi troppo duro con lei, schiava o meno».

Lui scuote la testa. «Voi mocciosi patrizi siete tutti uguali».

E con questo, se ne va infuriato.

Dopo un momento di silenzio attonito, dico ad alta voce, anche se non c'è più nessuno che possa sentirmi: «Veramente sei *tu* il moccioso patrizio».

Quando torno in giardino, lo zio Plinio mi prende da parte. «Come sta andando con il giovane Ulpio, state stringendo amicizia?».

Faccio una smorfia e lo zio Plinio scuote la testa. «Perché non considerare gli altri ragazzi della tua età che sono qui stasera, allora? Le relazioni che instauri a quest'età ti serviranno poi per tutta la vita».

«Per favore, non farmi parlare con Domiziano o con qualcuno dei suoi amici. Non potrei sopportarlo. Non stasera».

Zio Plinio mi dà una pacca sulla spalla. «Non costringermi a forzare la mano, Gaio», mi dice con aria sinistra.

«Cosa intendi dire?».

Zio Plinio mi strizza l'occhio e comincia a parlare con un senatore che sta passando.

Alla fine della serata – solo gli dèi sanno che ora si sia fatta – zio Plinio e io usciamo dalla villa dalla parte della strada anziché dal lato dove la nostra lancia ci sta aspettando lungo il molo.

«Dove stiamo andando, zio?».

Mi porge un otre di vino. «Bevi».

Mentre ne prendo un piccolo sorso, zio Plinio mette la mano sotto l'otre e lo solleva. La mia bocca viene immediatamente sommersa dal vino, molto più forte della limonata che bevo di solito. Butto la testa in avanti, tossendo.

«Credevo di non dover bere più di due coppe», dico dopo aver finito di tossire.

«Quello valeva per la cena. Adesso hai bisogno di un po' di coraggio. Ci sono altre cose che devi apprendere stasera».

Il suo sorriso è più inquietante delle sue parole.

Il prefetto Virgilio ci raggiunge sulla strada. «È abbastanza ubriaco?»

«Non ancora» risponde zio Plinio.

«Perché avrei bisogno di essere ubriaco?», chiedo, frustrato per essere l'unico che non capisce la battuta. Vorrei poter essere nella mia camera da letto, da solo, a leggermi Cicerone o Livio.

Diversi giovani stanno uscendo dalla villa. Riconosco tra di loro alcuni dei ruffiani di Domiziano. Si muovono con la spavalderia da gradassi che il vino, i soldi e il lignaggio patrizio danno loro. Diversi ululano come lupi, prima di disperdersi nella notte.

«Vieni con noi», dice Virgilio.

Sparo una raffica di domande mentre seguiamo i giovani ululanti attraverso le strade buie di Baiae, ma in risposta ricevo soltanto uno stoico silenzio. Le mie peggiori paure si concretizzano quando ci fermiamo fuori da un bordello.

Il gruppo che abbiamo seguito si accalca tra due omoni per entrare dalla porta d'ingresso.

«Zio», dico con gli occhi puntati sul bordello, «non vorrai fare sul serio».

«Pensa a stasera come a un'estensione del compito che ti è stato assegnato questa mattina. Questa è un'altra delle cose che fanno i giovani. Devi diventare amico di questi rampolli patrizi».

Vorrei oppormi ma non desidero deludere zio Plinio.

«Vieni anche tu?», chiedo.

«Certo che no» risponde. «Detterò delle lettere a Spartaco da qui», dice indicando il suo segretario, «finché non avrai finito». Spartaco tira fuori una tavoletta di cera, di cui non è mai sprovvisto. Zio Plinio mi dà una pacca sulla spalla. «Vai, ma non avere fretta. Ho un bel po' di cose da fare mentre ti aspetto».

Virgilio mi prende sottobraccio e mi trascina nel bordello.

Dentro c'è una donna di mezza età seduta davanti a una porta chiusa. In una mano tiene una tavoletta di cera, nell'altra uno stilo d'argento. In piedi accanto a lei c'è un uomo, che di tanto in tanto guarda da sopra la sua spalla. Sembrano due mercanti che stanno controllando il loro inventario. Le pareti sono decorate con mosaici di satiri con enormi falli e con scene di sesso, tra uomini e donne, tra uomini e uomini e tra donne e donne, in una varietà di pose che ricordano più una gara di lotta che non ciò che a quanto ne so io si fa in un rapporto sessuale. Ci sono tre divani. Uno è occupato da un uomo che sta russando rumorosamente. Sul pavimento giace un otre di vino, sotto la sua bocca aperta da cui cola saliva. Riconosco in lui un senatore che spesso chiede consulenze a zio Plinio, un fanatico degli ideali stoici.

La maggior parte dei giovani che abbiamo seguito dentro sono scomparsi. Valerio e Catullo sono su un divano, ciascuno con una donna seduta in grembo. Anche se non me ne importa un fico secco di cosa pensino di me, mi sarei aspettato che fossero sorpresi nel vedere che mi univo a loro, e di guadagnare un po' di rispetto per lo sforzo. Ma nemmeno mi notano, nessuno dei due.

Senza alzare lo sguardo dalla tavoletta la donna chiede: «Preferenze?».

Virgilio risponde: «Orientale. Scura. Alta».

La donna usa uno stilo per segnare la cera. «Stanza quindici».

Virgilio segue l'uomo oltre la porta.

Senza alzare gli occhi dalla tavoletta di cera, la donna chiede: «E tu?».

Io non dico una parola perché, be', non ho idea di cosa dire.

La donna alza gli occhi, con aria incerta. Ma poi, sembra riconoscere qualcosa nel mio aspetto. Qualcosa di divertente, perché sorride. Con un tono tenero mi dice: «Non preoccuparti giovane signore. Sei in buone mani qui al Cazzo del satiro». Mi accompagna oltre la porta lungo un lungo corridoio scuro. Da dietro le porte chiuse provengono strani rumori: risa, gemiti, lo schiocco di uno schiaffo sulla pelle. Si ferma davanti a una porta chiusa. Bussa tre volte prima di aprirla. Dentro c'è una donna, in piedi davanti a un tavolino, che sta riempiendo di vino una coppa. Il modo in cui indossa la sua veste è scandalosamente sconcio.

«È vergine», dice la mia guida. «Sii gentile».

La donna seminuda mi valuta un momento. Sorseggia il suo vino. «Magari fai venire anche Achille. Non si sa mai».

«Buona idea».

Incapace di proferire verbo, guardo la mia guida spingermi all'interno della stanza e chiudere la porta dietro di me.

Mentre me ne resto lì senza sapere né cosa dire né cosa fare, la donna mezza nuda mantiene una calma serafica. Si sposta sul letto. La luce della lampada manda tremolii dorati sulla sua scollatura profonda. Non è giovane, ma neppure vecchia. Certamente bella. Denota una sicurezza così calorosa che trovo confortante e allo stesso tempo elettrizzante.

Con la mano, mi fa segno di andarmi a sedere sul letto accanto a lei.

Obbedisco docilmente, accomodandomi vicino a lei. Mi passa il suo vino e io ne ingollo due grosse sorsate.

«E come ti chiami, giovanotto?».
«Gaio Cecilio», rispondo, gracchiando come una rana.
«Piacere di conoscerti». Mi prende la coppa di vino e ne beve un piccolo sorso seducente. «Puoi chiamarmi Rossa».

Zio Plinio, Virgilio e Spartaco mi stanno aspettando fuori in strada.
«Allora?», chiede Virgilio.
Le mie guance bruciano come una pira funebre. Fisso la strada.
«Lascialo stare», dice zio Plinio. Mi mette un braccio sulla spalla. «Ne parli solo se vuoi, nipote. Vieni. È ora di rientrare».
«E gli altri?», chiedo.
«Preferirei una passeggiata più tranquilla fino al molo», dice lo zio Plinio. «Sei d'accordo con me?».
Ci incamminiamo giù per le viuzze strette di Baiae. Non si sente altro che il crepitio delle nostre torce e il respiro affannato di zio Plinio.
All'improvviso sentiamo delle urla davanti a noi. Sul momento le voci sono smorzate, ma poi si fanno rapidamente forti e violente.
Zio Plinio e Virgilio si scambiano uno sguardo e affrettano il passo. Io cerco di stargli dietro.
Un uomo sbraita: «Cane romano».
Un altro grida di dolore.
Giriamo l'angolo e vediamo delle ombre a una ventina di passi di distanza.
Forme scure che circondano una figura in ginocchio. Delle lame baluginano al chiaro di luna.
Il prefetto Virgilio grida: «Fermatevi!».
Le ombre nere si bloccano e poi scompaiono nella notte, lasciandosi dietro un uomo disteso a terra.
Virgilio si precipita al suo fianco.
È Barlaa, l'ostaggio partico. È stato pugnalato a un fianco; il sangue macchia il suo kandys verde. Sembra che indossi l'armatura sotto la veste, ma la lama è penetrata lo stesso. Si lamenta e ha il viso contorto dal dolore.
Virgilio preme sulla sua ferita, cercando di arginare l'emorragia.
Notiamo un'altra sagoma distesa a terra, a dieci passi di distanza. Zio Plinio si affretta verso quest'ultima. «È il centurione», dice, «Manlio». Lo zio appoggia l'orecchio sul petto del centurione. «È ancora vivo».

Tocca la testa dell'uomo e mentre la solleva la sua mano si imbratta di sangue. Il sangue del centurione sembra nero, al chiaro di luna. «Ma non so per quanto».

Vedo un'espressione di sollievo attraversare il viso del vecchio parto.

«Che cosa è successo?», chiede Virgilio.

Barlaa scuote la testa. «Niente».

«C'è troppo sangue per dire che non è successo niente», dice Virgilio.

Barlaa spinge via le mani di Virgilio. Cerca di tirarsi su in piedi, sebbene sia troppo debole e vacilli; cade di nuovo a terra. «Non è successo niente», ansima Barlaa. «Dei ladri in cerca di monete».

Zio Plinio mi rimanda alla villa imperiale in cerca di aiuto. Corro via senza dire una parola.

Torno dopo un quarto d'ora con quattro pretoriani, mezza dozzina di schiavi e due dottori. Le ferite di Barlaa e di Manlio vengono fasciate, poi i due vengono sistemati su delle lettighe e portati alla villa.

Barlaa non racconta più nulla di quanto è successo, per quanto Virgilio gli faccia pressione. I medici insistono che Barlaa deve dormire, e zio Plinio e Virgilio alla fine si rassegnano.

Virgilio ci accompagna alla nostra nave. Faccio del mio meglio per stare al passo e ascoltare.

«Ladri in cerca di monete?», dice Virgilio, incredulo.

«Non mi sembra probabile».

«Indossava un'armatura. Hai visto? Chi indossa un'armatura per andare a una cena?».

«Qualcuno che si aspetta un attacco in una strada buia», dice zio Plinio.

«Sta nascondendo qualcosa».

«Sì, è ovvio. Ma cosa?», aggiunge zio Plinio. «È ostaggio qui in Italia da quasi trent'anni. A parte la sua testardaggine e il continuo lamentarsi, non ha mai causato problemi».

«Manlio potrebbe dirci di più, quando si sveglia».

«*Se* si sveglia».

«Manlio è un buon soldato», dice Virgilio. «Più che buono. Devono essere stati in diversi, un piccolo esercito, per farlo cadere così». Le labbra di Virgilio si arricciano per la frustrazione. «Tutto questo deve avere una relazione con gli emissari partici. Che sia accaduto adesso... non può essere una coincidenza».

«Sembrerebbe plausibile», dice zio Plinio, «ma non possiamo saperlo con certezza. Anche se fosse, se alcuni parti fossero arrivati in anticipo e avessero attaccato Barlaa protetti dal buio, potrebbe trattarsi di una disputa tribale che non riguarda noi».

«Che cosa stai suggerendo, ammiraglio?», chiede Virgilio. «Che Barlaa abbia ucciso qualche altro barbaro trent'anni fa e che adesso i suoi parenti vogliano vendicarlo, su suolo romano?»

«Può anche darsi. Non sappiamo niente di certo».

Virgilio scuote la testa. «Questa non è una disputa tra uomini. È una disputa tra imperi».

«È possibile», dice zio Plinio. «In ogni caso, dobbiamo stare in guardia quando arriveranno qui».

Zio Plinio smette di camminare e mi afferra per le spalle.

«Gaio», mi dice, «ho un nuovo compito per te, un altro da aggiungere alla lista crescente di quest'estate. Ho bisogno che tu scopra tutto quello che puoi sapere dai Parti. Da Sinnace, in particolare. È giovane e irruento. Potrebbe darti informazioni preziose. Di sicuro parlerà più di Barlaa. Non ho bisogno di ricordarti che noi dobbiamo tutto a Tito e alla sua famiglia. E che il nostro destino è legato al loro. Indagheremo su questo attacco e garantiremo che la famiglia imperiale non corra alcun pericolo».

Annuisco in segno di approvazione. «Sì, zio».

«Dannati barbari», esclama Virgilio. «Traditori bugiardi, dal primo all'ultimo».

BARLAA

19 agosto
Baiae, golfo di Napoli

Odio questi stronzi di Romani. Odio i loro capelli corti e i loro volti rasati; odio la loro grettezza, la loro licenziosità, il loro insaziabile appetito di sesso, di bevute, di commerci. Odio il loro accento – che sia del Nord, del Sud, patrizio o plebeo – è sempre una violenza alle mie orecchie, una pugnalata alla pace della mente. Odio il modo in cui si vestono, i loro colori vivaci e le parti di pelle che esibiscono: braccia, spalle, polpacci privi di peli, cinque ottavi di coscia.

Odio l'Italia, ogni centimetro di questa terra. Odio il calore opprimente delle sue estati, i tentacoli appiccicaticci dell'umidità che intasa i polmoni e soffoca il petto. Odio le sue strade lerce s traboccanti di poveri ancora più lerci. Odio la gente: pittori, fornai, soldati, tavernieri, serve, ciambellani, cuochi, macellai, avvinazzati e truffatori, dal primo all'ultimo.

Odio anche questo dottore, che adesso è chino su di me e mi sta ispezionando la ferita; puzza di vino e non ho dubbi che se gli togliessi gli occhi di dosso, anche solo per un momento, andrebbe a rovistare nella mia stanza agguantando qualsiasi oggetto di valore che non ho reso inaccessibile.

Dopo vent'anni trascorsi qui sono arrivato a odiare le caratteristiche fondamentali che rendono tale un Romano, i mattoni e la malta della romanità. Odio la loro ipocrisia, la loro facciata di moralità quando sotto sotto, nel profondo, sono i peggiori debosciati. Odio il loro disdegno per gli harem, quando invece si scopano qualunque buco passi loro sotto il naso; o il loro sprezzo per i re, quando invece strisciano come vermi ai piedi di chiunque a cui capiti di essere nominato «Cesare».

Ma più di tutto, odio il senso di superiorità dei romani, il modo in cui qualsiasi cittadino, dal figlio di un panettiere alla moglie di un senatore, sputi fuori la parola «*barbaro*», storcendo la bocca con aria nauseata ogni volta che entro in una stanza. Odio che non siano a conoscenza del mio lignaggio reale, della mia discendenza diretta da Mitridate, il grande unificatore; del fatto che provengo da una nazione tanto raffinata quanto la loro è volgare, tanto colta quanto la loro è spietata.

Odio questi stronzi di Romani.

Eppure, quando è arrivato il momento di decidersi, quando i miei conterranei sono venuti a bussare alla mia porta, protetti dall'oscurità, offrendomi l'opportunità di ridimensionare quell'orgoglio romano che tanto odio e di rendere gloria al regno degli ariani a spese dei Flavi, ho esitato.

Perché?

Carene, il vecchio amico che è stato ostaggio con me, lo considererebbe un tradimento, nel caso fosse ancora vivo? Era solito mettere in guardia contro il pericolo di affezionarsi troppo ai nostri carcerieri. Intuì subito questo pericolo, già nel corso del primo mese della nostra permanenza in Italia, dopo che mio fratello ci aveva bollato come traditori e banditi dalla terra che ci ha dato i natali.

È accaduto quasi trent'anni fa, dopo il fallimento del nostro tentativo di colpo di stato. All'epoca era re Gotarze. I suoi sudditi lo chiamavano il Macellaio, a causa della sua crudeltà. Di nobiltà ne aveva abbastanza. Carene e io raggiungemmo Roma in segreto per trovarvi uno sfidante al trono adeguato, e tornammo con Meerdate, il nipote di Re Fraate.

Pensavamo di aver fatto un colpo da maestri. Ne eravamo convinti perché la discendenza di Fraate vantava più diritti a rivendicare il trono che non Gotarze; credevamo che la nobiltà si sarebbe riunita sotto il suo vessillo e che la vittoria sarebbe stata certa, ma ci sbagliavamo. Ci eravamo concentrati troppo sulla genealogia del re e troppo poco sulle sue qualità. Meerdate era uno sciocco, incapace di prendere decisioni e poco uso alla battaglia. Alcuni si unirono alla sua causa, ma alla fine quasi tutti lo abbandonarono. Quando arrivò il momento dello scontro in campo con il Macellaio, le nostre forze erano ormai esigue. Ci sconfisse con facilità. Io e Carene fummo imprigionati. Ma il Macellaio morì prima di poterci infliggere la sua punizione.

Il mio fratello minore, Vologase, fu insediato come re. Se avessi sperato nel perdono dei miei congiunti, mi sarei amaramente sbagliato. Fece portare Carene e me dinanzi a lui.

«Fratello», disse, mentre i suoi uomini ci prendevano a calci dietro le gambe obbligandoci a cadere in ginocchio. «Sei un traditore, lo schiavo di una potenza straniera, non sei più benvenuto in questo paese. I miei consiglieri dicono che dovrei uccidere te e Carene per aver sostenuto il Rospo. Ma ti risparmierò la vita. Ti mando a Roma, dove rimarrai fino alla fine dei tuoi giorni».

In tutta risposta, sputai e maledissi il suo nome. Aveva dieci anni meno di me ed era figlio di una concubina. Avevo più diritto al trono io di quanto non ne avesse lui. Ma ora, con il beneficio del senno di poi, devo ammettere che quel giorno mio fratello si comportò da re. Avrebbe potuto uccidermi. I suoi soldati erano pronti, le mani già sull'elsa del pugnale, desiderosi di mostrare lealtà al loro nuovo re. Fu un gesto magnanimo risparmiare suo fratello e mandarlo a vivere a Roma. E anche una dimostrazione di forza. *Guardate! I re non temono i loro fratelli maggiori.*

Fummo tenuti sotto chiave finché non si giunse a un accordo con Roma. Poi, un gruppo armato composto da venti uomini ci scortò via terra attraverso la Siria, l'Asia e quindi la Grecia, dove traversammo l'Adriatico. Quell'anno i venti dell'inverno calarono presto, gelidi e terribili. Le onde percossero la nave come fosse un giocattolo, finché sbarcammo ad Ariminum, sulla costa nordorientale dell'Italia. Lì, venimmo a sapere che l'imperatore di Roma, Claudio Cesare, era morto. Morì per cause naturali, o forse fu avvelenato dall'infida moglie, dipende dalla persona a cui si chiede. Ricordo di aver pensato: "Bene, se Cesare è morto, ci rimanderanno indietro". Ma i soldati di mio fratello furono irremovibili. Attendemmo ad Ariminum, mentre le trattative venivano riprese con il successore di Claudio, Nerone, un ragazzo di sedici anni.

Fu una lunga attesa, che durò cinque mesi. Alla fine ci tolsero le catene (dove avremmo potuto scappare?) e ci fu permesso di muoverci liberamente per la città. Carene e io mangiavamo ogni sera strane cibarie italiane, lamentandoci amaramente della nostra nuova casa. Un giorno, uno schiavo di bell'aspetto ci portò una bottiglia di vino. Un regalo del nostro nuovo padrone, disse, l'imperatore Nerone. Rimase per stappare la bottiglia e servirci la cena. Ricordo ancora adesso il mio primo sorso. In Partia produciamo vino di palma. Importiamo il vino ottenuto da uve italiane o greche. Perlopiù, qualunque cosa attraversi l'Eufrate non è che brodaglia straniera. Ma questo era qualcosa di diverso. Era complesso, ma allo stesso tempo leggero e arioso, come un raggio di sole racchiuso in un sorso.

Il mio viso si allargò in un grande sorriso e dissi: «Forse non staremo poi così male, qui».

Carene mi scrutò con il suo unico occhio buono. Già allora era vecchio, esile e gracile. Eppure, quei suoi penetranti occhi azzurri, quasi bianchi, avrebbero potuto soggiogare un'intera legione. «Abbiamo fatto un grave errore sostenendo il Rospo», disse. «Non era un ariano, sebbene fosse nipote di Fraate. È nato qui, in Italia. Era un romano, uno straniero. Siamo stati accecati dall'odio per il Macellaio, dal desiderio di vederlo cadere. Abbiamo disonorato le nostre famiglie e i nostri antenati ritenendo che il Rospo potesse essere degno di un trono. Non potremo mai cancellare ciò che abbiamo fatto. Ma potremo vivere con dignità fino all'ora della morte».

Versò sul pavimento la sua coppa di vino.

Poi rimase in attesa.

Senza bere il secondo sorso che desideravo ardentemente, seguii il suo esempio, versando a terra la mia coppa e poi l'intera bottiglia.

Lo schiavo era attonito. Ci comunicò il prezzo della bottiglia e disse che non aveva altra scelta che riferire al suo padrone quanto era successo. Nerone tirò fuori l'argomento, la prima volta che ci incontrammo. Era adirato, esigeva di sapere perché avessimo sprecato il suo generoso dono. Noi assumemmo un atteggiamento di sfida, esclamando che non ci piaceva il vino romano. Non ci piaceva nulla del suo maledetto paese.

Invece di farci giustiziare, come ci aspettavamo, Nerone si mise a ridere. «Be'», disse con un'alzata di spalle, «e pensare che credevo di essere *io* quello che aveva gusti costosi».

Ieri sera i miei assalitori mi hanno domandato se sono romano o ariano. Ma è una domanda formulata male. Il lignaggio di una persona cambia a seconda di dove si trova. Prendi un Romano e sbattilo in Dacia o in Egitto, ti risponderà sempre: io sono romano. Ma in Italia, chiedi a un uomo da dove viene e ti risponderà citando la città da cui proviene, forse addirittura la via. E si è di Roma, ti dirà da quale rione. Sinceramente convinto che il Rione XVI sia superiore al II o al V, o il suo quartiere migliore di qualsiasi altro dei duecento quartieri in cui è suddivisa la città. La stessa cosa si può dire in Partia. Prima di essere un esule, non avrei mai detto di essere un arsacide, o Parto, come i Romani ci chiamano. Io ero mesopotamico. Chiunque dovessi sostenere che io sono della Persia o di un luogo remoto come l'Ircania, avrebbe bisogno di invocare l'aiuto di Dio.

Ma da quando è iniziato il mio esilio, ho preferito definirmi per quello che non sono: non sono un Romano.

La domanda sorge spontanea: se non sono un Romano, perché mi sono rifiutato di far fronte comune contro i Romani?

Già, perché?

Il medico torna nella seconda ora per cambiare la fasciatura alla mia ferita. «L'emorragia è nebo intensa», dice. «Sopravvivrai».

Chiedo di Manlio. «Vivrà?»

«Forse» risponde il medico.

Come regola odio i Romani. Ma ogni regola ha delle eccezioni.

Manlio fu incaricato di sorvegliare me e Carene dodici anni fa. Sostituì un vecchio veterano sdentato proveniente dalla Germania, che ci aveva fatto la guardia fin dal nostro arrivo in Italia. Manlio era un centurione decorato, fresco di una guerra sanguinosa combattuta in Oriente e che prese molto male l'incarico. Pensava che fosse troppo al di sotto delle sue capacità, anche se lo faceva capire soltanto quando talvolta alzava gli occhi al cielo. Camminava avanti e indietro tenendo costantemente la mano sull'elsa della sua spada, pronto a uccidere i suoi ostaggi barbari in caso di necessità. Il mio latino era terribile allora, il suo aramaico, all'epoca la lingua franca della Partia, inesistente. Sapeva un po' di greco, sufficiente per poterci grugnire degli ordini, quando lo reputava necessario. Andammo avanti a comunicare così, grugnendo come animali e indicando con le dita per anni.

Fu solo dopo la morte di Carene che le cose cambiarono. Avvenne gradualmente. Dopo aver perso il mio compagno, pregai Manlio di giocare con me a *Tabula.* Si rifiutò per due anni. Per ben due anni! Quando alla fine cedette e dopo avergli insegnato le regole del gioco, il suo spirito di competizione ebbe il sopravvento. Giocare diventò un'ossessione. Adesso giochiamo tutte le sere. Pian piano è migliorato, come del resto la nostra relazione. Dapprima controllava le mie passeggiate pomeridiane da lontano, camminando a diversi passi di distanza dietro di me. Ora praticamente camminiamo fianco a fianco, conversando da pari a pari in latino (che ho imparato sebbene con riluttanza). Parliamo di sviluppi all'estero e della politica romana, che non smette mai di affascinare. Spettegoliamo su incontri che avvengono dopo il tramonto.

Odio i Romani. E forse Manlio è l'eccezione a questa regola. Ma lui in realtà non è un Romano *Romano*. Non esattamente. Il padre era uno schiavo egizio, liberato all'età di cinquant'anni. Manlio è nato e cresciuto ad Alessandria. Si è unito alle legioni all'età di diciassette anni. Aveva prestato servizio in Germania e in Dacia, ma non era mai stato in Italia fino a che non gli fu assegnato il tranquillo compito di sorvegliare gli ostaggi partici dell'imperatore. In sostanza, è tanto romano quanto lo sono io.

Se penso alle guerre che ha combattuto, ai campi di battaglia che ha visto... per poi finire così, nelle strade di Baiae. Si sarebbe meritato di meglio.

Mi dispiace, amico mio, di averti trascinato in tutto questo.

Quando Sinnace torna a casa, siamo già alla sesta ora. Entra impetuosamente nella stanza e corre al mio capezzale. Dagli occhi assonnati e dalle guance rosse posso vedere che è ancora in preda ai fumi dell'alcol della sera prima.

«Sei vivo», esclama. «Rendo grazie agli dèi. L'ho appena saputo».

«Ferito da una pugnalata ma vivo», gli dico.

Il ragazzo cerca di prendermi la mano. «Cos'è successo? Chi ti ha pugnalato?».

Gli spingo via la mano. «Taci, ragazzo. Non faccio confidenze a un ubriaco».

Penso a suo padre, Carene, a come aveva versato sdegnosamente il vino di Nerone.

Sono stato una delusione, Carene. Non ho saputo assicurare che tuo figlio rimanesse fedele alla stirpe da cui proviene, alla terra che gli ha dato i natali.

Ma il marciume era già lì, prima che Carene passasse a miglior vita.

«Fortuna che tuo padre non è qui a vedere il Romano in cui ti stai trasformando».

Sinnace si alza; ha le lacrime agli occhi.

È una discussione che abbiamo già avuto altre volte, di solito quando succede poi lui va a trascorrere la notte a bere con gli altri ragazzi romani. Reagisce come fa sempre, come un bambino.

«Io *non* sono un Romano».

«Rispondi a questa domanda, ragazzo», dico. «Se un animale sembra un elefante, si muove pesantemente come un elefante e barrisce come un elefante; se ha le zanne, una spessa pelle grigia e una coda sferzante, non è giusto dire che l'animale è un elefante?».

L'elefante mi guarda a bocca aperta. Non ha una risposta.

Se ne va, lasciandosi dietro una scia di vino stantio.

Che liberazione.

Avrei potuto confidarmi con Sinnace. Avrei potuto chiedergli aiuto. Ma non mi fido del ragazzo. Correrebbe dai suoi padroni romani appena si presenta un problema. Non ho bisogno di lui. I miei aggressori sono destinati a fallire. Il loro piano è troppo complicato, dipende da troppe variabili. E senza di me, non avranno il coraggio di provarci.

DOMITILLA

19 agosto
Villa dei Pisoni, Baiae

I nostri ultimi ospiti salgono a bordo delle loro navi al sorgere del sole. Li guardo dal balcone, salutando tutti quelli che hanno la bontà di voltarsi indietro. Mi sforzo di sorridere, come Tito certamente vorrebbe. E nostro padre pure. Non c'è nulla che preoccupi i Flavi. Mostraglielo.

L'imperatore appena consacrato ha insistito perché organizzassi una festa. Una di quelle lussuose. *Il tempo del lutto è finito*, mi ha scritto Tito da Roma. *Dobbiamo mostrare al mondo che andiamo avanti per la nostra strada.* Capisco la logica. Ma ciononostante, sento ancora un profondo cordoglio. Mi manca mio padre. Mi mancano le sue battutacce e le sue continue lamentele, la sua lingua tagliente. Mi manca il modo in cui mi accarezzava la mano dandomi dei colpetti quando mi vedeva contrariata, sin da quando ero una bambina. «Vedrai che si sistemerà tutto», mi diceva. E di solito era così.

Non ero pronta per una festa. Ma Cesare ha insistito.

È strano avere un imperatore per fratello. Non è stata la stessa cosa quando è toccato a mio padre indossare la toga purpurea, perché era sempre stato lui il *paterfamilias*, il capo assoluto, l'imperatore della nostra famiglia. La sua ascensione al trono rappresentò per noi un ampliamento del suo dominio. Ero abituata alla costante crescita di mio padre, da soldato a generale, da questore a senatore. La sua ascesa al Principato fu sbalorditiva, ma anche comprensibile.

Con Tito invece è diverso. Noi due non abbiamo mai avuto pari posizione: lui è il primogenito, dopotutto. Ma Tito mi ha sempre amata e rispettata. Ha sempre tenuto in considerazione le mie opinioni. Mi ha sempre ascoltata e ha sempre accettato i miei consigli. Era il mio fratello maggiore, non un re.

Poi però quando mio padre è morto tutto è cambiato. L'ho capito troppo tardi e Tito mi sta ancora punendo per questo.

Accadde a Roma. Andai a trovare Tito nella sala del trono, quando con lui c'erano Ulpio e l'ammiraglio Plinio, e insieme stavano discutendo come gestire la questione di mia sorella Vespasia. Questo prima dell'improvvisa, fervida devozione per il culto di Iside, che l'ha folgorata durante la veglia sul letto di morte di Cecina, suo ex amante e complice nel complotto di Marcello per usurpare il trono. Vespasia e Cecina avevano da mesi una relazione. Vespasia a lui ci teneva, lo amava, o almeno così affermava. Dopo che il complotto fu sventato e che Tito ebbe quasi tagliato Cecina in due, lei rifiutò di lasciare il capezzale del suo amante mentre questi lentamente moriva. Il che secondo Tito rappresentava un problema, perché minava il Principato alla sua base. Tito voleva relegare Vespasia in qualche isola remota, tipo Pandateria, come aveva fatto Augusto con la figlia. Stessa punizione per lo stesso reato: la promiscuità.

O così disse Tito.

Quello che intendeva dire era che entrambi erano colpevoli di aver messo Cesare in imbarazzo. Feci sentire la mia voce. Dissi a Tito che non poteva mandar via Vespasia. O, come disse Tito in seguito, ebbi la *temerarietà* di dire all'imperatore, a Cesare, padrone di tutto e di tutti, che c'era qualcosa che non poteva fare. Tito era furioso. Ordinò a tutti gli altri di lasciare la stanza. Una volta rimasti soli, mi disse a denti stretti che l'impressione che a Cesare venisse fatta una ramanzina dalla sua sorella minore – da una *donna* – era molto nociva. Poteva essere persino irreparabile. «Ho fatto la stessa figura di Nerone che andava a rannicchiarsi dalla madre».

Il giorno dopo Tito «suggerì» che andassi a Baiae per il resto dell'estate. Il messaggio era chiaro: Stai alla larga dalla politica. Sei la sorella di Cesare, non un suo consigliere. Mi fa infuriare quanto abbia dimenticato rapidamente il ruolo che ho avuto nello scoprire il complotto di Marcello. Se non fosse stato per me, adesso sarebbe morto.

«Domitilla».

Persa nei miei pensieri, non mi sono accorta che il senatore Cocceio Nerva stava passando sotto al balcone. Si è fermato e mi sta fissando.

«La perfetta padrona di casa», dice, «che dà il commiato a tutti i suoi ospiti fino all'ultimo, a qualsiasi ora se ne vadano».

Mi sforzo di sorridere. Non viene spontaneo sorridere quando si parla con Cocceio Nerva.

Il volto di Nerva è dominato da un imponente nasone. Ha gelidi occhi neri e uno stretto mento sfuggente.

Svettante accanto a lui c'è il Batavo, la leggenda vivente delle *venationes*. I suoi occhi, azzurri come il mar Tirreno, sono puntati sul molo.

C'è stato un tempo in cui non riuscivo a impedire al Batavo di prodigarsi in attenzioni per me. All'inizio di quest'anno un assassino aveva fatto irruzione nel palazzo imperiale. Era stato mandato a uccidermi e credo che avrebbe potuto riuscirci se non fosse stato per il Batavo. In qualche modo il Batavo riuscì a sentire le mie grida e a intervenire appena in tempo. Dal mio scialle, strappatosi durante l'attacco, lui rubò un pezzo e ricavò dalla sua seta verde una maschera da indossare nell'arena. Dopo ogni vittoria faceva un inchino nella mia direzione e baciava la maschera. Tutta Roma spettegolava sulla relazione piccante tra la figlia dell'imperatore e lo schiavo che combatteva contro le belve feroci. Gli feci avere un messaggio in cui gli chiedevo di smettere.

Obbedì.

Ci sono momenti in cui sento una punta di delusione. La sua attenzione mi lusingava; non era come quella dei senatori, che mi vedono solo come un mezzo per qualche fine politico. Ma è meglio così. Se Vespasia ha rischiato di essere allontanata per una relazione clandestina con un patrizio, non oso pensare alla reazione di Tito se io fossi stata scoperta insieme a uno schiavo famoso.

«Avevo intenzione di parlarti durante la festa», dice Nerva. «Ma non c'è stato modo di ritracciarti».

Non è successo per caso, era voluto. Nerva non mi piace e non ho alcun interesse a parlare con lui. Ma come sorella di Cesare sono tenuta a essere educata, specialmente verso i senatori.

«Bene», dico perciò, «eccomi».

«Speravo di poterti chiedere di Giulio Caleno. Hai avuto modo di rintracciarlo?».

Giulio Caleno è un ex soldato caduto in disgrazia; un tipo di uomo duro, capace e concreto, abile nell'eseguire i compiti che richiedono qualità a lui affini. Nerva e io ci siamo serviti entrambi di lui quando abbiamo avuto bisogno di protezione e di informazioni, o per inviare un messaggio. Sfortunatamente, dal mese di maggio è scomparso. Mi sentivo responsabile per Caleno e volevo sapere cosa ne fosse stato di lui. Perciò ho iniziato a cercarlo, dapprima a Roma e adesso per tutta l'Italia. Nerva è stato sprezzante quando gli ho chiesto la prima volta di Caleno. «Cercalo nelle taverne», mi disse. Mi sono chiesta cosa avesse determinato questo cambio di atteggiamento nei suoi confronti.

«No», rispondo. «Giulio Caleno non è ancora stato ritrovato».

«Mi sembra di capire che hai mandato la tua serva a cercarlo per mezza Italia».

«Non sei mai a corto di informazioni, eh?».

Nerva sorride con freddezza. «Mai. Ma sono disposto a condividerle con te e Cesare, se doveste chiedere. Tuo padre fece affidamento su di me per un certo periodo, prima di rivolgersi ad altri. Alla tua famiglia non conviene estromettermi».

Un tempo Nerva era stato un consigliere molto vicino a mio padre appena salito al potere. Ma la sua importanza è diminuita nel corso degli anni e adesso a Tito non serve più. Avrà menzionato Caleno soltanto per potersi vantare delle sue spie? Nerva ha spie ovunque, ma evidentemente non gli sono bastate per sapere che sono stata relegata a fare la padrona di casa imperiale. Se il suo scopo è arrivare più vicino a Tito attraverso di me, rimarrà deluso.

Ignoro la sua offerta e faccio un cenno con la testa verso il mare. «Spero che il tuo viaggio di ritorno sia tranquillo».

Nerva si inchina. Se considera la mia risposta frustrante, non lo dà a vedere.

Lui e il Batavo proseguono la discesa al molo.

Il Batavo non si volta indietro.

La mia serva Giocasta mi prende per un braccio. «Era l'ultimo dei tuoi ospiti, padrona. Lascia che ti accompagniamo a letto. Hai bisogno di riposare».

«No», rispondo, «Non ancora. Prima voglio pregare».

Il tempietto della nostra famiglia è una scura camera privata nell'ala est della villa imperiale. A quest'ora è vuoto e silenzioso, salvo per le grida soffocate dei gabbiani che filtrano attraverso la pietra. La parete principale è decorata da un dipinto che raffigura un uomo in toga con un panno piegato sulla testa, come un sacerdote in occasione di un sacrificio. L'uomo rappresenta lo spirito guardiano della nostra famiglia ma somiglia considerevolmente a nostro padre, volutamente suppongo, visto che i pittori vogliono sempre compiacere i loro padroni. La figura ha lo stesso collo e le stesse spalle robuste di mio padre, le sue guance piene e quel sorriso di chi la sa lunga. Tiene in mano un coltello, rosso del sangue del sacrificio. È circondato da quattro Lari, gli dèi incaricati di proteggere la nostra casa. Somigliano a dei ragazzi, che ballano indossando tuniche corte, e sorridono tenendo in alto con il braccio un corno che straripa di vino. Il dipinto sta sbiadendo ed è striato di fumo. Sotto c'è una mensola con statuine in bronzo di Ercole, Minerva e Iside, ai cui lati sono poste due lampade a olio accese.

Io e Giocasta ci copriamo la testa con lo scialle prima di entrare. Mi porge una torta di farro da offrire agli dèi. Mi inginocchio davanti all'altare e mi piego in avanti, per posare la mano su Minerva. In quel momento la casa, e la terra intera, iniziano a tremare.

La mia mano ha mancato il segno e cado in avanti, andando a sbattere sul pavimento con gli avambracci.

Da qualche parte della villa un vetro si frantuma; un uomo urla di dolore. La terra continua a tremare. È come se un carro trainato da cavalli stesse attraversando una strada piena di buche.

Le statuette di bronzo cominciano a cadere.

Le lampade a olio si rovesciano schiantandosi sul pavimento; la loro fiamma si spegne.

Sento il peso di Giocasta sulle mie spalle, che mi fa da scudo, per proteggermi.

Poi finisce. La terra è di nuovo tranquilla.

Il silenzio è minaccioso come lo è stato il terremoto.

«Stai bene, padrona?», chiede Giocasta.

«Sì, sto bene», rispondo, con il cuore che batte forte. Mi passo le mani sugli arti. «E tu?»

«Anche», fa lei. «Incolume».

«Controlla il personale. Assicurati che nessuno si sia ferito».

Mormorando tra sé e sé, Giocasta aggiunge il terremoto di oggi all'elenco crescente dei prodigi nefasti già verificatisi quest'anno.

Le afferro il polso. «Possiamo discutere del destino un'altra volta. Adesso vai».

Annuisce e se ne va.

Alzo gli occhi sul dipinto, sull'uomo che sembra mio padre ma non è mio padre. Il suo mezzo sorriso sornione non è cambiato.

Per la seconda volta oggi, vorrei che fosse qui.

GAIO

19 agosto
Ufficio dell'ammiraglio Plinio Secondo, Misenum

L'ufficio dello zio Plinio è un disastro, anche se non sono sicuro che sia peggio di com'era prima del terremoto. Nell'angolo, accanto a un tavolo rovesciato, Spartaco sta pulendo i resti di una ciotola di nero di seppia, che loro usano come inchiostro. Una pozza nera si è riversata sul pavimento. Zio Plinio, stando col fiato sul collo a Spartaco, indica di qua e di là e dà consigli sul modo migliore di pulirlo. Vedo che Spartaco gli sta facendo segno di andarsene.

«Dimmi, Gaio», dice lo zio quando entro, senza alzare lo sguardo. «Che fenomeni hai osservato prima che la terra tremasse?»

«Molto poco, zio», rispondo. «Ero nella mia stanza, a leggere».

«Non hai osservazioni da fare sul vento? O sullo stato del mare?».

Scuoto la testa.

Si gratta la barba. «I babilonesi credevano che fosse l'influsso delle stelle a produrre i terremoti. Ma non vi sono prove. Io ho teorizzato che il vento rimanga imprigionato all'interno di fenditure della terra e che quando la terra trema è perché il vento sta cercando di liberarsi. Ecco perché, prima di un terremoto, sia i cieli che il mare sono estremamente calmi. Di solito. Ma questa mattina...».

Spartaco alza lo sguardo e completa il pensiero del suo padrone. «Il mare era mosso. Il vento moderato».

Zio Plinio scuote la testa. «Comunque, la mia unica teoria rimane quella». Sospira; ma, come spesso accade, la sua delusione si dissolve rapidamente. «Sei andato a vedere tua madre?»

«Sì».

«E allora?»

«Sta bene. Fisicamente».

Lo zio Plinio sorride, con aria complice. «Sono sicuro che si è presa un bello spavento. Ha i nervi scossi, ma si riprenderà». Abbassa lo sguardo sul pavimento.

«Ah, bravo, Spartaco. Bravo».

Spartaco ha raccolto e salvato metà dell'inchiostro rovesciato, usando due tavolette di cera e spingendole insieme per recuperare il nero liquido.

Zio Plinio chiede: «E tu, giovane Gaio? Che programmi hai oggi?»

«Continuerò con Livio», gli dico, «prendendo appunti. Adesso che so che tu e mia madre state bene».

Aggrottando le sopracciglia zio Plinio viene verso di me. Quando mi è accanto, a distanza di braccio, lo zio mi sovrasta non solo in verticale ma anche in orizzontale, con le sue spalle robuste e i lunghi baffi bianchi.

«Ogni giovane dovrebbe conoscere Livio», dice. «Un nobile sforzo, certamente. Ma questo è un compito per migliorare se stessi. Cosa pensi invece di fare per il tuo paese? Per il tuo imperatore?»

«Intendi dire *oggi*?».

Guardo zio Plinio e Spartaco, che conosce lo zio meglio di chiunque altro. Spartaco capisce la situazione, ma si limita a scrollare le spalle.

A zio Plinio, dico: «Riguardo a quello che è successo nella notte?».

Zio Plinio continua a fissarmi. L'espressione del suo viso non cambia.

«Potrei chiamare Sinnace», dico con una certa riluttanza. È l'ultima cosa che vorrei fare, ma non ha senso continuare a ritardare l'inevitabile. «Potrei verificare cosa ne sa dell'attacco a Barlaa. O degli emissari di Re Pacoro che devono arrivare».

Zio Plinio sorride. «Buona idea. Sinnace è un patito dei bagni, a quanto ne so».

Ho visto Sinnace ai bagni varie volte, nella palestra, a cercare senza troppo successo di farsi amico con Domiziano e i suoi amici mentre si allenavano, tra una lotta e l'altra.

«Zio», dico timidamente, non volendo deluderlo ma ugualmente terrorizzato all'idea di dover andare ai bagni. «Lo sai com'è quando Domiziano e quelli come lui sono ai bagni. Forse potrei tentare con un approccio diverso?».

Zio Plinio punta il dito grassoccio verso di me. «Pensi di sapere già cosa voglia dire affrontare le avversità? Quando avevo la tua età, il *princeps* era Nerone. In confronto a lui, Domiziano è niente. Tu ti devi occupare di un bulletto. Io ho dovuto fare i conti con un tiranno».

Come dargli torto?

«Farò del mio meglio», confermo sospirando.
«Non lo metto in dubbio».

Fin dai tempi di Augusto è sempre stato l'imperatore a provvedere all'alloggiamento degli ostaggi partici. Una casa a Roma, un'altra a Baiae e una truppa di schiavi, come si addice allo status di stranieri di sangue reale. Saranno anche ostaggi barbari, dice sempre zio Plinio, ma per Cesare la loro presenza è un grande onore, una dimostrazione del suo potere.

Viene ad aprirmi una schiava imperiale. È una donna anziana, con la schiena curva e folti capelli neri. Io e Zosimo entriamo nell'atrio mentre lei va a chiamare Sinnace.

Da qualche posto lontano, all'interno della casa, sento la voce di Barlaa che urla lanciando insulti a qualcuno.

«Gaio». Sinnace sembra confuso quando entra nell'atrio. «Che sorpresa».

Una sorpresa sgradita, a giudicare dalla sua faccia. Io e Sinnace possiamo dirci più conoscenti che amici.

«Sono venuto a vedere come sta andando Barlaa».

Le urla di Barlaa culminano insieme a un suono di qualcosa che si infrange. Mi vedo la scena del tapino di turno, un medico o forse uno schiavo, scansarsi per un pelo da un vaso o roba del genere prima che colpisca il muro.

«Come puoi sentire», dice Sinnace, «Barlaa è… sempre lui».

«E Manlio?»

«Si è risvegliato, ma è in preda a una forte febbre. Non sa nemmeno dove si trovi».

«Ma sopravvivrà?».

Sinnace si stringe nelle spalle. Non sembra preoccuparsi per il centurione come fa Barlaa. «Se ne stanno occupando i medici. Dovresti chiederlo a loro».

«E tu come stai?»

«Io non sono stato aggredito».

«Certo».

Tra di noi cala un silenzio imbarazzato. Alla fine, deglutendo dispiaciuto, gli chiedo: «Andrai ai bagni questo pomeriggio?»

«Sì. Perché?», risponde sorpreso.

«Be'... ho pensato che potremmo andarci insieme».

«Tu che vai ai bagni? A Baiae?». Sinnace sembra sempre più confuso. «Non credo di averti mai visto prima là dentro».

«Di solito frequento i bagni personali di mio zio a Misenum, ma... non oggi».

Sinnace sembra inorridito. È così indecente la proposta che gli ho fatto? Dopotutto il mio status sociale è più elevato di quello di un ostaggio partico. O no?

Sento Zosimo spostare il peso da un piede all'altro, colmo di imbarazzo; preferirebbe essere in qualunque posto fuorché qui. Non è un bel momento quando il tuo schiavo si vergogna per te.

Penso a zio Plinio, a quell'orso di uomo che di rado qualcuno osa offendere o cercare di dissuadere.

«Allora, Sinnace», gli ripeto sorridendo, «ci andiamo insieme?».

Sinnace non è disponibile come speravo. Mentre camminiamo verso i bagni, mi soffermo insistentemente sugli emissari partici in arrivo. Ma qualunque cosa ne sappia, non sembra disposto a condividerla con me.

«E sai quando si prevede che arrivino?»

«Tuo zio è un ammiraglio della flotta imperiale e un consigliere molto vicino all'imperatore. Non dovresti saperne più di me?».

Da una casa vicina, un qualche tipo di liquido viene gettato dalla finestra finendo in strada. Alziamo gli occhi per vedere da dove provenga, ma alle finestre non c'è nessuno.

Aggiriamo la pozzanghera e proseguiamo lungo la strada.

Non l'abbiamo ancora superata che già il liquido inizia a evaporare sotto l'impietosa canicola di agosto.

«Ero solo curioso di sapere se avevi notizie diverse dalle mie».

Sinnace mi fissa come se fossi io e non lui lo straniero. «Perché avrei dovuto avere notizie diverse? Perché sono Parti?».

La sua incredulità sembra genuina. O non ne sa davvero niente, oppure gli emissari partici non hanno niente a che vedere con l'aggressione a Barlaa.

Insisto ancora, non volendo deludere mio zio. «Sai chi abbia aggredito Barlaa?».

Più che restio a rispondere, Sinnace sembra ferito nell'orgoglio. «Non ha voluto dirmelo».

«Non devi prendertela», faccio io, «sembra un uomo molto riservato».

Sinnace cambia argomento. «Chi ti è toccato la notte scorsa?»
«Scusa?». Mi sento arrossire le guance.
«La puttana che hai avuto. Come si chiamava?»
«Ah… Ehm… Non mi ero accorto che fossi venuto anche tu nel locale».
«Sono arrivato dopo di te. Non si parlava d'altro che del giovane Gaio, il piccolo avvocato tirocinante che era venuto al bordello. Dai, sputa l'osso. Chi era lei? O era un lui?».
Penso alla Rossa seduta accanto a me sul letto, alla tunica che le scopre una spalla.
Le mie guance sono di fuoco.
«Preferirei non parlarne».
Sinnace scuote la testa, infastidito. «Va be'. Tanto siamo quasi arrivati».

Dopo una breve permanenza nel calidario, io e Sinnace entriamo in palestra. Proprio come temevo, Domiziano e i suoi leccapiedi sono tutti lì, compresi Valerio e Catullo. I giovani si alternano negli incontri di lotta, con uno schiavo che fa da arbitro. Si è formato un semicerchio di spettatori. A Domiziano è stato in qualche modo procurato un posto d'onore, come fosse un re che tiene corte.
Sinnace non si sente a disagio come me. Vedendo il gruppo di giovani sorride e si fa strada. Mi passa svelto davanti, come a voler prendere le distanze perché non sia evidente che siamo arrivati insieme.
Anche Marco è qui. Mi sento il suo sguardo addosso mentre attraverso la palestra. È quello che temevo di più. Vuole sistemare le cose con me dopo il nostro incontro di ieri sera, quando l'ho interrotto mentre maltrattava quella povera schiava.
È appena finito un incontro. Due ragazzi si alzano dal pavimento, uno con l'aria afflitta, l'altro come se avesse appena conquistato la Gallia. L'arbitro alza la mano di quest'ultimo e metà della folla esulta, mente l'altra metà proferisce ingiurie.
Catullo nota il mio arrivo. «Per Giove! Guarda un po' chi ha alzato il naso dai libri. Gaio Cecilio, non ci posso credere!». Guarda Domiziano per verificare di ottenere la reazione che si aspetta.
Io arrossisco. Sento come un cambio di marea, allorché il gruppo sembra valutare l'opportunità di dare manforte all'uscita di Catullo.

Il cuore inizia a battermi all'impazzata. Penso a zio Plinio. Sarà deluso. Anziché portargli le informazioni che voleva, quello scemo di suo nipote si è fatto prendere per i fondelli. Cosa farebbe l'ammiraglio al posto mio? Tanto per cominciare non sarebbe arrossito e poi avrebbe freddato Catullo con una battuta lasciandolo senza parole e adesso non ci sarebbe nell'aria odore di sangue.

Tutti guardano Domiziano per vedere cosa farà il loro principe. Lui apre la bocca e sta per dire qualcosa quando il suo sguardo viene catturato da qualcos'altro e le sue labbra si arricciano in un sorriso minaccioso. La nostra guida di ieri, Nove dita, sta attraversando la stanza, fresco fresco di calidario. Indossa un perizoma e ha un asciugamano buttato con noncuranza su una spalla.

«Chi si vede, Nove Dita!», esclama Domiziano. La sua voce è dolce come il miele.

Mi viene in mente la battuta di Nove dita di ieri a spese di Domiziano. Ma la nostra ex guida non è consapevole del rischio che sta correndo e avanza verso di lui sorridente.

«Mio Signore», dice facendo un leggero inchino. «Come sta andando la tua giornata? State facendo incontri di lotta libera?»

«Proprio così», risponde Domiziano. «Mi stavo giusto chiedendo: ti senti pronto?».

Nove dita sembra confuso. «Pronto per cosa?»

«Per un incontro, ovviamente».

L'atteggiamento disinvolto di Nove dita inizia a vacillare. «Oh, no. Ti ringrazio mio Signore, ma sono troppo vecchio per la lotta».

«Sciocchezze, un uomo come te, un cacciatore la cui lancia non si sporca mai, è una vera potenza con cui fare i conti. Ma perché l'incontro sia equanime, dovete essere dispari».

«Dispari?». Nove dita adesso sembra preoccupato.

«Sì. Dispari. In fondo sei tu il grande cacciatore. Quello la cui lancia non è mai pulita. Dobbiamo fare in modo che la lotta sia equa», continua Domiziano. «Tre contro uno penso che lo sarebbe».

Senza preavviso, Catullo sorprende Nove dita e cerca di bloccarlo. La folla di ragazzi erompe in grida esultanti. Valerio e un terzo giovane afferrano le braccia di Nove Dita e gliele tengono ferme dietro la schiena. Catullo lo colpisce sul ventre, producendo il rumore di uno schiaffo sulla pelle bagnata.

«Mio Signore», si appella Nove dita a Domiziano, «in che cosa ti ho offeso?».

Tra le mani di Catullo spunta un coltello. Il manico e il fodero sono incrostati di rubini. È l'oggetto che mette in mostra un uomo ricco, non l'arma di un soldato. Tuttavia, la lama è in acciaio.

Sono sconvolto dalla scena che ho davanti, dalla violenza, dalla cattiveria gratuita. Ma cosa posso fare per fermarla?

Catullo tasta la lama con il pollice, con gesto intimidatorio.

«Mio Signore, ti prego!», grida Nove Dita.

«Oh, smettila di piagnucolare», interviene Valerio. «Ci stiamo solo divertendo un po'».

«Catullo...».

Una voce si leva tra la folla, in qualche punto. È calma, ma forte e autorevole.

«... Se osi avvicinarti di un altro passo con quel tuo coltellino, ti taglierò le mani...».

Tutti nella folla si guardano attorno, cercando di capire chi abbia parlato.

«... E le getterò in pasto ai cani».

Tra la folla si apre lentamente un varco da cui emerge Marco.

Il codazzo attorno a Domiziano si fa improvvisamente muto; non vola una mosca, sembra di essere al tempio.

La minaccia è esagerata. Tuttavia, provenendo da Marco non è poi così inverosimile.

Il cambiamento in Catullo è evidente. Un momento fa si sentiva invincibile, ora è incerto. Rimane lì immobile, con la bocca leggermente aperta. Con aria docile, ma cercando di salvare la faccia, dice: «Non è affar tuo, Marco».

Marco aiuta Nove dita a rimettersi in piedi.

Domiziano fa un sospiro da consumato attore di commedia. «E tu chi saresti mai?».

Sa benissimo chi è Marco, non più tardi di ieri erano a caccia insieme. A volte lo fa: per evidenziare la sua superiorità, deve sottolineare che non esiste nessuno di indimenticabile, a parte lui.

«Marco Ulpio Traiano», risponde Marco.

«Ah, sì. Lo spagnolo», fa Domiziano. «Cosa muove il tuo interesse, Marco? Quell'uomo è soltanto un liberto. Un ex schiavo».

Marco si frappone tra l'uomo e Domiziano. Il suo volto è impassibile. «E questo giustifica che tu possa abusare di lui?»

«Sì», risponde Domiziano senza mostrare la minima emozione.

«La prossima volta che intendi trattare così qualcuno», continua Marco, «perché è uno schiavo o un ex schiavo, fammelo sapere. Manda uno dei tuoi galoppini», conclude indicando Catullo.

Domiziano si appoggia allo schienale della sedia. «Marco Ulpio, quindi». Sorride. «Traiano. Un nome che non dimenticherò. Puoi starne certo».

«Lo spero».

Quando torno a Misenum, zio Plinio è alla sua scrivania, dietro una pila di papiri. Non ero riuscito a sapere nulla da Sinnace, perciò quella giornata era stata un fallimento. Ero sicurissimo che zio Plinio sarebbe stato deluso, ma in realtà non è così. «Non puoi aspettarti di ottenere tutto in un giorno, ragazzo mio. Ci vuole tempo e perseveranza. Continua così».

Descrivo la scena in palestra, ancora scosso dalla crudeltà di Domiziano.

Zio Plinio scuote la testa. «Che gli dèi ci aiutino, se Domiziano dovesse diventare imperatore».

«Cosa possiamo fare?», chiedo.

«Fare? Non sono sicuro di aver capito la domanda. Cos'è che vorresti, Gaio?»

«Giustizia».

«Giustizia? E quale forma di giustizia suggeriresti per il fratello minore dell'imperatore? Prigionia? Lavoro nelle miniere?»

«Proprio questo».

Zio Plinio fa uno sbuffo derisorio. «È d'uopo che tu cominci a capire come gira il mondo. Mancanza di principi e azioni immorali non comportano necessariamente una punizione. Se ti aspetti che ogni ingiustizia commessa venga punita, la tua vita non potrà essere che miserabile. Domiziano è il fratello dell'imperatore. E il nostro imperatore non riesce a vedere l'indole maligna di suo fratello. Anzi, non è neanche così», zio Plinio si gira l'anello di corniola attorno al dito. «In realtà Tito biasima se stesso per il pessimo carattere di Domiziano. Mentre Tito era via con il loro padre, a far la guerra in

Germania e in Palestina, Domiziano viveva a Roma in un tugurio, povero e solo. Mentre Tito si formava vedendo le gesta del padre e guadagnandosene l'amore e l'ammirazione, Domiziano si guadagnava soltanto il suo disprezzo e la sua delusione. Tito si sente responsabile dell'uomo che suo fratello è diventato. Dubito che punirà mai Domiziano o tenga in conto quello che fa».

«Quindi Domiziano può prendersi licenza di fare ciò che vuole?»

«Ovviamente! Ogni uomo può fare ciò che vuole. È la sorte a decidere cosa gli succederà, non tu o io. Devi considerare il problema sotto un altro punto di vista. Devi capire che il successo e la vittoria non sono come li concepisci tu. La mancanza di princìpi e i comportamenti immorali di Domiziano indicano che è un perdente. Questo vale per qualsiasi uomo. Coloro che hanno comportamenti etici, basati sui loro princìpi, sono i vincenti».

Scuoto la testa. «Questa è solo filosofia, e non della più soddisfacente».

«Domiziano è un uomo come tutti noi», ribatte zio Plinio. «Verrà il suo turno. Che importa se vivrà un giorno o cento anni? Ciò che conta è avere dei princìpi ed esser loro fedele».

«È così che vivevi sotto Nerone?»

«Princìpi e vino», risponde zio Plinio ridacchiando. «Forse più vino che princìpi».

Rido anch'io.

«E cosa ne pensi dell'intervento di Marco Ulpio?», chiede zio Plinio. «Ti ha fatto cambiare opinione su di lui?»

«Niente affatto. È un bruto».

«Ah». Zio Plinio si appoggia allo schienale della sedia e si gratta la barba. Sento che forse ha trovato il terreno favorevole che stava cercando. «Non ha forse salvato il cacciatore dall'umiliazione o da un destino anche peggiore?»

«Solo per pura coincidenza» ribatto io. «Cerca sempre un'occasione di scontro. Se c'è una cosa che questo incidente può aver messo in evidenza è l'orgoglio di Marco. La sua arroganza».

Zio Plinio sta sorridendo.

«Cosa c'è? Cos'ho detto di tanto divertente?»

«È la gelosia a parlare, ragazzo mio. Sei verde d'invidia».

La rabbia mi stringe la gola. «Ma neanche per sogno. È ridicolo».

Zio Plinio, sempre sorridente, allunga il braccio sulla scrivania per prendermi la mano ma io mi ritraggo. «Mio caro, nipote», dice, «tu hai tante doti, non ultima un intelletto da fare invidia a Zenone stesso. Ma ci sono dei campi nei quali» – fa una pausa, per cercare le parole giuste; parole che non mi offendano – «hai delle lacune. Quantomeno ai tuoi occhi. È possibile che tu sia invidioso dell'audacia di Marco?»

«Mai. Marco è un bruto».

«Un bruto? Sul serio? Sono convinto che se dovessi esaminare a fondo la tua coscienza, capiresti che stai mostrando mancanza di empatia, incapacità di vedere il cuore del tuo prossimo».

Scuoto la testa. Non ci posso credere. Zio Plinio sta prendendo le parti di Marco.

«L'empatia», continua zio Plinio, «è un'arma vitale. Non dimenticarlo. Senza di essa, non saresti migliore di Domiziano».

Il mio viso ribollisce di rabbia. Mi alzo per andarmene, ma zio Plinio mi indica la sedia. «Resta seduto, nipote». Parla con autorità, ma raddolcisce il tono. «Per favore, siediti di nuovo. Non intendevo offenderti. Non voglio concludere la giornata con questo argomento. Dimmi, a che punto sei con Livio?».

Faccio un respiro profondo e mi risiedo.

Zio Plinio continua: «A che punto sei arrivato? Annibale sta ancora scorrazzando per l'Italia?».

Mezz'ora dopo, Spartaco entra nella stanza. «Padrone», dice, «Scipione è qui per vederti».

Sulla fronte di zio Plinio si forma un solco. «Scipione il filosofo o Scipione lo spagnolo?»

«Lo spagnolo. Un mercante, credo. Gli ho fatto notare l'ora, ma sostiene che gli hai chiesto di contattarti non appena fosse arrivato a Baiae».

«Sì, certo. Fallo entrare».

Spartaco se ne va e ritorna con un uomo che vacilla, più che camminare. Ha la testa che somiglia a un riccio di mare, piccola e tonda, con capelli neri e spinosi.

«Scipione», gli dice calorosamente zio Plinio, alzandosi per abbracciarlo. Poi gli fa cenno di sedersi.

«Sono in anticipo di un giorno», dice Scipione. «Sei contento?»

«Be', dipende. Mi hai portato informazioni utili?».

Scipione annuisce. «Sì».

«Allora sono contento».

«Ma potresti esserne deluso. Riguardo a Ulpio, sono sempre più le domande che le risposte».

Zio Plinio annuisce. «Si ha bisogno delle domande per poter avere le risposte».

«Sei magnanimo, come sempre».

Scipione si guarda intorno, in attesa. Leggendo nella mente dello spagnolo, zio Plinio tuona: «Vino! Vino per il nostro viaggiatore stanco».

Due schiavi si precipitano nella stanza, uno porta le coppe, l'altro una brocca di vino. Lo zio attende pazientemente che Scipione abbia bevuto un sorso, prima di incitarlo a raccontare. Appoggiandosi allo schienale della sedia, lo zio alza le mani, come per accogliere le informazioni in un caldo abbraccio. «Orbene?»

«Gli Ulpi sono dei mercanti», lo informa Scipione. «Commerciano in olio d'oliva».

«Ne sei sicuro?», chiede zio Plinio. «Non è la prima volta che lo sento dire. Ma ho anche sentito parlare di seta, spezie, schiavi. Un uomo mi ha giurato su Apollo che gli Ulpi hanno fatto fortuna con i gatti. Pensa che stato di disinformazione c'è su Lucio Ulpio».

«Sono certo che fosse olio d'oliva», dice Scipione. «Ho visto il loro magazzino coi miei occhi. Il padre di Lucio, il cieco, il tuo misterioso senatore, aveva un'attività dignitosa. Modesta, tuttavia, locale. Quando è morto, i due figli maggiori l'hanno rilevata. Si sono ingranditi. Continua ad avere base in Spagna, a Hispalis, ma i tentacoli della famiglia si sono allargati a tutto l'impero, e anche oltre».

«Ed è lì che l'hai appreso? A Hispalis?»

«Sì», annuisce Scipione, «ci ho trascorso quasi tre settimane. A fare domande. A intervistare chiunque potessi intervistare. Gli Ulpi sono una famiglia rispettata».

Scipione si sfrega pollice e indice. «Fanno girare i soldi, capisci. Con giochi, gladiatori, lavori pubblici. Difficile trovare qualcuno che non ne parli bene».

«Capisco», dice zio Plinio. La sua delusione è evidente.

«Difficile, ma non impossibile», aggiunge Scipione ammiccando. «Abbiamo tre fratelli, tutti di bell'aspetto, l'invidia della città. Il più giovane va a unirsi alle legioni e i due maggiori, come ho detto, iniziano a lavorare nell'azienda di famiglia. Dopo la morte del padre, viaggiano per anni per tutto l'impero, facendo ritorno in Spagna solo di rado e mai troppo a lungo. Quindi, gli Ulpi sono tanto un mistero per la gente di Hispalis quanto lo sono per noi».

Zio Plinio fa girare il suo anello di corniola. «Interessante».

«Tutto questo prima dei pirati», aggiunge Scipione.

In risposta zio Plinio sbuffa. «Scipione, hai già risvegliato la mia attenzione, non c'è bisogno di fare tutto questo teatro».

«Non vorrai privarmi del mio divertimento, ammiraglio. Ho passato sei settimane in mare o sulle strade, sotto la pioggia e sotto il sole, da Hispalis a Misenum. Voglio poterti raccontare la storia come si deve».

Zio Plinio alza in alto la sua coppa di vino. «Va bene, allora prosegui, per favore. Racconta a modo tuo».

«Circa quindici anni fa, i due fratelli maggiori si trovavano in mare. Alcuni dicono che sia accaduto nell'Adriatico, altri nel Tirreno. Ma tutti concordano sul fatto che i pirati furono avvistati quando erano ancora lontani. Cercarono di sfuggire loro, ma inevitabilmente, la lenta nave mercantile venne catturata. I due fratelli vennero presi in ostaggio. I pirati intendevano rilasciarli dietro pagamento di un riscatto in oro».

«E ci sono riusciti».

«Qui le varie versioni dissentono. Alcuni dicono che i due fratelli siano riusciti a fuggire, mentre altri sostengono che il riscatto sia stato pagato. Un uomo afferma che Lucio sia uno stregone, e che, vittime di un incantesimo fatto da lui, i pirati abbiano riportato a casa i fratelli».

«Capisco». Zio Plinio corruga la fronte. Il racconto non gli sembra particolarmente interessante. «Ed è così che dicono che Lucio Ulpio abbia perso gli occhi? Glieli hanno cavati i pirati?».

Scipione annuisce. «I pirati hanno asportato gli occhi a Lucio e li hanno mandati al fratello minore, per dimostrare che facevano sul serio».

«Avevo già sentito questa storia» dice zio Plinio. «Qui in Italia. Non sei venuto a sapere niente di nuovo?»

«La maggior parte delle persone con cui ho parlato racconta la stessa storia» spiega Scipione. «Olio d'oliva, pirati, riscatto. E, come ho detto, la popolazione di Hispalis tiene in grande stima la famiglia.

Non vogliono che i giochi e tutti i lavori pubblici che gli Ulpi pagano si interrompano».

Scipione si sporge in avanti.

«Ma forse non tutti?», chiede zio Plinio.

«Non tutti. Non se sei abbastanza bravo a cercare. C'è un vecchio, che i locali chiamano Vermiglio».

«Vermiglio?».

Scipione annuisce. «Per una voglia che ha dalla nascita. Una macchia rossa che gli copre mezza faccia. Sono andato avanti a far domande per due settimane, avanti e indietro in tutta Hispalis, pagando anche per le informazioni, quando ce n'era bisogno. Alcune volte, la gente mi diceva: "Vuoi conoscere la verità? Trova Vermiglio". E così sono andato a cercarlo. Per anni era stato schiavo degli Ulpi e rimase nella loro casa anche una volta liberato. Ma dopo che i fratelli riuscirono a sfuggire ai pirati o che il riscatto fu pagato, e fecero ritorno a Hispalis, Vermiglio venne licenziato. Per un malinteso, ha detto. Pensarono che si fosse impossessato dei beni della famiglia, dopo la scomparsa dei due fratelli. Ma giura su Giove che non era vero». Scipione alza le spalle. «È arrabbiato per essere stato licenziato. Lo sarei anche io, se dovessi tirare a campare vicino al fiume a causa di un malinteso». Alza di nuovo le spalle. «Era contento di poter parlare. Disse che era stato gettato fumo negli occhi a tutti».

«E cosa ha detto questo liberto, Vermiglio?», chiede lo zio.

«Ha detto che Lucio Ulpio non è Lucio Ulpio».

«Cosa vuol dire?»

«Dice l'uomo che era il suo padrone, Lucio Ulpio Traiano, non è lo stesso che è tornato cinque anni dopo».

«Non ti seguo». Zio Plinio sembra confuso.

«Vermiglio sostiene che il suo ex padrone, Lucio Ulpio, se ne sia andato per non fare mai più ritorno. L'uomo che è tornato non era lui. Ma dice che con tutte le cicatrici che questo nuovo uomo aveva, con gli occhi coperti dalle bende e dopo così tanti anni dalla sparizione del vero Lucio, nessuno nella casa degli Ulpi era in grado di stabilire se l'uomo che affermava di essere Lucio fosse davvero lui. O forse non volevano porsi il problema. Era un grande sollievo per tutti poter avere di nuovo a casa il loro protettore, o qualcuno che fingeva di esserlo».

«Fammi capire: la tesi del liberto è che Lucio Ulpio sia un impostore?».

Scipione annuisce.

«Ma come? E anche gli altri fratelli sarebbero implicati?»

«Sì. E probabilmente anche il nipote», risponde Scipione. «Vermiglio ha affermato che quella del nipote è una montatura. Nessuno aveva mai sentito parlare prima di questo Marco Ulpio, fino al ritorno dei fratelli».

«Cosa avevano da guadagnarci gli Ulpi, permettendo che un impostore si unisse alla loro famiglia?»

«La famiglia era già ricca prima, ma non è niente in confronto a come lo sono adesso. Vermiglio dice che, prima di essere licenziato, vide forzieri colmi di oro e di gioielli. Sostiene che Lucio Ulpio potrebbe permettersi di comprare e vendere l'imperatore stesso».

Zio Plinio si acciglia. «Non lasciamoci condizionare troppo. Non so fino a che punto possa essere attendibile come economista un liberto che vive vicino al fiume». Zio Plinio, che non sopporta i misteri, scuote la testa. «Ma perché? Perché un uomo dovrebbe fingere di essere un altro?»

«Io immagino che c'entrino i debiti», dice Scipione.

«La tua tesi», chiede lo zio, «è che a causa dei debiti quel Lucio Ulpio abbia deciso di farsi passare per un altro? Ma non hai anche detto che è così ricco che potrebbe comprare e vendere l'imperatore? Se dispone di riserve simili, perché non le ha usate per pagare i suoi debiti?»

«Non ho detto che il suo debito sia uno di quelli che possono essere pagati con moneta sonante, mi pare. Forse ha messo incinta la ragazza sbagliata. Forse ha ucciso un uomo. O due». Scipione sorseggia il suo vino. «Come ho detto prima: con gli Ulpi, ci sono più domande che risposte».

Zio Plinio si appoggia allo schienale della sedia e si accarezza la barba. «Chi è quest'uomo?», mormora tra sé e sé. «Chi è Lucio Ulpio?».

DOMITILLA

19 agosto
Villa dei Pisoni, Baiae

Un pretoriano annuncia che il senatore Ulpio è qui e vorrebbe parlare con me.

«Lucio Ulpio?», chiedo. Il suo sguardo resta fisso e allora aggiungo: «Quello cieco?»

«Sì, padrona».

«Bene».

Ricevo Ulpio sulla terrazza est, un semicerchio in mattoni di tufo dal colore di uovo d'oca, con vista sul lago artificiale di Baiae e, oltre il pontile, sul golfo stesso. È delimitata da un muro, a circa tre quarti della mia altezza. Dall'altro lato c'è un enorme laghetto di acqua salata, ricco di triglie e di altre prelibatezze d'acqua di mare. Sotto la sua torbida superficie verde guizzano ombre scure.

Ulpio mi sta aspettando seduto su una panchina, appoggiandosi al suo personale. Ha la schiena piegata, gli occhi coperti da un panno legato attorno allla testa. I suoi capelli e la sua barba, un tempo rosso rame, sembrano diventare più bianchi ogni volta che lo vedo. Attorno agli occhi ha piccole cicatrici, pelle bruciata che forma dei cheloidi, screziata di rosa. Il Senatore Ulpio può vantare una strana caratteristica, rispetto al tempo. Entro certi limiti, potrebbe affermare di avere quasi qualsiasi età: quarant'anni come sessantacinque. Le ferite che ha subito, unite alle sue numerose eccentricità e al suo passato enigmatico, avvolgono Ulpio in un alone di mistero. Quando gli si chiede delle sue ferite o del suo passato, la risposta, infarcita di un sorriso ironico, è sempre mutevole, come la brezza sull'oceano.

Lucio Ulpio è un enigma.

In piedi accanto a lui ci sono i suoi due liberti, i Parti; Ciro, che sussurra continuamente all'orecchio del suo padrone, e il colosso con un occhio solo, Teseo. Teseo non è particolarmente alto, ma ha la stazza delle mura serviane. L'occhio non buono è coperto da una benda. Oggi, dal ginocchio in giù è inzaccherato di fango. Un tenue traccia di impronte mostra il punto in cui è passato tra le colonne.

«Lucio», esclamo, attraversando la terrazza sotto il fresco riparo del colonnato. «Questa sì che è una sorpresa. Pensavo che avresti atteso la fine del processo a Marcello, prima di lasciare Roma».

«La fine del processo» – Ulpio si alza impercettibilmente in segno di rispetto, prima di tornare a sedersi – «o quella di Marcello. Ho mantenuto la parola. Marcello è morto».

La sua voce è priva di emozione. Viene da chiedersi quante morti abbia già visto quest'uomo, per parlarne così.

«Capisco», dico. «Come è successo?».

Sul balcone arriva un nugolo di schiavi. Accanto a Ulpio viene sistemata una sedia e, appena mi ci siedo, tra di noi viene collocato un tavolino, con sopra una ciotola di olive fresche e polpose.

«Il processo stava andando molto bene», dice Ulpio. «Per l'accusa, cioè. Non per Marcello. Sebbene il risultato fosse tutto tranne che certo. Ma il vecchio Marcello non era uno che lasciava che fossero gli altri a decidere il suo destino. Dopo che l'accusa ebbe formulato le proprie conclusioni e la corte per quel giorno si fu aggiornata, Marcello andò a casa e si tolse la vita».

«Sono sorpresa di non vederti più...», faccio una pausa, per trovare la parola giusta, «...soddisfatto. Non nutrivi rancore verso Marcello? Non aveva cercato di uccidere tuo nipote, Marco, molti anni fa?».

Ulpio sta valutando la risposta e, ancora una volta, sono colpita da quanto sia diverso da chiunque altro io abbia mai incontrato. Ho l'impressione che mi menta spesso, in particolare sul suo passato. Eppure, per altri versi, è come un libro aperto. Più trascorro del tempo con lui e più mi è facile stabilire quali pagine di quel libro mi stia mostrando e quali invece stia tenendo per sé.

«Hai ragione, mia cara. Nutrivo rancore verso Marcello. Ma dopo la sua morte, ora che finalmente ho realizzato la mia vittoria, provo... indifferenza». Si stringe nelle spalle. «Hai mai desiderato la morte di un uomo?»

«No. Quando ero giovane, mi capitava spesso di maledire il nome di mia sorella», rispondo con un sorriso, «ma non ho mai veramente desiderato la morte di nessuno».

Annuisce. «Tuo padre era un brav'uomo. Ti ha tenuta lontana da Roma per gran parte della tua vita, lontano dalle tragedie e dagli intrighi. Mio padre è morto quando ero giovane. Di idropisia, dicono».

Questa incursione nel passato di Ulpio non ha precedenti. La sottile ironia che di solito aleggia su ogni sua parola è momentaneamente assente. Procedo con cautela. Una mossa sbagliata e Ulpio il passero potrebbe spaventarsi e volare via.

«La fortuna è volubile», commento. «Mia madre, come tuo padre, è morta quando ero molto giovane». Prendo un'oliva, tenendo lo sguardo sulla ciotola. «Com'era tua madre? Anche lei ti ha tenuto lontano dai pericoli come ha fatto mio padre?»

«Mia madre ha causato tragedie più che evitarle».

«Si direbbe che sia stata una donna formidabile».

«Lo era davvero». Sorride. «Si mangiava i Cesari in un sol boccone».

«Oh», faccio io, anche se francamente non capisco. Che rapporti poteva mai avere una spagnola di provincia con la corte imperiale?

Il liberto con un occhio solo, Teseo, finora immobile come una statua, si schiarisce la voce. Ciro, il liberto partico, sussurra nell'orecchio di Ulpio.

Ulpio ride. «Era una metafora, ovviamente. Non ho contezza di imperatori che si è mangiata, anche se non posso garantire per quello che può aver fatto prima della mia nascita».

Il passero è visibilmente agitato. Altre domande su sua madre e prenderà il volo. Provo a cambiare approccio. «È stato Marcello a cavarti gli occhi?»

«No» risponde serio Ulpio. «Sono stati tre uomini a strapparmi gli occhi. Due sono morti. Il terzo mi sfugge da molti anni».

«Chi era?»

«Un soldato».

«Ha un nome?».

Sorride. «La Volpe».

Aspetto che dica di più, che dia un vero nome all'uomo, ma non aggiunge altro.

«E continui a cercarlo?»

«Senza sosta».

«Per ucciderlo?».
Si stringe nelle spalle.
«Perché? La morte di Marcello non ti ha portato più pace. Perché dovrebbe essere diverso con questa Volpe?»
«L'ho promesso agli dèi». Ulpio si ficca un'oliva in bocca. Mastica lentamente. «Ma anche per abitudine, in fondo. Lo sto cercando da così tanto tempo. Che altro dovrei fare? In ogni caso, la mia vendetta ha combaciato perfettamente con gli interessi della tua famiglia. Non è così?»
«Suppongo di sì. E adesso tu e Tito siete diventati pappa e ciccia, non è vero?»
«Tuo fratello sa riconoscere il talento in un uomo».
«Ah, sì? E qual è il tuo talento, senatore Ulpio?»
«L'intrigo».
Gli sorrido. «Sì, devo ammettere che sembri piuttosto abile in questo. Ma parlando di mio fratello, sai quando è previsto che venga a Baiae?»
«Presto», risponde Ulpio. «In tempo per il tuo matrimonio».
Rimango ammutolita, ma solo per un attimo; poi però non posso evitare di scoppiare a ridere. Mi hanno già fatta fidanzare così tante volte che ho perso il conto. L'unico mistero è perché a dirmelo sia Ulpio anziché mio fratello. È un modo di punirmi ulteriormente, per Tito? O la volontà di Cesare si esprime al meglio tramite procura, come gli dèi esprimono la loro attraverso i prodigi?
«Un altro fidanzamento?», esclamo. «Sicuri che sia una buona idea? Lo sai cos'è successo con il mio ultimo fidanzamento, no?»
«Ah, sì. Lo avevo dimenticato. Sono d'accordo, il vecchio Marcello non era un partito adeguato. Questo è molto meglio».
«Per forza lo dev'essere. Ci vuol poco a essere meglio di uno disastroso».
Ulpio ride. «Che arguzia! Il generale Ceriale è un uomo fortunato».
«Ah, si tratta di Ceriale questa volta? Almeno come età è più vicino alla mia che non Marcello».
Ulpio mi dà qualche colpetto sulla mano. «Non dev'essere facile», commenta, «essere permeati come lo sei tu dei poteri dello stato, essere un'estensione dell'impero stesso. Almeno il tuo nuovo marito è un generale. Sarà impegnato quasi tutto il tempo in campagne. Se non ti piace, non avrai bisogno di vederlo molto spesso».

«La migliore qualità di mio marito è perciò che non dovrò vederlo molto spesso?»
«Potrebbe essere peggio».
Prima di decidere se dargli ragione o no, veniamo interrotti dai passi pesanti di un pretoriano che arriva sulla terrazza.
«Padrona», mi comunica, «l'ammiraglio Secondo è qui. Ha chiesto di vederti».
«Certamente. Fallo entrare».
Ulpio non può nascondere la sua gelosia. «L'ammiraglio ti fa visita spesso?».
I consiglieri più intimi di Cesare sono sempre lì a confrontarsi l'uno con l'altro. I loro tentativi di superarsi spesso si estendono anche alla famiglia di Cesare.
L'ammiraglio irrompe sul balcone e la sua sagoma massiccia si staglia davanti a noi. Il suo segretario e il giovane nipote Gaio Cecilio lo seguono a ruota. Anche se sono parenti, fisicamente Gaio è l'esatto opposto dello zio. Ha una voce dolce e una figura snella, sono sicura che un vento un po' più forte basterebbe a farlo rovesciare. Plinio, dal canto suo, non sta mai zitto e anche quando non parla il suo respiro è come una tempesta in mare; non credo esista vento, uomo, terremoto o volontà di un dio che possa rovesciarlo.
«Oh, Ulpio», saluta Plinio. Anche lui prova lo stesso geloso disagio di Ulpio qualche minuto fa. «Pensavo fossi a Roma».
«Ipotesi errata. Chiaramente».
Il sorriso di Plinio è ipocrita. «Sai, senatore, di recente alcuni uomini mi hanno parlato dei tuoi modi malvagi».
«Ah, sì? E chi è stato?»
«Il senatore Sulpicio, tanto per cominciare», dichiara Plinio.
In Ulpio si registra un cambiamento evidente: si fa teso, come un gatto quando un cane entra in una stanza. Sulpicio Petico è un senatore il cui fratello fu messo a morte sotto Nerone. Andò in Oriente subito dopo l'uccisione del fratello e da allora non ne ho più sentito parlare molto.
«Sulpicio è già tornato dalla Siria?», chiede Ulpio. «Un vero peccato per Roma».
«Siria? Devi aver viaggiato molto, vero?», intervengo io. «E dimmi Plinio, quali accuse muove il senatore Sulpicio al nostro caro amico Lucio Ulpio?».

Qualunque cosa abbia detto Sulpicio, Plinio non la ripeterà. Non è nel suo stile. Scuote la testa e si limita a dire: «Cose non belle. In parte gli ho quasi creduto».

Cercando di riprendere il sopravvento, Ulpio esclama: «Hai sentito che la nostra Domitilla è fidanzata?».

L'espressione sorpresa di Plinio è fugace ma inconfondibile. Non è sorpreso che sia fidanzata, questo capita tanto spesso quanto cambiano le stagioni. Piuttosto, è sorpreso, ferito persino, che Ulpio lo abbia saputo prima di lui.

L'ammiraglio parte con una raffica di domande. Con chi? Quando? C'è una dote? Ulpio risponde compiaciuto. Secondo è sempre stato vicino a Tito e ha sempre operato instancabilmente per gli interessi della nostra famiglia. Ha ragione di sentirsi offeso.

Ma c'è un limite ai battibecchi tra uomini adulti che posso sopportare.

Con la mano destra faccio volteggiare l'orecchino appeso al lobo del mio orecchio sinistro, un segnale che solo Giocasta conosce. Al momento giusto, arriva informando i miei ospiti che la mia presenza è richiesta all'interno.

Si inchinano entrambi, mentre me ne vado.

La sera, dopo che il sole è tramontato, una delle mie serve mi consegna un messaggio. È con la nostra famiglia da alcuni mesi, credo, anche se ho dimenticato il suo nome. È giovane e carina, se non fosse per le sopracciglia, due archi spessi e cespugliosi che si uniscono sopra al naso, come le ali di un uccello all'orizzonte.

«C'è un uomo alla porta nord che chiede udienza».

«Chi è?», domando.

«Si chiama Plinio Pinario. Dice di provenire dalla città natale di tuo padre, Rieti. Dice di avere informazioni importanti per te. Ma dice che può soltanto dartele a quattr'occhi. Dice di essere già stato allontanato due volte, in passato».

«Pinario?», faccio io. «Non ricordo nessun Pinario che mi abbia chiesto udienza».

Giocasta ringhia di frustrazione. Vuole che tutte le richieste passino attraverso il suo filtro. «Nessuno può pensare che l'Augusta incontri chiunque venga a farle visita».

«Sì, certo», dice la domestica. «Ho portato il caso alla tua attenzione soltanto per quello che ha detto, Augusta. Ho pensato che volessi decidere tu se parlargli o no».

Esita, si capisce che vorrebbe aggiungere altro.

«Cosa c'è cara?», le chiedo.

«Mi sembra che sia un becchino».

Giocasta ha un sussulto. «Non potrebbe neanche stare entro le mura della città, figurarsi incontrare l'Augusta. Potrebbe infettare la nostra padrona con il contagio della morte».

Metto la mano sul braccio di Giocasta. Ha ragione, certo, ma è eccessivamente drammatica. L'uomo non è un lebbroso.

«Come ti chiami?»

«Livia, padrona», risponde la serva.

«Grazie per aver portato il messaggio alla mia attenzione, Livia. Ma non penso sarebbe una buona idea che io incontrassi quest'uomo. È un trucchetto che le persone usano spesso per conoscermi e col tempo sono diventata abbastanza scaltra da non cascarci più. Raccontano di poter dire soltanto a me quello che hanno da dire, ma alla fine le loro informazioni non sono mai di alcuna utilità».

Livia si inchina e sta per andarsene quando le viene in mente qualcosa. «Padrona, devo anche informarti che mi pare sia arrivato tuo fratello».

«Davvero? Strano che non abbia chiesto di vedermi».

Giocasta sta fissando Livia con uno sguardo torvo. Senza ombra di dubbio è furiosa che questa informazione mi sia stata portata direttamente. «Grazie Livia. Non dimenticherò che buona domestica sei».

La ragazza si inchina e se ne va.

«Andiamo da Cesare», dico a Giocasta. «Che mi voglia o che non mi voglia vedere».

Mio padre raramente veniva a Baiae. Ciò che ha da offrire – bagni termali, un bel panorama, tempo libero, relax e dissolutezza – non lo ha mai attirato. Preferiva stare a casa tra lettere, libri mastri, messaggi ufficiali e proclami. Quando doveva essere qui per forza si rintanava nell'ala est della villa, con una legione di impiegati, segretari e liberti, a contare e pesare monete e ad aprire e sigillare lettere. La macchina dell'impero non si ferma neanche di notte.

È lì che troviamo Tito.
La sala di ricevimento è vuota, salvo due pretoriani che presidiano l'ingresso allo studio di mio padre. Cioè, lo studio di mio fratello, adesso.
Dico alle guardie di spostarsi, ma non mi obbediscono. Uno dei due socchiude la porta, scivola dentro e torna con Virgilio, il braccio destro di Tito. Ha sostituito Tito come prefetto della guardia pretoria e, se possibile, anche come cane da guardia di Cesare; però sorride quando fa capolino dalla porta.
«Domitilla. Come stai?»
«Vorrei vedere mio fratello».
«Cesare è piuttosto occupato».
«Sono sua sorella».
«Il peso dei doveri», replica, come se in questo modo la questione potesse chiudersi. Poi aggiunge: «Cesare ha del lavoro che deve finire entro stasera. Sa che lo comprenderai».
Tito è ancora arrabbiato con me?
Qualunque sia la motivazione, questo non lo tollero. Se devo passare le mie giornate ad alleviare i sentimenti feriti dei consiglieri di Cesare e le serate a ospitare cene, e in più mi viene chiesto di sposare un uomo scelto da Tito, che io sia dannata ma nessuno potrà mandarmi via come fossi una domestica.
Sorrido a Virgilio, mi chino in avanti e gli sussurro all'orecchio: «Riferisci a mio fratello che aspetterò. E digli che per ogni quarto d'ora che mi lascerà qui ad attendere, divulgherò uno dei suoi segreti. A questi soldati o a chiunque voglia ascoltare. Inizierò elencando le sue amanti e i nomi dei loro ignari mariti».
Virgilio sgrana gli occhi allarmato, ma per il resto mantiene la sua compostezza. «Trasmetterò il messaggio, signora».
Quando torna, Virgilio spalanca la porta e allarga il braccio. «Accomodati, signora».
L'ufficio è rimasto quasi tale e quale lo ha lasciato nostro padre: una scrivania enorme, intarsiata di porfido e invasa di papiri; divani disposti di fronte; il pavimento in piastrelle di ceramica bianca e nera che raffigura un grande pesce nero con un occhio solo.
Tito è seduto dietro la scrivania, vestito con una toga purpurea, come un re. Come Nerone. Cleopatra, la sua cagna, corre a farmi le

feste scodinzolando. La stanza è riempita da una decina di liberti e soldati.

Mi accovaccio e gratto Cleopatra sotto al mento.

«Lasciateci soli», dice Tito, e l'esercito di impiegati amministrativi imperiali esce fuori in fila.

«Congratulazioni, sorella», dice Tito quando siamo soli. «Hai l'onore di essere stata la prima a ricattarmi come Cesare».

Una volta seduta, noto qualcosa di nuovo: una statua di nostro padre. Ha il collo taurino del vecchio generale e una calvizie incipiente. Il marmo della corazza e del mantello è dipinto di rosso e blu. La pittura è ancora fresca, ha una lucentezza vischiosa. Forse anche a Tito manca nostro padre in fondo, seppure a modo suo.

«Non è un ricatto», gli dico, «se i nostri interessi coincidono».

«Come potresti fare il mio interesse, contribuendo a rovinare la mia reputazione?»

«Non ce ne sarebbe stato bisogno», ribatto io, sicura di me. «Sapevo che mi avresti ricevuta una volta avuto il mio messaggio».

«Quindi è stato un bluff?»

«No», rispondo. «Un bluff implica un certo livello di probabilità, significa chiudere gli occhi e sperare di ottenere un certo risultato. Io sapevo cosa stavo facendo».

Tolomeo, il giovane segretario di Tito, si precipita nella stanza. Versa a entrambi una coppa di vino da una caraffa. Diluisce il mio per circa metà con acqua di mare. Alla coppa di Tito ne aggiunge soltanto una goccia. Da bambino, Tito pensava che gli uomini forti dovessero bere vino forte. Non sono certa che abbia mai perso quella convinzione.

«Sei tu quello che dovrebbe chiedere scusa», continuo. «Ti sei rifiutato di parlarmi nello sciocco tentativo di dimostrare la tua importanza. Portando tua sorella come esempio per confermarla. Mi è sembrato arrogante e inutile…».

Tito alza le mani in segno di sconfitta. «Va bene. Mi dispiace. Ma non l'ho fatto a titolo dimostrativo. Sono oberato di lavoro, e pensavo che venissi da me per lamentarti del tuo fidanzamento. Ma ho imparato la lezione, l'Augusta non si fa scoraggiare da niente. Tale padre, tale figlia, non dovrei dimenticarmelo».

«Grazie». Faccio roteare il vino, gustando il *mea culpa* di mio fratello.

«Sono lieta di sentirtelo dire, ma non hai abbastanza fiducia in me, Tito, sono contenta della scelta che hai fatto».

«Lo sei davvero?». Tito sembra dubbioso. Pensa che gli stia tendendo un tranello.

«Perché non dovrei esserlo? Ceriale è relativamente giovane, un pargolo rispetto all'ultima persona con cui nostro padre mi aveva accoppiata. Ha avuto successo come generale, quindi deve possedere *qualche forma* di intelligenza. Ha ancora i capelli, o quasi tutti se non altro. E dimmi, lui è contento?».

Tito ride. «Sì. Non sa che deve sposare una ricattatrice prepotente».

«Non avvisarlo», faccio io sorridendo. «Voglio che sia una sorpresa».

È un sollievo ridere con Tito, sentirsi di nuovo dalla stessa parte.

«Sono felice che tu approvi il fidanzamento, perché non avrai molto tempo per abituarti all'idea. Il matrimonio si svolgerà tra due giorni».

«Così presto?»

«È una clausola dell'accordo con Ceriale. Altri uomini si sono trovati a disagio a causa dei lunghi fidanzamenti imposti da nostro padre, solo per vederlo fare dietro front all'ultimo, una volta ottenute le concessioni di cui aveva bisogno. Ho promesso a Ceriale che questa volta non sarà così».

«Hai ragione», confermo, pensando già a tutto quello che ci sarà da fare nel frattempo. «Non c'è molto tempo. Con chi devo parlare per l'organizzazione?».

Tito sembra perplesso. Ha scelto la data e l'uomo. A che altro bisogna pensare?

«Ho capito, mi aspetta un bel po' di lavoro da fare. Parteciperà tutta la nostra famiglia?».

Tito fa una smorfia, come se avesse appena preso un colpo su una ferita aperta; i suoi lineamenti si induriscono. «Vespasia non deve partecipare».

«Tito, è mia sorella».

«Ha fatto una scelta. Adesso il suo dovere è nei confronti degli dèi».

Tolomeo fa capolino dalla porta annunciando: «L'ammiraglio Secondo è qui, Cesare. Insiste per parlare con te».

«Come no», esclama Tito. «Fallo entrare».

«Devo accompagnare tua sorella nelle sue stanze?», chiede Tolomeo.

Fisso Tito con aria di sfida.

«Per evitare ulteriori discussioni, o anche perché lo screzio tra di noi è verosimilmente in via di guarigione», dice Cesare, «no. Può restare».

Secondo arriva fradicio di sudore: sulla fronte, sulla schiena e sotto la pancia. Ed è senza fiato. A vederlo si direbbe che è andato e tornato da Misenum di corsa. Virgilio è con lui.

Tito si alza e abbraccia Plinio. «Vecchio amico!». Dopo essersi scambiati i convenevoli, Tito chiede: «Allora, cosa c'è di tanto urgente?»

«Vorrei parlarti dell'attacco all'ostaggio partico, Barlaa».

«Ah, quello». Tito ha un tono sbrigativo. «È il caso? Virgilio mi ha già descritto l'incidente in dettaglio. È una storia strana, sicuramente, ma non vedo perché ti dovrebbe preoccupare».

Chiunque si sarebbe fatto scoraggiare dalla risposta di Tito. Ma l'ammiraglio non è chiunque. La trova singolare. «Strano», comincia a dire, accarezzandosi la barba, «fino a pochi mesi fa, quando eri prefetto e incaricato di provvedere alla sicurezza e al mantenimento del potere di tuo padre, avresti dato estrema importanza a questo genere di notizie. Avresti immediatamente avvertito tuo padre. Avresti interrogato Baarla tu stesso. Effettuato rastrellamenti e successivi interrogatori. Sarebbe corso del sangue. Ma ora che sei tu l'imperatore... Prendi le notizie come avrebbe fatto tuo padre. Ignorandole».

Tito sorride. «Sono felice di dare all'ammiraglio nuovi enigmi da risolvere. Ma abbiamo problemi più urgenti di una rapina fallita, non credi?».

Plinio e Virgilio si guardano, un breve scambio di sguardi, ma evidente.

«Ti riferisci alle... predizioni della Sibilla?», dice Plinio, pronunciando con riluttanza le ultime parole.

Tito ignora il riferimento di Plinio alla Sibilla. «Il falso Nerone sta diventando un fastidio e forse anche un pericolo. Ho tenuto in mano il Principato per meno di due mesi, la mia posizione è ancora fragile. Il fatto che in Partia ci sia un uomo che si proclama Nerone mina la mia posizione di imperatore. Molto di più di quanto non sia avvenuto con mio padre. Mio padre ha vinto la guerra civile, ha preso il principato con la forza. A me il trono è stato passato». Tito mostra un pezzo di carta. «Hai sentito l'ultima nuova? Il governatore della Bitinia sostiene giri voce che il falso Nerone è stato accolto da re Artabano. Sembra che il re abbia al suo servizio un uomo, già ostaggio qui a Roma, che conosceva Nerone. Ha confermato la legittimità del falso Nerone».

Plinio deve aver già sentito queste voci perché non si scompone, a differenza di me che rimango a bocca aperta.

«Sono soltanto voci», esclama Plinio. «In più, Artabano non vincerà la guerra. Sarà il ragazzo a vincerla, Pacoro. E sono gli emissari di Pacoro quelli che incontreremo domani. Attraverso i suoi emissari, re Pacoro ti riconoscerà come il legittimo imperatore di Roma. Tra pochi mesi nessuno si preoccuperà più di cosa abbia detto o fatto un esercito di straccioni nelle terre selvagge dell'Ircania».

«Dovremmo inviare un esercito in Oriente», riferisce Tito.

Plinio e Virgilio si guardano di nuovo. Questa volta Tito se ne accorge.

«Cosa c'è?», chiede. «Di cosa state parlando? Pensate che dia troppo credito alla Sibilla?». Mi fissa, per vedere la mia reazione. È in imbarazzo? Non sarebbe da lui, da mio fratello, il generale. «Sputa il rospo, Plinio», lo incalza. «Dimmi cosa ti sta preoccupando».

Plinio è restio a esprimersi. Fa un sospiro.

Alla fine dice: «È... sconsigliabile agire in base ai vaneggiamenti di una ragazza affamata in una grotta. Quella a cui hai assistito è stata una commedia. Una commedia convincente, certamente. Che nel corso degli ultimi mille anni ha saputo convincere molti condottieri romani. Ma una commedia comunque. L'attacco a Barlaa, per contro, potrebbe costituire una vera minaccia per l'Impero e per la famiglia imperiale».

«Ulpio concorda sul fatto che dovremmo inviare un esercito in Oriente», dice Tito.

Virgilio impreca sottovoce.

«Non ci si può fidare dello spagnolo», ribatte Plinio. «Quell'uomo ha dei secondi fini».

«Non sono d'accordo», dice Tito. Indica il foglio sulla sua scrivania. «Se lor Signori vogliono scusarmi, ho molto da fare».

«Ma dobbiamo ancora parlare dell'accoglienza degli emissari partici di domani!», esclama Plinio.

«Credi?», ribatte Tito. «Ulpio dice che non dovrei andare ad accoglierli lungo il cammino. Cesare può incontrare così un re, ma andare a ricevere dei sottoposti del re potrebbe essere visto come una debolezza dai Parti».

«Ulpio non manca mai di essere prodigo di consigli a Cesare, non è vero?», fa Plinio, sottovoce. Poi alzando il tono aggiunge: «Chi sarà, dunque, ad accogliere i nostri ospiti domani?».

Tito punta il dito verso di me. «Portati Domitilla e Domiziano. Io incontrerò gli emissari la sera a Puteoli, al ricevimento».

L'ammiraglio sorride. «Buona idea». Si alza. «A domani sera, Cesare».

Mi alzo con Plinio e Virgilio, ma mi trattengo ancora un momento, dopo che se ne sono andati.

«Non sapevo che avessi consultato la Sibilla...».

Cesare si acciglia.

«Che cosa ti ha detto, Tito?», gli domando. «Non è da te, Tito. Essere... devoto».

«Niente di importante, sorella. I miei scopi sarebbero gli stessi, con o senza le visioni della Sibilla».

Plinio mi sta aspettando nella sala di ricevimento. Percorriamo insieme il lungo corridoio buio che conduce al molo. «Sei preoccupato per mio fratello?».

Plinio sorride. «Sempre».

«Non ti fidi di Ulpio?».

Plinio scuote la testa. «Quell'uomo è un impostore».

«Va bene», replico io, «ma ciò non significa necessariamente che non ci si possa fidare di lui. È stato determinante per smascherare Marcello».

«Non sono d'accordo con te».

Continuiamo lungo il corridoio.

Gli chiedo: «Pensi che Tito abbia preso troppo sul serio le parole della Sibilla?».

Alza le spalle. «È strano, non è vero? Dell'attacco a Barlaa non gli importa niente, mentre invece considera una minaccia intollerabile il falso Nerone dall'altra parte del mondo. Tuo fratello non è mai stato un uomo superstizioso. Ma forse si è lasciato incantare dalla Sibilla».

Al molo, la nave di Plinio è pronta a partire. Quando il capitano vede l'ammiraglio inizia subito a impartire ordini.

Ci fermiamo alla passerella.

«Mi chiedo», dice Plinio, «se venire a conoscenza di tutte le minacce che possono colpire il Principato, come imperatore, non possa condurre alla pazzia. Anzi, si può dire che sia già successo, a Nerone; considerando ogni minimo accenno di minaccia come fosse un coltello puntato alla sua gola diventò più violento, e le minacce più reali».

«Può darsi», commento.

«Ciò nondimeno», aggiunge Plinio. «Le minacce al Principato non possono essere ignorate».

Poso una mano sulla spalla di Plinio. «Ecco perché Cesare è fortunato ad averti. Insieme terremo d'occhio i Parti in visita».

Plinio annuisce.

«Va' a farti un bel sonno ristoratore, ammiraglio», concludo. «Abbiamo bisogno che tu sia particolarmente lucido, domani».

«Un sonno?». Plinio sembra scettico.

«Sì, un bel sonno. Oppure scrivi, esercitati al chiaro di luna. Qualunque cosa tu faccia di solito per mantenerti in forma, vai e falla. Non c'è più nulla che possa essere fatto qui a Baiae, stanotte».

II
GLI EMISSARI
79 D.C.

GAIO

20 agosto
Una radura a nord di Napoli

I parti entrano nel campo a cavallo. Il battere di un timpano copre il frinire delle cicale. Ci sono tre emissari, in sella alla famosa razza niseana, bella ed elegante come vuole la leggenda. Due bai scuri e uno nero come la notte. Sono accompagnati da una dozzina di soldati e di schiavi. Sul retro della colonna vi sono quattro soldati romani a cavallo, che hanno scortato i Parti fin dal loro sbarco su terra italiana.

Questa mattina, zio Plinio e io abbiamo lasciato Misenum a un'ora assurda. Ci siamo incontrati con il prefetto Virgilio, Domitilla, Domiziano e quattro dozzine di pretoriani a Baiae. È arrivato anche Ulpio accompagnato da Marco, e insieme a loro due liberti, Teseo, quello con un solo occhio, e l'uomo che sussurra sempre all'orecchio di Ulpio, Ciro. Sono stati invitati anche senatori e cavalieri di vario ordine e grado, oltre ai due ostaggi partici. Io e zio Plinio siamo rimasti a guardare Barlaa montare a cavallo, col suo medico che gli tirava le vesti e inveiva contro di lui dicendogli che non era nemmeno nelle condizioni di star fuori dal letto, figurarsi di cavalcare. Barlaa sembrava esausto, la sua carnagione cinerea, ma non aveva la minima intenzione di lasciarsi dissuadere. Ha cacciato il medico con un rapido calcio alle costole, facendolo scappare spaventato.

Mentre marciavamo verso Napoli zio Plinio mi ha ricordato il compito cui dovevamo assolvere. «Ricorda, Gaio», ha sussurrato, «dobbiamo tenere gli occhi puntati sui due ostaggi partici».

Ci siamo incontrati con gli emissari di re Pacoro due miglia a nord di Napoli.

In questo momento, quattro parti stanno cavalcando nel mezzo del campo, seguiti a distanza dai quattro soldati romani che li hanno scortati attraverso l'Italia. Zio Plinio, Virgilio, Spartaco e quattro pretoriani stanno andando a cavallo a incontrare gli emissari. Le trombe coprono il suono sordo degli zoccoli dei loro cavalli, sul campo arroventato dal sole.

Le due delegazioni stanno discutendo. Spartaco agita le mani mentre traduce.

Il sole sembra farsi più forte mentre aspettiamo. Le mie braccia scoperte e la nuca stanno cuocendo sotto la canicola. Gocce di sudore mi scivolano lungo la schiena.

«Cazzo di Giove!», si lamenta Domiziano. «Quanto ci vorrà ancora?».

Domitilla zittisce il fratello. Il giovane principe si scosta la frangia nera dagli occhi.

Finalmente, il gruppo in mezzo al campo galoppa verso di noi.

Dei quattro Parti a cavallo, due sono alti, barbuti e di nobile aspetto. Fratelli, secondo me, forse anche gemelli. Il terzo è più basso dei suoi connazionali, porta una barba selvaggia e trasandata e ha gli occhi diversi tra loro, uno verde e uno marrone. I gemelli e l'uomo dagli occhi strani indossano la tradizionale armatura partica: cotta di maglia e pantaloni infilati dentro a stivali da cavallo. Il quarto parto è indubbiamente meno importante degli altri tre. Non indossa un'armatura, ma una tunicache ha visto tempi migliori, troppo grande per la sua piccola stazza ossuta. Ha un pallore malsano e un'espressione grave, ed è alquanto brutto, da quel che si può vedere che non sia nascosto dagli indumenti sovrabbondanti e dal copricapo verde e a punta da Sciitache gli copre la testa, la parte posteriore del collo e le orecchie.

Per primo, zio Plinio ci presenta il Parto basso e scarmigliato, segno che è lui il capo delegazione. Il suo nome è Arshad. I due fratelli sono Farbod e Farhad. Il brutto vecchiaccio è il loro traduttore, Atropate.

Arshad parla in uno strano dialetto e Atropate lo traduce in latino. «Siamo onorati di incontrare l'Augusta e il fratello dell'imperatore. Pacoro, secondo di questo nome, nostro re dei re, vi invia i suoi saluti».

«Sì, bene. Ottimo», commenta Domiziano. Il giovane principe è a disagio.

Sua sorella invece assume in modo molto naturale il ruolo che le compete. «Spero che il vostro viaggio non sia stato difficoltoso», dice.

Arshad, tramite il suo traduttore, chiede: «Possiamo parlare in greco?».

Domiziano alza le spalle.

«Certo», conferma Domitilla.

Il greco di Arshad è sorprendentemente buono, dicono che l'influenza di Alessandro si faccia ancora sentire in Partia. Descrive il loro viaggio verso Italia, via terra attraverso la Siria e l'Asia fino alla Tracia, dove si sono imbarcati per proseguire in nave. Si lamenta del caldo, asciugandosi il sudore dalla fronte. «Non so come facciano i Romani a vivere in questa calura. È come stare in una fucina».

«L'unico modo per sfuggire al caldo», ribatte Domiziano, «è attraverso le distrazioni. Sono indetti per domani dei giochi per darvi il benvenuto in Italia. Avrete così modo di vivere una vera esperienza romana».

Arshad annuisce. «Eccellente. Ci saranno dei gladiatori? Non possiamo lasciare l'Italia senza prima aver visto i gladiatori».

Domiziano annuisce. «Oh, certo. Abbiamo programmato uno spettacolo come pochi».

«Abbiamo portato un famoso combattente dalla Sogdiana» continua Arshad. Batte le mani e un gigante fuoriesce dal corteo degli emissari. Non è più alto dei gemelli partici, ma è più grosso e muscoloso. «Lui è la Lancia di Sogdiana, uno dei più grandi guerrieri della Partia. Vorrebbe mettere alla prova le sue abilità contro un gladiatore romano».

Domiziano sembra divertito. «Vi siete portati dietro un vostro campione? Complimenti».

«Che ne direste del Ba-ta-vo?» Chiede Arshad incespicando sul nome, come se sputasse fuori ogni sillaba. «Abbiamo sentito il suo nome molte volte dallo sbarco in Italia. Nelle campagne non si parla d'altro che di lui».

Inizio a vedere che zio Plinio è frustrato dalla piega frivola che ha preso la conversazione. «Le imprese che hanno reso famoso il Batavo sono di caccia alle belve», interviene, «non i combattimenti con i gladiatori. E noi non possiamo garantire per il suo proprietario, il senatore Nerva».

«Non combatterà contro il nostro campione?», chiede Arshad. Sussurra qualcosa ai due fratelli e tutti e tre si mettono a ridere.

«Oh, sono sicuro che potremo organizzare qualcosa», riprende Domiziano.

«Splendido», esclama Arshad.

Lungo la via del ritorno a Napoli, zio Plinio e Virgilio parlano piano tra di loro. Cavalco al loro fianco, cercando di sentire cosa dicono per quanto me lo consenta il rumore degli zoccoli che risuonano sul sentiero ben battuto.

«Ho parlato con i soldati che hanno scortato i Parti attraverso l'Italia», dice Virgilio. «Ho chiesto se fosse possibile che qualcuno di loro potesse trovarsi a Baiae già due sere fa. Il comandante ha detto che non essere era possibile. Si sono accampati a cinque miglia di distanza, e hanno tenuto d'occhio i Parti per tutto il tempo».

«Gli credi?», chiede zio Plinio.

«Non saprei», risponde Virgilio. «C'è qualcosa di strano in quegli uomini».

«Cosa vuoi dire?»

«Il legato di Ravenna aveva ordine di far scortare gli emissari dai suoi uomini migliori. Se quegli uomini sono i migliori e più brillanti che ha...», Virgilio scuote la testa. «Scriverò al loro comandante per vedere se riesco a scoprire qualcosa».

Zio Plinio annuisce, poi mi chiede: «E tu, nipote? Hai notato niente di particolare?».

Nell'eccitazione del momento mi ero completamente dimenticato di guardare le reazioni di Barlaa e Sinnace. Zio Plinio vede il mio imbarazzo.

«Non li hai tenuti d'occhio proprio per niente?»

«No», rispondo. «Mi dispiace, zio».

«Non importa», fa lui. «Avremo altre opportunità».

«E tu li hai osservati?», chiedo a mia volta.

«Quando potevo. Barlaa era agitato. Conosce questi messi, ne sono certo».

«E adesso cosa facciamo?», chiedo.

«Cerchiamo di tenere gli occhi aperti. E gli stiamo addosso come dei falchi».

DOMITILLA

20 agosto
Gallerie sotterranee dell'anfiteatro, Puteoli

«A parte l'elefante», dice l'ammiraglio Plinio alzando la voce sopra il crepitio delle torce, «il leone è la più nobile delle creature. Di fatto, il leone è l'unica fiera che sa mostrare misericordia verso le sue vittime».

Ha l'atteggiamento di un filosofo che sta tenendo una lezione per il suo pubblico, composto non solo dai diplomatici partici ma anche da una mezza dozzina di Romani venuti a vedere le bestie che parteciperanno ai giochi di domani, chiuse nelle gabbie sotto l'anfiteatro di Puteoli. Alle sue spalle, un leone impaziente fa avanti e indietro nervosamente da un angolo all'altro della gabbia. Il suo ruggito fiacco riecheggia lungo la cavernosa ragnatela di gallerie sotterranee.

I mattoni di terracotta, impilati come frittelle, sembrano vibrare alla luce tremolante della torcia. Oltre gli archi più vicini, alla nostra sinistra e alla nostra destra, la galleria è nera come la pece.

«Per esempio», continua Plinio, «il leone raramente attacca donne o bambini».

Ulpio è piegato sul suo bastone da passeggio. «Tu cosa dici, Augusta?», chiede sorridendo. «Ti piacerebbe mettere alla prova le teorie dell'ammiraglio? Possiamo metterti nella gabbia per la notte e riprenderti domattina!».

La gente ride.

Se è infastidito dalla battuta di Ulpio, Plinio non lo dà a vedere. Aspetta che io risponda.

«Mi dispiace, ammiraglio», dico con un sorriso, «nobile o no, passare la notte con questa bestia non mi trova d'accordo».

«Capisco», commenta Plinio gentilmente, «una risposta assennata».

Si gira verso Ulpio e il suo tono diventa più combattivo. «Dubiti della nobiltà del leone, senatore Ulpio? Confuti la natura unica del suo carattere?».

Da un punto più basso delle buie gallerie arriva il barrito di un elefante. Il suono è amplificato dalla strettezza gallerie dei passaggi, e ci arriva addosso come un vento fortissimo.

«Dubito di tutto», dice Ulpio. «È un buon modo per evitare di essere sbranati».

Plinio non si fa abbattere. Potrebbe continuare a parlare di leoni per tutta la sera, con o senza le interferenze di Ulpio. «Quando il leone sta per morire», prosegue come se non fosse mai stato interrotto, «se ha il tempo di riflettere, morde la terra e versa una lacrima per il suo misero destino».

«Nessuna creatura ama morire», commenta Ulpio. «Almeno su questo possiamo essere d'accordo».

Il mondo dei Romani si può suddividere tra quelli che amano i giochi e quelli che non li amano; tra quelli che ne apprezzano la drammaticità, il coraggio e le prodezze fisiche e quelli che invece ci vedono soltanto un trionfo di sangue, carni smembrate e morte.

Io faccio parte di quest'ultimo gruppo. Non sopporto i giochi. Stasera, mentre non si parla d'altro che di lotte tra gladiatori e caccia alle belve e domani, durante i giochi stessi, mi morderò la lingua cercando di inghiottire il boccone amaro. Perché è ciò che ci si aspetta da me. Perché sono la sorella di Cesare. Ma mi costerà fatica.

La giornata di domani inizierà con il macello di qualche bell'animale, probabilmente esotico, portato qui dagli angoli più remoti dell'Impero a morire solo per divertimento; a metà giornata, criminali condannati a morte verranno fatti a pezzi da animali affamati; i giochi si concluderanno infine con gladiatori corazzati impegnati a combattere, tagliare, pugnalare, colpire l'avversario e talvolta a uccidersi a vicenda. Tutti e tre gli eventi sono accomunati dalla sofferenza: un fiume di sangue inonderà la sabbia dell'arena. Il pubblico berrà fino a quando non sarà neanche più in grado di vedere la violenza per cui si sta entusiasmando.

Quelli che apprezzano i giochi la sera della vigilia sono come ebbri. Tito ne è un buon esempio. Il giro delle gabbie degli animali è terminato e lui è impegnato in una conversazione con Arshad, il capo dei messi partici. Sta sorridendo. Di solito al massimo riesce a produrre un mezzo sorriso, o ancor peggio, un accenno di sorriso, ma questo è un vero sorriso, da orecchio a orecchio. Sta spiegando al suo ospite partico lo svolgersi dei combattimenti, anche se il suo interlocutore non riesce a seguirne perfettamente le contorte complessità.

«Non capisco», dice Arshad in greco. «L'uomo per cui fai il tifo viene dalla Tracia?».

Tito fa segno di no col dito. «No, no. È un Trace. È una *categoria* di combattente».

Stiamo guardando uno dei gladiatori che il senatore Sulpicio ha portato al banchetto. I gladiatori indossano gli stessi indumenti che avranno in combattimento: armature, maniche loriche, spade e scudi. Questi guerrieri pesantemente armati indossano elmi crestati di bronzo, con grate metalliche a coprirne il volto.

Il senatore Sulpicio guarda l'istruttore dei suoi gladiatori, un uomo piuttosto anziano dai lunghi capelli grigi, che ha una frusta in mano. L'istruttore chiama un Mirmillone perché si metta accanto al Trace.

«In genere», continua Tito, «la regola vuole che un combattente sia pesantemente armato, come questo Mirmillone, e l'altro no, come questo trace. Come puoi notare, il Trace porta un piccolo scudo, una breve spada con lama ricurva o scimitarra, schinieri per stinchi e ginocchia e un parabraccio di lamiera sul braccio destro. Per contro, il Mirmillone ha uno scudo molto più grande, una spada più lunga, e un grosso elmo di bronzo. Traci e Mirmilloni vengono spesso fatti combattere tra di loro. Il contrasto tra i loro armamenti rende il combattimento particolarmente esaltante».

Tre elefantini, legati tra di loro per la coda e la proboscide, vengono condotti da un ragazzo attraverso il banchetto. Dietro a essi il loro ammaestratore, un Alessandrino con in mano un bastone. La folla sorridente si divide per farli passare.

«La categoria dei Traci richiede la massima abilità come combattente», prosegue Tito. «I criminali sono scelti per le classi armate più pesantemente, come i Mirmilloni, i Galli e simili. Il lanista sceglie gli uomini più grossi e li copre con un'armatura. Ma per essere un Trace occorre avere abilità e astuzia; un Trace deve essere strategico. Vedere un Trace che sopravvive e si fa gioco di un avversario pesantemente armato e corazzato significa vedere l'aspetto migliore dell'umanità».

«No, no, no. Non dargli retta, Ashrad». Domiziano è ubriaco e pronuncia male il nome del Parto. «Quella del Mirmillone è la categoria migliore che ci sia».

«Quindi è quello, che piace a te», fa Arshad a Domiziano, indicando un gladiatore pesantemente corazzato. Stiamo parlando greco, ma lui pronuncia la categoria del gladiatore in latino, come ha fatto Domiziano, sillabandola accuratamente: «Il Mir-mil-lo-ne».

Domiziano annuisce vigorosamente. Dimentica di dire che, nel suo costante tentativo di affrancarsi dal fratello maggiore, fa sempre il tifo contro qualsiasi categoria per la quale tifi Tito.

«E come fanno a vederci qualcosa, con addosso quegli elmi?», chiede Arshad.

«Si arrangiano», dice Sulpicio sprezzante. «Alcuni meglio di altri».

«Forse possiamo far provare ad Arshad un elmo da Mirmillone?», chiede Tito. «Così potrà vedere il mondo attraverso gli occhi di un combattente». Non ho mai visto Tito così rilassato e spensierato da quando ha ricevuto la porpora. Si sta divertendo.

«Certamente, Cesare». Sulpicio batte le mani e il Mirmillone si toglie l'elmo. Ha una folta barba castana e i suoi lunghi capelli sono legati in un nodo dietro la testa.

«Come ti chiami, gladiatore?», chiede Tito.

«Mi chiamano Sanguinerola», risponde il gladiatore.

Tito sorride. «Ah, e come ha fatto un omone come te a guadagnarsi un nome così?»

«Perché sono veloce».

Tito ride. Posso vedere che gli piace la spavalderia del gladiatore. «Bene», gli fa, «conto di poterti presto vedere in azione».

Arshad chiede: «E come si fa a diventare Mir-mil-lo-ne?».

Sanguinerola alza le spalle. «Sono stato fatto schiavo quando ero giovane. Non ricordo come».

«E ti piace essere un Mir-mil-lo-ne?», chiede ancora Arshad.

Sanguinerola è preso alla sprovvista dalla domanda. Mi chiedo se se lo sia mai chiesto lui stesso, prima d'ora. «È meglio delle miniere».

Ulpio viene accompagnato a unirsi alla nostra conversazione da Teseo, l'orbo. Il labbro di Sulpicio si arriccia disgustato; i suoi occhi dardeggiano avanti e indietro, cercando di capire la reazione di Cesare in presenza di Ulpio. Ricordo che Plinio aveva detto che Sulpicio non dà troppo peso a Ulpio, ma sicuramente è stato in Italia abbastanza a lungo da sapere che il senatore spagnolo è in ascesa.

Sulpicio non è l'unico ad avere una reazione quando compaiono Ulpio e Teseo. Ce l'ha anche il gladiatore Sanguinerola. Ma questi, anziché ringhiare sorride, forse fa pure una strizzatina d'occhio, così rapida e impercettibile che già un secondo dopo non sono più così certa di averla realmente vista.

«Caro Cesare», esordisce Ulpio, «devo avvertirti. Non ti attaccare troppo ai gladiatori di Sulpicio. Non ha una buona reputazione quanto a salute dei suoi schiavi».

«Bugie», ribatte Sulpicio. «Quell'uomo è un bugiardo nato, Cesare. Non credere a una sola parola che esce dalla sua bocca».

Tito ignora lo scambio di battute. Non ha abbastanza pazienza per i bisticci tra senatori, specie quando si trova di fronte a diplomatici stranieri. Il prefetto Virgilio impedisce al battibecco di aumentare d'intensità: spunta fuori dalla folla e mette una mano sul braccio di Sulpicio, lanciandogli un'occhiata gelida.

Tito passa un braccio attorno alle spalle di Arshad e lo guida lontano dai senatori litigiosi. «Il prossimo tipo di gladiatore che devi vedere è il Reziario. Sono dei marrani, ma la loro abilità – non hanno altro che una rete e un tridente – è affascinante».

Mentre Tito conduce via Arshad, Virgilio mantiene la mano sul braccio di Sulpicio. Il senatore socchiude i suoi occhi da lupo. «Toglimi le mani di dosso, plebeo».

La mano libera di Virgilio va all'elsa della sua spada.

«Andiamo, signori», faccio io mettendomi tra di loro. «Cosa penserebbero i nostri ospiti partici se due distinti cittadini di Roma facessero scorrere il sangue la sera della vigilia dei giochi? Non siamo capaci di aspettare fino a domani per vedere un combattimento?».

Virgilio sorride. «Ma certo, Augusta». Il suo sorriso si spegne mentre si gira verso Sulpicio. «Senatore», dice cordialmente, prima di voltarsi per andarsene.

Sulpicio fa un leggero inchino. «Signora», dice, e lascia precipitosamente la sala.

Più tardi Tito mi prende per un braccio. «Vieni», mi dice sottovoce. «Abbiamo delle faccende di cui occuparci, prima che venga servita la cena».

Per un momento, avevo pensato che Tito intendesse portarmi in qualche luogo appartato, dove poter parlare soli, con discrezione. Ma Cesare non è mai privo di compagnia. Dei littori tutti vestiti di bianco, Virgilio e una decina di pretoriani ci seguono fuori dalla festa. Non percorriamo molta strada, arriviamo a un magazzino vuoto non lontano dalla banchine.

Ad aspettarci c'è un uomo. La sua faccia è avvolta nell'ombra.

«Ceriale», dice Tito.

Il generale Ceriale esce dall'ombra e i due veterani si abbracciano. Tito mi fa segno di avvicinarmi.

«Sorella», dice Tito, «ricordi il generale Ceriale».

Ceriale si inchina, rispettosamente.

«Certo», rispondo io.

Scrutando il mio fidanzato per la prima volta da molti mesi devo ammetterlo: Tito avrebbe potuto fare di peggio. È vero che Ceriale non mi fa tremare le ginocchia, ma non mi fa neanche ribrezzo. Ha un po' meno di cinquant'anni, la chioma ancora folta, castana con un ciuffo di capelli bianchi, non per l'età ma per un marchio che si porta dietro fin da quando era bambino. Il viso e il collo hanno i difetti che la maggior parte degli uomini della sua età non riesce a combattere – le guance sono gonfie e cadenti come quelle di una rana toro – ma per il resto è ancora un bell'uomo.

«Ho parlato con mia sorella», lo informa Tito. «È ben disposta al matrimonio».

Ceriale sorride. «Eccellente. E Cesare ha scelto una data?»

«Tra due giorni».

Ceriale sembra uno che sta per acquistare uno schiavo a un prezzo ben al di sotto di quello di mercato.

Ma forse sono ingiusta. Non ci sarebbe niente da guadagnare nell'attesa.

Ci sediamo e parliamo del viaggio di Ceriale verso il golfo. Veniamo interrotti da Tolomeo, il segretario di Cesare. «Cesare», gli comunica, «il senatore Nerva chiede udienza».

«Nerva?», esclama Tito stupito. «Come faceva a sapere che eravamo qui?».

«Poche cose riescono a sfuggire a Nerva», faccio io. «Ha spie dappertutto».

Ceriale e io iniziamo ad alzarci, ma Tito agita la mano. «Per favore Ceriale, resta. Potrei avere bisogno dei tuoi consigli».

Il mio futuro marito non può nascondere un sorriso.

Nerva entra nel magazzino preceduto dal suo nasone. Lo accompagnano il suo segretario e il Batavo.

«Cesare», esclama Nerva, «mi auguro di non disturbarti».

Gli occhi di Nerva si spostano su Ceriale. Si vede benissimo che sta valutando le possibili ragioni per cui Cesare, sua sorella e Ceriale sono a un incontro come questo. Io non riesco a immaginarne nessun'altra.

«Niente affatto», gli risponde Tito. «Di cosa mi vuoi parlare?»

«Ho sentito dire della promessa che tuo fratello ha fatto ai Parti, che il Batavo domani combatterà con il loro campione. So che Cesare non costringerebbe mai uno dei suoi senatori a mettere a rischio le proprie proprietà contro la sua volontà. Ma so anche che Cesare vuol essere un uomo di parola, anche se è stato suo fratello a promettere».

Tito annuisce. «Vai avanti».

«Pensavo di vendere il Batavo alla famiglia imperiale. Saresti libero di metterlo nei combattimenti tra gladiatori, se dovessi decidere per il sì».

«Non ti dispiace rinunciare a un gladiatore di tale valore?», chiede Tito.

Nerva fissa il Batavo. «È più difficile da controllare di quanto non si possa credere. A dire il vero, non mi spiacerebbe troppo liberarmi da un bel mal di capo».

Il Batavo non mostra di comprendere ciò di cui si sta parlando.

«E forse», continua Nerva, «questo gesto potrebbe servire a colmare il divario che si è creato tra di noi, tra Cesare e un suo devoto suddito. In ogni caso, mi aspetto che Cesare lo paghi per quello che vale».

Tito si alza e si avvicina al Batavo. Gli ispeziona braccia, petto, cosce. Dà un colpetto ai lunghi polpacci dell'uomo.

Guarda il Batavo negli occhi e gli chiede: «Nella caccia hai impressionato tutti. Ma sai anche combattere?».

Il Batavo lo fissa senza capire.

A Nerva, Tito domanda: «Chi era l'uomo che di solito traduceva?»

«Caleno», rispondo per lui, «Giulio Caleno».

«Giusto», conferma Tito. «Caleno. Dov'è?».

Nerva mi guarda con i suoi occhietti scuri. «Andato», dice.

C'è qualcosa nel modo in cui Nerva lo dice, con quella certezza assoluta nella voce, che mi dà veramente ai nervi. Ma il momento dura solo un attimo. A Tito, con un tono meno duro, dice: «Sparito. È un veterano pieno di problemi. Usa il bere per sfuggirvi».

Tito non ha distolto lo sguardo dal Batavo. «E allora come fai a comunicare con lui?»

«Non lo faccio», risponde Nerva. «Non più. Gli indico la direzione dove voglio che vada. Sa come funzionano le cacce. Più animali uccide, più donne e vino ottiene in cambio. Non sa parlare in latino o in greco, ma capisce più di quello che lascia intendere». Nerva scuote la testa. «Come ho detto, quest'uomo è un testardo. Frustarlo non servirà a niente. Ha la cocciutaggine nelle ossa».

«Non mi sembra bello frustare un cavallo che porta sempre premi sul suo carro», prosegue Tito guardando il Batavo. «Il loro amore per il combattimento è ciò che li rende così preziosi». Si rivolge al suo seguito. «I possedimenti di Cesare sono così trascurabili da non esserci nessuno che parla… qualsiasi lingua parli questo schiavo?».

La corte di Cesare si scambia occhiate incerte.

Dopo aver scosso la testa con aria scontenta, Tito dice: «Dov'è l'ammiraglio Secondo? Tra l'ammiraglio e il suo segretario, conoscono quasi tutte le lingue che esistono».

Tolomeo si precipita fuori e ritorna con Plinio e il suo segretario. La fronte di Plinio è imperlata di sudore; è senza fiato anche dopo una tratta così breve. Gli viene spiegata la situazione. Dopo aver scambiato qualche bisbiglio con il suo segretario, Plinio dice: «Di' quello che ti serve, Cesare. Tra me e Spartaco dovremmo essere in grado di tradurre».

Ora che le richieste di Cesare sono state soddisfatte, il suo scontento si attenua. Dice al Batavo: «Potrei comprarti dal tuo padrone. Se lo faccio, ho intenzione di metterti nei combattimenti tra gladiatori. Cos'hai da dire al riguardo?».

Plinio e il suo segretario discutono su come tradurre ciò che Tito ha appena detto. Una volta stabilito di aver trovato le parole giuste, è Plinio a parlare al Batavo. Il Batavo risponde in un dialetto simile e Plinio scoppia a ridere, mentre il segretario ha gli occhi sbarrati per l'imbarazzo.

«Sta dicendo», traduce Plinio, «che chiunque sarebbe un padrone migliore del Nasone».

Tito sorride. Nerva sembra indifferente, ma non è una novità: Nerva si mostrerebbe indifferente anche con un coltello piantato nella pancia.

«Pensi di poter combattere?», domanda Tito.

Plinio traduce. Mentre il Batavo risponde nella sua lingua, fa un gesto col capo in direzione dei pretoriani.

Plinio sorride. «Ha detto, "Meglio di questi qua". Credo si riferisca ai tuoi Pretoriani».

«Hai visto cosa ti dicevo», esclama Nerva. «Caparbio come un mulo».

Tito si morde il labbro, pensoso. «Virgilio», dice rivolgendosi al prefetto, «quale di loro consideri il migliore?».

Virgilio guarda i suoi uomini. «Senz'altro Oca».

«Va bene», dice Tito al Batavo, «vediamo se hai ragione».

Tolomeo viene mandato a prendere spade e scudi in legno da allenamento. Viene fatto spazio. Tito batte le mani e i due uomini iniziano a combattere. Il pretoriano è sicuramente molto abile. Parte immediatamente all'attacco, colpendo lo scudo del Batavo. Alla fine, riesce a colpire con la spada di legno la spalla del Batavo, che fa una smorfia di dolore.

Senza volerlo, mi sfugge uno strillo di rammarico.

Il Batavo lancia un'occhiata nella mia direzione. Qualcosa gli attraversa il viso. È imbarazzo?

Il Batavo cambia tattica. Getta lo scudo di lato. L'Oca pretoriana sorride. «Non ti servirà a molto, barbaro».

L'Oca fa due rapidi passi in avanti e sferra un colpo con la spada. Il Batavo fa due passi, uno indietro e uno di lato. La lama di legno dell'Oca sferza l'aria senza colpo ferire.

I due combattenti ripetono questa sequenza diverse volte. L'Oca fa danzare la sua lama di legno e il Batavo la schiva, con calma, ed eleganza.

Ben presto – prima di quanto avrei potuto pensare – l'Oca rimane senza fiato. È sfinito. I colpi inferti dalla sua spada sono sempre più lenti. Il Batavo è impassibile, rapido e preciso come quando è iniziato il combattimento.

Alla fine, dopo aver schivato un colpo innocuo dal pretoriano, il Batavo scatena una fiumana di colpi con la sua spada di legno, colpendo con la lama le spalle, le braccia e l'elmo del pretoriano.

I primi sette colpi o giù di lì finiscono sulla corazza e sull'elmo del soldato. Gli ultimi tre arrivano alle carni.

Il sangue schizza nell'aria.

Il soldato cade all'indietro. L'elmo gli è caduto, sta per fracassarsi la testa sul pavimento in pietra, ma il Batavo si china su di lui afferrandolo per la cintura che regge la spada e ne accompagna lentamente il movimento verso terra.

Un turbine di violenza seguito da un gesto misericordioso: il Batavo è una continua sorpresa. È come se provasse piacere nel mostrarsi imprevedibile.

Il combattimento è terminato. Mi rendo conto di aver stretto per tutto il tempo il bracciolo della sedia come se fosse la mia vita ad essere in pericolo.

«Bravo. Complimenti», esclama Tito battendo le mani. Due littori aiutano il pretoriano a rimettersi in piedi e a uscire dal magazzino. «Affare fatto, Nerva. Tolomeo si occuperà del pagamento».

Io e Tito torniamo alla festa a braccetto. «Cara sorella», mi sussurra, «non sono uno che dà retta alle voci che circolano, soprattutto se si tratta di scandalose maldicenze su mia sorella e uno schiavo famoso. Ma tu non mi sei di grande aiuto se sussulti ogni volta che l'incolumità del suddetto schiavo viene messa a rischio. Mi segui?».

Ho le guance in fiamme per l'imbarazzo e la rabbia. Non è da me, ha ragione Tito. Non posso ammettere di essermi comportata così. Non ad alta voce. «Non so di cosa stai parlando».

«D'accordo» ribatte Tito. «A parte me, non credo che nessuno abbia visto niente. Domani, quando il Batavo dovrà combattere, faresti forse meglio a farti una passeggiata».

GAIO

20 agosto
Mercato di Puteoli

A un'estremità del mercato è stato allestito un palcoscenico. Sul ciglio del palco un poeta sta recitando poesie oscene. Attorno a lui si è radunata una piccola folla. Io e Zosimo siamo ai margini. Quando la folla ride fragorosamente a una barzelletta che termina con le parole «culo mio», alziamo gli occhi al cielo.

Al limitare del mercato intravedo la schiava dai capelli scuri e dagli occhi azzurri con cui Marco parlava l'altra sera. La ragazza che ha sputato nella mia direzione. Sta andando verso i magazzini. Ho bisogno di raggiungerla, spiegarmi, dirle che mi spiace di avere interferito, che volevo soltanto aiutarla.

«Vieni con me, Zosimo», dico al mio schiavo indicandola.

Mi accorgo che Zosimo non approva il fatto di inseguire una schiava a una festa, ma fa come gli chiedo.

Ci affrettiamo dietro alla ragazza. Anziché dirigersi verso il centro città o verso il molo, come mi aspettavo, svolta in un vicolo buio.

Arriviamo all'imbocco del vicolo e io ho un attimo di esitazione.

«Qualcosa non va, padrone?», chiede Zosimo.

Mi sto chiedendo cosa possa aver spinto la ragazza a scendere in questo vicolo buio. Sto rischiando di ripetere lo stesso errore di qualche giorno fa?

La mia esitazione fa innervosire Zosimo. «Non sarebbe meglio tornare alla festa?», propone.

Scruto dietro l'angolo.

La ragazza si sta dirigendo verso di noi. È con il senatore Sulpicio e l'allenatore dei suoi gladiatori. Stanno camminando velocemente. Non so perché ma sento che è meglio nascondersi.

«Svelto, Zosimo», sussurro, «vieni quaggiù».

Trascino via Zosimo dall'imbocco del vicolo e lo faccio scendere con me dietro a una cassa.

Sulpicio, il suo allenatore, la ragazza e un altro schiavo con una torcia in mano ci passano davanti.

Zosimo sta per dire qualcosa, ma si ferma. Sente il mio stesso bisogno di passare inosservato.

Sulpicio sta sussurrando qualcosa all'allenatore. «È tutto pronto».

«Cosa facciamo nell'attesa?».

Non riesco a sentire la risposta di Sulpicio.

Tutti e quattro si avviano verso il mercato.

«Padrone, torniamo indietro?», chiede Zosimo.

Prima di poter rispondere, sento un rumore proveniente dal vicolo. Mi blocco istintivamente. Metto una mano sulla spalla di Zosimo e mi porto un dito alle labbra. «Shh».

Dal buio del vicolo emergono altre tre sagome. I particolari calzoni e il kandys che indossano rivelano di chi si tratta, ancor prima di poter vedere i loro visi.

Sono Parti.

C'è Arshad, il capo delegazione, insieme al suo traduttore, l'uomo che indossa un copricapo sciita. Li accompagna uno dei loro schiavi, con in mano una torcia.

I Parti si sono incontrati con Sulpicio? L'ipotesi è così strana che la scarto immediatamente. Probabilmente mi sbaglio. Forse i Parti sono passati per il vicolo, così come Sulpicio, arrivando da qualche altra parte.

Dopo essermi accertato che dal vicolo non sbuchi più nessuno, mi alzo e mi addentro nella viuzza con Zosimo, per dare un'occhiata. La camminata finisce dopo trenta passi.

«Un vicolo cieco», dice Zosimo.

«Sì», ribadisco. «Il che conferma che Sulpicio ha incontrato gli emissari partici. E sembra che si sia trattato di un incontro segreto».

Trovo lo zio Plinio intento ad ammirare una giraffa che viene condotta per il mercato. Mi sussurra all'orecchio: «Ti sei perso una bella parte dello spettacolo, nipote». Vede la mia espressione curiosa e aggiunge: «Più tardi ti racconto».

«Ho anch'io qualcosa da raccontarti».

«Davvero?». Mi prende in vita col suo braccio muscoloso. «Bravo il mio ragazzo. Mai un momento sprecato».

Gli descrivo quello che ho visto.

Zio Plinio aggrotta le sopracciglia. «Il mistero si infittisce di giorno in giorno, non è vero? Un ostaggio partico attaccato per le strade di Baiae giorni prima del previsto arrivo degli emissari dei Parti. E quegli stessi emissari si incontrano in segreto con il senatore Sulpicio, che è tornato di recente dall'Oriente. Nel frattempo, il senatore Ulpio, un impostore, fa fare a Cesare quello che vuole e spinge perché si faccia marciare un esercito verso Oriente, verso la Partia. E Sulpicio odia Ulpio». Scuote la testa. «Abbiamo tre elementi: Ulpio, la Partia e Sulpicio. Sembrano tutti collegati, ma quando guardi più da vicino, qualunque ipotesi si sgretola».

La mia testa cerca vorticosamente di dare un senso a tutto questo. «E adesso, zio?»

«C'è una soluzione a ogni problema, nipote. Insistiamo finché non troveremo la risposta».

DOMITILLA

21 agosto
Villa dei Pisoni, Baiae

Mattina, l'alba sta per sorgere. Il cielo è ancora rosa e l'opprimente canicola di agosto infierisce già a quest'ora. La mia stola di seta rosa fenicottero si appiccica alle costole come un panno bagnato.

Lascio Baiae su di una portantina portata a spalle degli schiavi, nascosta dietro teli di seta bianca traslucida. Giocasta siede al mio fianco.

Ci dirigiamo a Est, prima lungo la costa e poi passando per la strada di Herculaneum e superando uno stretto ponte sul mare fino al cuore di Puteoli. Si sente lo stridio dei gabbiani comuni e il leggero fruscio delle onde che lambiscono il molo di cemento. Una volta arrivati in città, ciò che sentiamo è il clamore della folla, che freme di quella eccitazione che soltanto i giochi sanno generare. Le scommesse vengono piazzate, il vino viene venduto. Nei pressi dell'arena sentiamo il suono inconfondibile di uno schiaffo e lo scoppiare di una baruffa.

I soldati fanno spazio nella folla e la mia portantina viene abbassata a terra. I teli di seta si dividono, tiro fuori la mano e un pretoriano mi aiuta ad alzarmi in piedi.

La folla è rimasta a guardare la portantina, colma di aspettativa.

«Guardate, l'Augusta!».

«La sorella dell'imperatore! È proprio lei!».

I soldati tengono le lance perpendicolari al suolo, per spingere indietro la folla.

Mentre mi dirigo verso le porte dell'anfiteatro, dietro di me è il trambusto.

Qualcuno sta urlando il mio nome.

Mi volto e vedo due soldati che tengono un uomo per le braccia. È un poveraccio sui cinquant'anni, tutto vestito di nero a parte un copricapo verde brillante. Ha la barba sottile e arruffata.

«Chi è costui?».

Lo avevo chiesto a Giocasta, ma è la serva con le sopracciglia unite a rispondere. Viene fuori dal codazzo di servitori che ha seguito la mia portantina a piedi. «Padrona», dice, «quello è il becchino che aveva implorato di poter parlare con te, Plinio Pinario».

L'uomo ha un'espressione triste e colma di fremente aspettativa. Non perderei che un momento se decidessi di parlargli. Ma che tipo di precedente andrei a creare?

«Padrona», mi incita Giocasta, «Dobbiamo farti entrare».

«Posso parlare io con lui, padrona», si propone l'altra serva.

Giocasta, determinata a difendere il suo territorio, sta per assumersi l'incarico in prima persona, ma io le faccio segno con la mano. *Lascia che lo faccia lei.*

La serva va dal becchino. Siamo piuttosto lontani, una moltitudine vociante si frappone tra di noi, e non riesco a sentire quello che si dicono. L'uomo sta parlando; la serva annuisce e gli dà una qualche risposta, poi gli porge qualcosa. Lui sorride e annuisce con convinzione. Scappa subito via, scomparendo tra la folla.

«Brava, ben fatto», dico alla ragazza quando torna. «Che cosa gli hai detto?»

«Oh, non era niente padrona. Era solo in cerca di qualche soldo. Gli ho promesso una moneta d'oro se se ne starà lontano. Non ti disturberà più».

«Eccellente. Ben fatto davvero», mi complimento con lei. «Com'è che ti chiamavi?»

«Livia, padrona».

«Ah già, Livia. Stavolta non me ne dimenticherò».

Giocasta, ancora infastidita per il successo di Livia, mi prende per il braccio, e insieme ci dirigiamo verso l'ingresso ad arco dell'arena.

«Non mi fido di lei, padrona», mi dice.

«Oh, andiamo, Giocasta. Non hai niente da temere. Nessuna potrà mai sostituirti».

GAIO

21 agosto
All'interno dell'anfiteatro, Puteoli

L'anfiteatro è un ovale di sabbia circondato da gradinate di cemento. Oggi sarà al completo; quasi trentamila persone ad applaudire, a bere, a esultare come se questo fosse il giorno migliore della loro vita. E forse per alcuni lo è. A dare il via ai giochi sarà Cesare in carne e ossa, cosa che non capita tutti i giorni per chi non vive nella Capitale.

Zio Plinio e io ci dirigiamo verso i nostri posti. Sopra le nostre teste i drappi di tela purpurea – per proteggere la folla dall'implacabile sole di agosto – si gonfiano e si allentano sotto la brezza come la vela di una nave.

Zio Plinio indica Domiziano e il suo seguito. Non sono seduti nel palco di Cesare, ma in un settore separato. Ci sono anche Sinnace e Marco.

«Vedi cosa puoi scoprire», mi fa zio Plinio. «Assicurati che il Parto abbia da bere a sufficienza. Fagli sciogliere la lingua».

Faccio un lungo sospiro.

«Te la caverai» prosegue, dandomi una pacca sulla schiena. «Presto sarà ubriaco e pronto a dire spacconate se opportunamente incitato. Ma ricorda: tu cerca di non bere troppo. Avrai bisogno di tutta la tua lucidità, oggi».

Annuisco e scendo le scale per raggiungere il palco di Domiziano. All'ingresso, due guardie mi mettono le mani sulle spalle, sbarrandomi l'accesso.

Catullo sbraita: «Guardate! Il filosofo Gaio Cecilio sta discendendo dai cieli per unirsi a noi mortali».

Quasi tutto il gruppo sorride nello stesso momento; solo alcuni, quelli già ubriachi, ridono apertamente.

«Ti sbagli, Catullo», fa Domiziano, «il giovane Gaio non è un filosofo, ma un avvocato. Un giovane Cicerone. È sicuramente qui a caccia di qualche caso intrigante».

Catullo alla modestissima battuta si scompiscia dalle risate, quasi cadendo quasi da dov'è seduto. Sembra essere il più ubriaco di tutti.

«Sono qui per guardare i combattimenti», faccio io. La mia voce sembra esangue come mi sento io.

«Figurarsi», dice Catullo, ancora piegato in due.

«Allora dimostralo», mi incita Domiziano lanciandomi un otre di vino. «Bevi!».

Fisso Domiziano per un momento. Sicuramente starà scherzando... Domiziano, che ha parecchi anni più di me, è troppo vecchio per comportarsi così. E invece no, lui e i suoi amici stanno aspettando che io beva dall'otre di vino. Zio Plinio mi ha avvertito di non bere. Ma allo stesso tempo rimarrebbe deluso se non riuscissi nemmeno a entrare nel palco di Domiziano, figuriamoci se nemmeno potessi ottenere qualche preziosa informazione da Sinnace.

Apro il tappo e schiaccio l'otre spingendo una sorsata di vino in fondo alla bocca.

Domiziano e i suoi amici iniziano a cantare; alcuni mi applaudono. E anche se non mi piace uno nessuno di loro, sono contento dei loro applausi; mi incitano a continuare oltre il punto in cui normalmente mi fermerei, e io non smetto di bere finché non ho svuotato l'otre. Dopo averlo fatto mi piego in due, tossendo. Mi viene quasi da vomitare.

Zio Plinio rimarrà deluso. Dirà: «Be', che ne è stato dei trucchetti che ti ho insegnato?». Mi ha sempre detto: «Se non sei in grado di reggere quello che bevi, trova il modo di versarlo». Ed è quello che fa lui. Non volendo dispiacere i suoi amici o superiori rifiutando il vino, lo zio Plinio lo fa fuori di nascosto. Non importa dove si trovi, se a una cena o alla presenza dell'imperatore, lo rovescia comunque da qualche parte, di nuovo dentro alla caraffa o in giardino. A volte lo passa a Spartaco che è costretto a tracannarlo d'un fiato di nascosto. Ho assistito a vari eventi in cui zio Plinio è rimasto perfettamente sobrio mentre Spartaco ha quasi perso conoscenza.

Ma come avrei potuto seguire il suo esempio, oggi? Impossibile, con una decina di paia di occhi puntati su di me.

Comunque, bermi tutto l'otre di vino mi ha reso più popolare, o quantomeno ha evitato che continuassero a ridicolizzarmi. Mentre mi faccio strada per andare a sedermi accanto a Sinnace, alcuni giovani mi danno una pacca sulla schiena. Un ragazzo si fa da parte per farmi posto vicino a Sinnace. L'ostaggio partico mi porge un altro otre di vino. Sta sorridendo, e io pure.

Mi piace sentirmi benvenuto tra di loro, non è una sensazione a cui sono abituato quando mi trovo coi miei coetanei.

Ma questa sensazione di vittoria viene subito cancellata, o quantomeno minimizzata, quando vedo Marco seduto dietro di me. Mi sta fissando con aria di disapprovazione. Senza pensarci troppo, aiutato dal vino e dalla baldanza che mi ha fatto nascere, mi volto indietro verso di lui e gli faccio l'occhiolino.

Non me ne frega niente di cosa potrà pensare.

Cerco di non perdere tempo. Mentre io Sinnace sorseggiamo il vino, gli sparo una raffica di domande. *Sai chi sono gli emissari dei Parti? Conosci le loro famiglie? Avrai un incontro diretto con loro? Cosa ne pensi di re Pacoro?* Ma Sinnace non sembra interessato alle mie domande. Lui, come tutti gli altri giovani che ci circondano, indica le donne sugli spalti e le descrive in maniera oscena, o si bea del sangue che viene versato innanzi a noi, mentre gli animali che avevamo ammirato ieri sera vengono abbattuti sulla sabbia dell'arena.

Questi giovani sembrano avere una sete inesauribile di donne e di sangue, anche se sono convinto che accada soltanto quando sono tutti insieme. Se uno li osservasse mentre sono ignari a casa loro, nascondendosi nel loro armadio o sotto il letto, sarebbero persone completamente diverse: più rispettose, più attente, meno volgari e meno violente. Ma hanno un modello preciso di come dovrebbe essere un uomo: dominante, forte, violento. E fanno di tutto per dimostrare di incarnare questo ideale. O almeno ci provano. Sicuramente in questo Domiziano ci mette la sua parte. Non è una brava persona. Ma essendo fratello di Cesare, i suoi leccapiedi non solo gli perdonano le scarse qualità, ma le emulano.

La giornata continua e io continuo a bere vino.

Dovrei moderarmi, ma come faccio?

Comunque per ora riesco a reggere abbastanza bene.

L'ultimo animale che rimane da uccidere è una pantera. Un cacciatore, con le gambe traballanti striate di sangue, infligge con la lancia il colpo mortale alla belva e poi crolla sul suolo sabbioso dell'arena.

La folla ruggisce.

Un esercito di schiavi entra nell'arena. Portano via le carcasse, aiutano il *venator* insanguinato e zoppicante a uscire e cospargono sabbia sulle pozze e i rivoli serpeggianti di sangue che si sono formati.

Decido di fare un ultimo tentativo con Sinnace prima di ritirarci per il pranzo.

«Ancora un po' di vino?», gli faccio brandendo un otre.

Sinnace distoglie gli occhi dall'arena. «Sì, perché no».

Bevo un sorso io, per primo. Mentre passo l'otre a Sinnace gli chiedo: «Accennavi che sei parente di uno degli emissari?».

Sinnace beve; la sua sorsata si trasforma in un lungo gorgolio. Quando finisce, si pulisce la bocca con il dorso della mano.

«Onestamente parlando, Gaio. Ma quante domande mi fai? Star seduto vicino a te è una vera palla».

Uno squillo di tromba segnala la fine delle cacce.

Siamo a metà giornata e non sono ancora riuscito a cavare un ragno dal buco.

Come se non bastasse, quando sto per andarmene vedo che Marco mi sta fissando. Ha un sorriso divertito e mi guarda con sufficienza, come se avesse capito cosa stavo cercando di fare e sapesse che ho fallito. Già deludere zio Plinio è un brutta cosa. Ma sapere che Marco è stato testimone di tutta la faccenda…

È come mettere del sale sulla ferita.

BARLAA

21 agosto
All'interno dell'anfiteatro, Puteoli

Le esecuzioni hanno inizio alla sesta ora. I criminali sono incatenati a picchetti piantati in profondità nella sabbia. Hanno tutti paura, ma la manifestano in modi diversi. Alcuni piangono silenziosamente, altri mormorano preghiere. La maggior parte di loro se la fa addosso, cascate di piscio caldo scivolano sulle gambe, macchiando la sabbia.

I Romani sono crudeli. Veramente. In Media ho visto uomini uccisi in vari modi, molti che vorrei dimenticare, ma mai per divertimento. Perfino il Macellaio, quando mutilava o uccideva, lo faceva con fini politici. Per ottenere uno scopo.

I settori inferiori dello stadio, dove stanno seduti i ricchi, durante le esecuzioni si svuotano, perché le persone agiate vanno a mangiare fuori dallo stadio. Io sono invitato a pranzo con Cesare, ma sono troppo dolorante per muovermi. La mia ferita guarisce lentamente – se mai stia guarendo – e ogni volta che mi muovo sento un dolore che si irradia lungo tutto il fianco.

Speravo di potermene star seduto in pace, ma la pace probabilmente è qualcosa che non mi toccherà mai più.

Il traduttore, colui che si fa chiamare Atropate, è seduto accanto a me.

Non lo considero. Mantengo lo sguardo focalizzato sui detenuti tremanti.

«Ti piacciono le esecuzioni?», chiede con voce rauca. Sembra più vecchio dell'ultima volta che l'ho visto, e anche più magro, sebbene sia difficile affermarlo con certezza. Il suo corpo è quasi interamente coperto da una veste esageratamente grande e dal copricapo sciita.

«Non particolarmente», gli rispondo.

Scuote la testa. «No, questo non è il Barlaa che ricordo. L'uomo che conoscevo gode alla vista del sangue. Quando è stata l'ultima volta che hai ucciso un uomo?»

«Dovresti saperlo», faccio io. «C'eri anche tu».
«Ah», esclama, «parecchio tempo fa quindi. È per questo che ci hai detto di no? Perché sei vecchio e fuori allenamento?»
«Non ho detto di no».
«Vero. Ma neanche ti sei dichiarato d'accordo».
«Ed è per questo che avete tentato di uccidermi?».
Non sembra dispiaciuto, si limita a stringersi nelle spalle. «Se non sei con noi, sei contro di noi».
«Avrei potuto denunciarvi», ribatto. «Ma non l'ho fatto».
«Finora», fa lui. «Finora».
Una pantera, affamata e furiosa, viene liberata. Avanza lentamente dentro l'arena dirigendosi verso i criminali incatenati.
«Siamo rimasti sorpresi di vederti, quando gli uomini di Cesare ci hanno dato il benvenuto al nostro arrivo», dice. «Ti credevamo morto. Farhad ha giurato di averti aperto la pancia».
«Non ha molta abilità con le lame», faccio io. «È troppo lento».
Il traduttore sorride. «Avevi l'armatura? Ovvio che sì. Sei sempre stato un tipo prudente».
La pantera attraversa l'arena e si avventa su un criminale. Le sue mascelle affondano nella spalla del poveraccio. Sangue caldo fiotta nell'aria. Un urlo, acuto e assordante, sovrasta gli applausi della plebaglia ubriaca sopra di noi.
Tengo gli occhi puntati sull'arena.
«Allora dimmi», riprende lui, «perché non ci hai denunciato? Perché non sei corso dai tuoi padroni Romani a raccontare cos'era successo?»
«Non sono un traditore. Non sono Romano».
L'uomo che viene sbranato ha smesso di urlare. Gli altri detenuti guardano la belva banchettare col loro ex collega. Il suono delle carni lacerate è occasionalmente interrotto da quello di un osso che si spezza come un ramoscello.
Un criminale grida pietà.
«Sarà anche vero. E quindi? Hai intenzione di lasciarci fare quello che vogliamo?».
Annuisco. «Manlio deve essere lasciato in vita».
Il traduttore ridacchia. «Ti sei affezionato al tuo centurione. Immagino che possa capitare».
«Inoltre», aggiungo, «non mettete in mezzo Sinnace. Lo dico anche

nel vostro interesse. Riuscirebbe a mandare a rotoli qualunque cosa gli chiedeste di fare».

Distolgo gli occhi dalla carneficina nell'arena. «Ebbene?».

Fa cenno di sì. «Se Manlio sopravvive, lo lasceremo vivere».

«E Sinnace?»

«Staremo lontani da Sinnace. Ma, se ci tradisci, il centurione e Sinnace li puoi considerare morti».

«Quando agirete?».

Colui che ora si fa chiamare Atropate si alza in piedi. «Ti consiglio di non andare al matrimonio. Datti per malato».

Si allontana, mentre si leva l'urlo straziante di un altro detenuto.

DOMITILLA

21 agosto
All'esterno dell'anfiteatro, Puteoli

«Non hai altro da offrire?», chiede Ulpio.

Gli schiavi stanno girando con i vassoi di cibo. Quelli che hanno avuto l'onore di essere invitati al palco di Cesare sono ora seduti attorno a un tavolo, sotto una tenda color porpora.

Stiamo conversando in greco.

«Non c'è molto da dire», dice Arshad. Sta facendo leva con il coltello su una vongola. Si ferma per succhiarne il liquido.

«Un uomo che afferma falsamente di essere il deposto imperatore Nerone», prosegue Ulpio, «entra nel vostro paese con un esercito, si unisce alle forze del nemico del vostro re, e mi dici di non avere altre informazioni da offrire?»

«Artabano è in Ircania, dall'altra parte del deserto», risponde Arshad. «Ne sappiamo tanto quanto te».

«All'inizio di quest'anno», lo informa Ulpio, «le forze romane hanno catturato un uomo al servizio del falso Nerone. In Tracia, prima che attraversasse l'Eufrate. Ha detto che il vero nome del falso Nerone è Terenzio. E che si tratta di un ex soldato romano».

«Non ho sentito niente del genere», ribatte Arshad. «Come fai a dire che le rivendicazioni di quell'uomo non sono vere?»

«Aspetta», interviene Plinio. «Vorresti forse dire che quell'uomo è Nerone?».

Arshad non si espone, rimanendo in silenzio.

«Assurdo!», esclama Plinio. «L'uomo che ha tagliato la gola a Cesare è proprio qui». Indica dall'altra parte della piazza Epafrodito, scacchiere imperiale e uno degli ex liberti di Nerone.

Si dice che Epafrodito abbia aiutato Nerone a togliersi la vita, dopo che la guardia pretoriana e il Senato lo avevano dichiarato nemico dello stato.

Uno dei fratelli partici dice qualcosa in un loro dialetto.
«Cos'ha detto?», chiede Plinio.
Ulpio risponde. «Ha detto: "I Romani mentono"».
Plinio sta per dire qualcosa, ma, prima che possa farlo, Tito lo interrompe. «Ho una sorpresa per te, Arshad». Si sta aprendo un pistacchio. Cerca di cambiare argomento, non c'è niente da guadagnarci nel cercare di convincere gli emissari dei Parti che Nerone sia morto. «L'ultimo combattimento di oggi», prosegue Tito, «sarà con il Batavo».
Arshad sorride. «Splendido. E combatterà contro il nostro campione, la Lancia di Sogdiana?»
«Sì», risponde Tito, «se accetterai che il tuo uomo adotti un ruolo appropriato».
«Ah», fa Arshad, «Ho capito. Deve essere un Mir-mil-lo-ne?»
«Un Mirmillone o qualsiasi altro combattente pesantemente armato. Il Batavo prenderà parte ai giochi come combattente dall'armatura leggera. Da Trace».
Arshad dice qualcosa ai due fratelli partici nella loro lingua. Non sembra la stessa che Ulpio ha decifrato un attimo fa. Ridono. Poi dice a Tito, in greco: «Molto bene. Sarà un Mir-mil-lo-ne».
«E dobbiamo fare una scommessa», aggiunge Tito.
«Una scommessa?», chiede Arshad. «Voi Romani non potete passare più di un'ora senza giocare d'azzardo, eh?»
«Non dirmi che hai paura di una scommessa amichevole. È una cosa da niente. Se il Batavo vince», dice Tito, «quando partirai per tornare in Partia, il tuo cavallo niseano rimarrà qui».
«Ti piace, eh, il mio cavallo?» Fa Arshad. «Hai buon occhio. E se vinco?»
«Cosa vuoi?» Chiede Tito.
Arshad pensa alla risposta. I suoi occhi indugiano su Tolomeo, il segretario di Tito, seduto al suo fianco. «Il ragazzo».
Arshad sembra compiaciutonel vedere la preoccupazione che attraversa la faccia di Tito.
«Anch'io ho buon occhio».
Nonostante il caldo, dalle guance di Tolomeo scompare ogni colore.
«Il ragazzo no», replica Tito. «Scegli qualcos'altro».
Arshad ripete le stesse parole di Tito con aria soddisfatta: «Non

dirmi che hai paura di una scommessa amichevole. In ogni caso, probabilmente il ragazzo vale molto meno del mio cavallo».

Superato in astuzia ma riluttante a mostrare debolezza, non verso i più grandi rivali di Roma, Tito fa allora: «Va bene. Il ragazzo viene con te se il tuo uomo vince. Se invece vince il Batavo, il tuo cavallo è mio».

Si stringono la mano per sigillare la scommessa.

Sulla via del ritorno all'arena, dopo pranzo, chiedo a Ulpio cosa avesse detto Arshad ai fratelli partici per farli ridere, dopo che Tito lo aveva informato che il loro guerriero avrebbe dovuto essere un combattente pesantemente armato.

«Hai capito cosa hanno detto?»

«Sì», risponde Ulpio. «Stavano parlando in aramaico. Ma quando hanno visto che capivo la lingua, sono passati a un dialetto meda. Naturalmente conosco anche quella lingua. Non bene, ma abbastanza da capirlo».

«E cosa ha detto Arshad?»

«Ha detto: "Armamenti leggeri o pesanti, il nostro uomo può fare di tutto».

«E cosa significa?»

«Penso», dice Ulpio, «che il loro uomo ha più esperienza in combattimenti tra gladiatori di quanto abbiano lasciato credere. Penso che significhi che tuo fratello è stato abbindolato».

La folla è ormai completamente ubriaca quando i gladiatori sulla calpestano la sabbia dell'arena. Tutti sono in piedi, alcuni esultano euforici, altri fanno fischi rabbiosi. Persino il timido nipote di Plinio è in piedi, e sta fischiando da lasciarci i polmoni.

Noto qualcosa di strano mentre fisso il palco di Domiziano nell'arena. Nerva è con lui e gli sta parlando. Sussurra all'orecchio di mio fratello. È difficile dirlo da questa angolatura, ma sembra che Domiziano sorrida. Perché Nerva dovrebbe andare a parlare con mio fratello minore? Dopo che ho rifiutato la sua proposta, ci sta riprovando con Domiziano? Non credo che potrà avere molta fortuna, usando Domiziano per ingraziarsi Cesare. Domiziano ha avuto qualche assaggio di politica quando nostro padre aveva indossato da poco la toga porpora, ma a un certo è stato emarginato, e i suoi interessi sono diventati più superficiali. Ora preferisce il vino e i giochi al Senato.

I combattimenti sono sanguinosi ma nessuno muore. Almeno non nell'arena. A un combattente, un Gallo, è stata inferta una ferita al collo che sembrava terribile. Mentre veniva trascinato via, Virgilio ha detto che le sue possibilità di rimanere in vita non sono molte. Quando è caduto, si è udito un grido nel palco di Sulpicio e una schiava, con i capelli scuri e brillanti occhi azzurri, è corsa giù per le scale dello stadio. Virgilio dice che il combattente ferito era uno dei gladiatori di Sulpicio, quindi è probabile che avesse una relazione con la ragazza.

Il combattente Sanguinerola, che sembra piacere a Tito, è l'ultimo a esibirsi prima del Batavo. Tito, per la prima volta, scommette su un Mirmillone. Virgilio accetta la scommessa, anche se si lamenta aspramente di non potersi permettere di tirar fuori tutto quel danaro, nel caso dovesse perdere.

Ci sono momenti in cui Sanguinerola sembra avere la peggio, ma Teseo, il liberto con un solo occhio di Ulpio, mi sussurra all'orecchio: «Lo fa soltanto per il pubblico. È un buon combattente. Ha in mano la vittoria».

«Conosci bene i giochi dei gladiatori?», gli chiedo.

«Teseo è un veterano dei combattimenti», comunica Ulpio. «Si è vinto la libertà sul campo».

Guardo Teseo. In effetti ha la corporatura di un gladiatore. Avrà perso l'occhio nell'arena? Mi chiedo che tipo di colpo possa trapassare la schermatura in ferro dell'elmo di un gladiatore e riuscire a rovinargli un occhio.

Come previsto da Teseo, Sanguinerola passa dal correr via spaventato al pieno controllo del combattimento. Manda a terra il suo sfidante con il bordo dello scudo. L'elmo del gladiatore sconfitto vola per aria e finisce sul fondo sabbioso dell'arena. La folla ama la drammaticità dello spettacolo. Sanguinerola si toglie l'elmo e si concede all'adorazione della folla.

Virgilio bestemmia. Tito gli dà una pacca sulla spalla. «Potrai ripagare il tuo debito lavorando, vecchio. Ho bisogno di uomini leali al mio servizio».

Il gladiatore sconfitto viene aiutato a rimettersi in piedi. È vivo, ma molto scosso. Lui e Sanguinerola camminano verso la galleria. Gli schiavi arrivano correndo nell'arena a scaricare secchi di sabbia dove ci sono pozze di sangue.

L'ultimo combattimento della giornata è quello del Batavo. Mio malgrado, sono nervosa. Ho le nocche bianche, tanto stringo la stola ammonticchiata sulle mie ginocchia.

«Dimmi, Teseo», chiedo, «quante possibilità credi che possa avere oggi il Batavo?».

Teseo scuote la testa. «Le sue possibilità? Non molte. Non ha mai combattuto come gladiatore. Quasi tutti si allenano per mesi prima di affrontare il loro primo incontro. Il Batavo è forte, questo è ovvio, ma i combattimenti tra gladiatori non sono come le cacce alle bestie feroci o come i combattimenti in guerra. Sei da solo nell'arena. Le armi non sono le tue solite. Non è facile ignorare il pubblico o usarlo a proprio vantaggio. Se anche il suo avversario fosse estraneo ai combattimenti nell'arena come lo è lui, forse il Batavo avrebbe una possibilità». Scuote la testa. «Ma credo che il Parto abbia molta più esperienza di lui».

Le trombe annunciano il prossimo incontro.

La folla inizia a scandire: Ba-ta-vo, Ba-ta-vo, Ba-ta-vo.

Il Batavo entra nell'arena come Trace. Ha una spada corta dalla lama ricurva e un piccolo scudo rettangolare. Il suo braccio destro è protetto dalla spalla alle nocche delle dita da una manica lorica in argento. Anche se indossa un grande elmo crestato, la folla sa che si tratta del Batavo grazie alle due lunghe strisce di seta verde della mascherina che portava come cacciatore, che gli ricadono sulla schiena.

Si aprono i cancelli all'altra estremità dell'arena per far entrare il guerriero della Sogdiana. Ha un'armatura da Mirmillone, con una lunga spada e uno scudo quadrato che lo copre per tre quarti. Non è più alto del Batavo, ma mentre questi è snello e ha una corporatura longilinea, il campione dei Parti è grosso come un armadio.

Il Sogdiano non perde tempo. Si fa avanti rapidamente e con metodo. Appena il Batavo gli arriva a portata di mano, dà il primo colpo di spada; il Batavo si muove rapidamente, parando l'attacco con il suo spadino. Prima che il Batavo possa recuperare, il Sogdiano colpisce con forza con lo scudo il viso e il petto del Batavo, facendolo arretrare. Riesce a non perdere l'equilibrio, facendo alcuni rapidi passi indietro per mettere distanza tra sé e la spada del Sogdiano.

Il pubblico fischia forte.

La scena si ripete tre o quattro volte. I movimenti del Batavo sono ogni volta più lenti, sembra incespicare.

Tolomeo è in piedi e guarda da sopra le spalle di Cesare.

«È stanco», dice Teseo. «E quei colpi inferti dallo scudo lo stordiranno. Gli sarà difficile concentrarsi. Se non passa all'attacco perderà».

Nemmeno a farlo apposta, il Batavo fa un allungo sul Sogdiano. Affonda la spada in basso, all'altezza del ventre dell'avversario e poi sferra un colpo con lo scudo verso la testa del Sogdiano. Lo fa ripetutamente e, alla fine, riesce ad assestargli due forti colpi sull'elmo.

Per un attimo, sembra che la vittoria sia nelle mani del Batavo.

La folla è in delirio per lui, e lo incita a uccidere l'avversario.

Tito si sporge in avanti, sorridendo.

Ma poi la sorte gira.

Mentre il braccio armato di spada del Batavo è teso, il Sogdiano scarta di lato e, usando il bordo dello scudo, lo colpisce due volte sulla testa.

Il Batavo cade; il suo elmo si stacca e vola via sulla sabbia.

Rimango senza fiato e salto in piedi.

Il Batavo è a terra a faccia in giù. Indossa ancora la maschera verde. La folla è quasi silenziosa, tranne alcune persone che mormorano: «No».

Mi precipito sul parapetto della balconata.

Il Sogdiano prende a calci il Batavo nelle costole e il campione di Tito grida di dolore. Il Batavo si rotola per terra.

«Misericordia», invoca qualcuno tra la folla.

Dietro di me, Arshad sta ridendo.

Il Sogdiano, conoscendo il protocollo, guarda verso il palco di Cesare per sapere se il Batavo debba vivere o morire.

Prima che io possa dare il segno che il Batavo deve vivere, Tito, che sa cosa sto per fare, viene al mio fianco; mi posa delicatamente una mano sul braccio per fermarmi. Poi alza il pollice indicando che il Batavo deve vivere.

La folla esulta; il Sogdiano scrolla le spalle e lancia la spada a terra.

Il Batavo si rialza lentamente. È stordito, quasi non sta in piedi. I due guerrieri si avvicinano al palco di Cesare e gli fanno il saluto. Il Sogdiano alza il braccio in aria, in segno di vittoria.

La folla non lo acclama.

Il Batavo si vergogna; tiene gli occhi bassi sulla sabbia dell'arena.

Mi guardo intorno nel palco di Cesare e non vedo più traccia di Tolomeo.

Arshad esclama: «E adesso dov'è finito il mio premio?».

GAIO

21 agosto
Per le strade di Puteoli

Mi sento strano, come se non fossi più in me. La testa mi gira, ho le gambe molli come due porri stracotti, la vescica – nonostante i miei considerevoli tentativi – dolorosamente piena e sto imprecando come un centurione.

Inoltre non sono sicuro di dove mi trovo.

Per le strade di Puteoli, questo è ovvio. Ma a parte ciò, non ne ho idea.

Abbiamo lasciato l'arena dopo la sconfitta del Batavo, diretti...

Giusto, dove?

Sinnace e alcuni degli altri erano davanti a me. Dove sono andati?

Provo a chiamare, ma sono rauco a furia di urlare nell'arena.

Attorno a me la folla freme. Prendo spallate un po' da una parte e un po' dall'altra.

La testa continua a girarmi.

L'hanno fatto apposta ad abbandonarmi? Staranno ridendo di me, del piccolo Gaio che deve tornarsene a casa da solo? Avevo pensato che forse – ma solo forse – oggi avrei stretto amicizia con qualcuno.

O forse no.

Cammino lungo un vicolo e vado a sbattere contro un uomo che ha l'aspetto di un soldato, sebbene in tunica da civile. Si sposta a malapena di un pollice, mentre io caracollo indietro di tre passi. Reagisce come se fosse lui la parte lesa.

«Stai attento, ragazzo», mi dice. È insieme ad altri due uomini. Si direbbero soldati fuori servizio. Hanno le guance rosse per aver bevuto tutto il giorno.

«Mi spiace», dico, chinando il capo. «Non ti ho proprio visto».

«Ehi», fa lui, «e così non sarei degno della tua attenzione?». Fa un passo in avanti e mi dà una spinta.

«Scusami, non voglio guai», faccio io.

«Ma lo avete sentito, ragazzi?», dice uno di loro. «Lo stronzetto con noi non vuole parlare. Si crede migliore di noi».

Uno di loro mi afferra per una spalla e mi sferra un pugno allo stomaco.

Tutta l'aria mi esce dai polmoni e rimango senza fiato. Le ginocchia si piegano e cado a terra. Il dolore è immenso. Continuo ad ansimare, cercando di riprendere fiato. Ma ho la sensazione che non riuscirò mai più a respirare.

«Così impari».

Uno di loro si guarda attorno e dice: «Il ragazzo ci costerebbe meno del bordello».

«Di sicuro».

Il mio cuore inizia a battere rabbiosamente come un martello da fabbro. Ancora a terra, esclamo: «Mio zio è Plinio Secondo, ammiraglio della flotta di Misenum».

«Vada per il ragazzo».

Mi afferrano per i piedi e mi trascinano nei meandri del vicolo.

Sono troppo terrorizzato per urlare. Comincio a piangere.

Poi sento una voce.

«Se voi tutti scappate subito, forse oggi potrete anche sopravvivere».

Mi giro sulla schiena per guardare dietro di me. All'imbocco del vicolo c'è qualcuno. Ha il sole dietro le spalle, la sua sagoma è oscurata.

Fa un passo in avanti.

Non avrei mai pensato di essere così felice di vedere Marco Ulpio quanto lo sono in questo momento.

I tre uomini si mettono a ridere; la loro arroganza da soldati è accresciuta dal vino.

I due che mi tenevano per le braccia mi lasciano andare e tutti e tre gli uomini si avventano su Marco.

Striscio sul terreno fino al muro del vicolo e mi metto a sedere, con la schiena contro il muro. Vedo Marco abbassarsi schivando il pugno del primo dei soldati, rialzarsi e spezzargli sull'orecchio una trave di legno lunga due piedi che aveva nascosto dietro la schiena. L'uomo cade a terra. Prima che Marco possa fare altro, il secondo soldato gli tira un pugno sotto l'occhio. Marco si accascia. Il secondo soldato si piazza su di lui a cavalcioni e comincia a strappargli via la tunica.

«Stronzetto!», urla l'uomo. «Avrai lo stesso trattamento del tuo amico».

Marco agita le braccia come un animale selvatico, cercando di proteggersi. La sua tunica si lacera e gli viene quasi strappata di dosso.

Mi alzo e – non ci posso credere – carico l'uomo. Atterro sulla sua schiena e cerco di bloccargli le braccia.

Una volta, quando ero ragazzino, un compagno di classe mi aveva pestato di brutto, a scuola. Più tardi zio Plinio, tenendomi un panno freddo sui bernoccoli grandi come uova d'oca che avevo sulla testa, mi diede dei consigli su come evitare i combattimenti e, nel caso, su come vincerli. Da allora, sono stato bravissimo a mettere in pratica il primo consiglio, non avendo perciò avuto mai necessità di cimentarmi con il secondo. Anche se il fatto risale a dieci anni fa, posso ancora sentire la sua voce, chiara come se fosse oggi. «Se il ragazzo è più grosso di te, punta agli occhi, Gaio. Conficcagli le dita dentro, artigliali, graffia, strappali e colpiscili. Potresti trovarti davanti a teste dure e toraci di granito. Ma gli occhi sono una parte vulnerabile in qualsiasi uomo».

Seguendo il consiglio dell'ammiraglio, posiziono le dita di entrambe le mani ad artiglio e mi avvento sugli occhi dell'uomo.

Il tipo urla di dolore e ferma momentaneamente il suo assalto a Marco.

La mia vittoria è di breve durata. Sento il cuoio capelluto bruciare mentre un altro uomo mi tira per i capelli.

Urlo dal dolore.

«Lascia andare il ragazzo».

La voce non appartiene a Marco. Viene da dietro di me. Non posso girarmi per vedere chi pronunci quelle parole.

Quello che succede dopo è il caos.

Cado a terra. Sento il rumore di un pugno dopo l'altro e quando alzo lo sguardo, l'unico uomo rimasto in piedi è il liberto con un occhio solo di Marco, Teseo. Ai suoi piedi giacciono i tre soldati fuori servizio. Uno ha perso conoscenza. Gli altri due stanno ululando di dolore. Aiuto Marco a rimettersi in piedi. Sembra malconcio quanto me, con un occhio che sta diventando nero e un labbro sanguinante. Ha la tunica strappata, una cicatrice sulla sua scapola destra attira la mia attenzione. Si direbbe che gli sia stato strappato via un pezzo di carne. Ma è una ferita vecchia. L'incidente dev'essere accaduto anni fa.

Marco si accorge che la sto fissando. Si volta perché non possa più vedere la vecchia ferita.

«Grazie», faccio. «Grazie a entrambi».

«Ringrazia l'odio di Marco per i soldati», dice Teseo. «Li odia quanto Giunone odia Enea».

Marco guarda i soldati ammaccati, a terra. «È meglio andare».

La mattina dopo mi sveglio in preda ai più forti dolori immaginabili. È come se mi avessero piantato una lancia in una tempia facendola fuoriuscire dall'altra. Ho male dappertutto, dalla testa ai piedi, soprattutto allo stomaco, dove il soldato mi ha tirato il primo colpo.

Zosimo è su uno sgabello e sta schiacciando col pestello una mistura di erbe in un mortaio. Ho l'impressione che sia stato qui a prendersi cura di me dalla sera prima.

«Il tempo per rimetterti in sesto è finito».

La voce appartiene allo zio Plinio.

Giro la testa – delicatamente, perché ogni movimento mi fa aumentare il dolore – e vedo l'ammiraglio torreggiare su di me. «Ti ho lasciato tutta la mattina per leccarti le ferite. Adesso parliamo di cosa è successo ieri».

I ricordi del pomeriggio ritornano, ma solo a frammenti. Ricordo lo scontro con i soldati, Marco che mi viene in soccorso, e Teseo che viene in soccorso a tutti e due. E ricordo la terribile cicatrice sulla scapola sinistra di Marco. Ma non ho alcun ricordo di ciò che è accaduto dopo o di come abbia fatto a tornare a Misenum.

Mi siedo, e una scarica di sangue mi turbina pulsando tra le tempie.

«Zio», gli dico mentre mi afferro il cranio, cercando di tenere a bada il dolore.

«Possiamo parlarne più tardi in giornata?»

«No, non possiamo», ribatte lui. «Se hai ancora i postumi della sbornia, la colpa è tua. Non mia».

Afferro il braccio di Zosimo e, con occhi imploranti, gli chiedo: «Acqua, Zosimo. Acqua, *per favore*».

«Prima bevi questo» fa lui, porgendomi un intruglio nero gorgogliante. Butto giù il liquido grumoso in un sorso. «Puah. Per favore, Zosimo. Acqua».

Il mio diligente schiavo si precipita fuori dalla stanza.

«Cominciamo con quanto hai bevuto ieri» esordisce zio Plinio.

«Non ho avuto scelta, zio. Domiziano non mi avrebbe lasciato sedere con lui se non mi fossi bevuto un intero otre di vino».

Zio Plinio scuote la testa. «Di questo mi assumo la colpa. Ti ho tenuto troppo al riparo. Non hai idea di come affrontare un bullo come Domiziano».

Si acciglia e mi fissa per un momento, pensoso. «E com'è andata con le informazioni che dovevi ottenere da Sinnace?»

Scuoto la testa.

«Quindi, questo autolesionismo è stato per niente?»

«Non del tutto», replico io. Gli racconto cosa è successo dopo i giochi dei gladiatori, dell'attacco dei soldati e di Marco che è arrivato ad aiutarmi.

Zio Plinio torce il suo anello di corniola. «Hmm. Qui vedo dei progressi, non è vero? Le amicizie si formano nel corso delle ostilità». Sorride. «E sembra che tu ti sia comportato bene, ragazzo mio».

Il senso di colpa per aver fallito con Sinnace si attenua un po'. Non posso fare a meno di sorridere. «Grazie, zio».

«E adesso hai cambiato idea su Marco Ulpio?».

Riluttante a ricredermi facilmente rispetto al nostro precedente dibattito sul tema, mi limito a una scrollata di spalle. «Può darsi. Mi ha salvato da un destino terribile».

Zio Plinio annuisce ma non è proprio gongolante. È solo contento che qualcun altro possa vedere la questione nella sua essenza.

«Vestiti», mi dice.

«Per andare dove?»

«A Baiae. Andiamo a trovare gli Ulpi».

Viene ad aprirci la porta una donna anziana. È una figura esile, con radi capelli grigi legati insieme in una crocchia sulla cima della testa.

«Di' al tuo padrone che l'ammiraglio Secondo è qui per vederlo», fa zio Plinio.

La vecchia è senza dubbio una schiava domestica. Ciononostante osa ignorare zio Plinio, mentre sembra molto interessata a me. Mi fissa in viso, avvicinandosi, come fosse un medico. Mi apre l'occhio destro con due mani e lo esamina, come se stesse cercando di capire cosa c'è dentro la mia testa. «In che giorno sei nato?», chiede.

Glielo dico e lei annuisce seria.

«E in che anno?»

«Quello del consolato di Petronio Turpiliano e di Cesennio Peto».

Ne è colpita. «Entra, mio signore. Entra».

Ci accompagna al *tablinum* e ci indica un divano. Quando ci sediamo, viene a sedersi accanto a me.

Non c'è traccia di Ulpio o Marco e non ha mandato altro personale ad avvisarli della nostra presenza. È come se pensasse che siamo qui per lei.

«Posso?», mi chiede, indicando la mia mano. Annuisco e lei mi prende la mano nella sua, alza il palmo e lo ispeziona. «Eh», esclama come se qualcosa fosse ovvio, «proprio come pensavo».

Zio Plinio mi sussurra all'orecchio. «È una strega, nipote. Non badare a lei». Poi si rivolge alla donna: «Il tuo padrone è a casa?».

La vecchia continua a fissare il mio palmo. «Ulpio, il mio signore, è qui. Come lo è il giovane Marco. Andrò a prelevare padrone Ulpio per te. Forse il giovane signore vorrebbe far visita a padrone Marco in camera sua?».

Prima di ieri, non avrei potuto pensare a nulla di più terrificante che sorprendere Marco Ulpio nella sua camera da letto. Ma adesso siamo amici. O almeno credo.

Zio Plinio risponde per me. «Sì, è una buona idea».

La vecchia si inchina. «Mio Signore. Se dovessi aver bisogno di altro, il mio nome è Elsa».

Elsa mi guida attraverso la villa. La stanza di Marco è grande, con un letto su un lato e una scrivania nell'angolo. Su una parete c'è un dipinto raffigurante un giovane che trasporta un uomo più anziano sulle spalle. È una notte buia, illuminata da un lampo momentaneo. Dietro le figure, in lontananza, si vedono le mura fortificate di una città, assediata da un esercito. Enea che fugge da Troia portando in salvo il padre.

Marco sta leggendo. Quando Elsa mi annuncia, alza gli occhi.

Mi aspettavo di ricevere un sorriso dopo quello che avevamo vissuto insieme il giorno prima, ma il suo viso rimane impassibile. La nostra relazione è progredita molto meno di quanto sperassi: è passata da decisamente antagonistica a fredda, se va bene tiepida.

«Cosa ci fai tu qui?», domanda.

Interviene Elsa. «Marco! Padrone Gaio è ospite nella tua casa, giusto? Non è così che ci si rivolge a un ospite».

Non ho mai sentito nessuno parlare così con Marco Ulpio. Neanche suo zio. Che una schiava osi parlare così al suo padrone...

È sorprendente. Ma anziché offendersi per il suo tono, Marco riconosce che ha ragione. Le sorride e annuisce.

«Benvenuto, Gaio», mi dice.

Questa Elsa è davvero una forza della natura.

La donna annuisce, soddisfatta che Marco abbia fatto ammenda dei suoi modi bruschi, poi se ne va.

«Che cosa stai leggendo?», gli chiedo.

«Omero», risponde lui. «L'Iliade».

«Oh», esclamo io. «Sono sorpreso. Non pensavo fossi uno da poeti».

Passo falso. L'ho offeso. «Perché, pensi di avere tu il monopolio della lettura?»

«No, ehm, certo che no, ma...». Ispirato dall'affresco sul muro faccio: «Io preferisco Virgilio».

«Ti pareva», commenta con brusca sincerità.

«Cosa intendi dire?»

«A tutti i ragazzi ricchi piace Virgilio».

Vorrei dirgli: *Perché, tu cosa sei? Sei due volte più ricco di noi. Anzi tre.*

Ma zio Plinio non direbbe niente del genere. Non si offende mai. Si limiterebbe a prendere nota: *Il giovane Marco Ulpio non si considera ricco.* Lo considererebbe interessante e cercherebbe di scoprire perché.

Cambio argomento: «Perché la tua schiava voleva conoscere il giorno del mio compleanno?».

Marco sorride. «Aspira a essere una sacerdotessa caldea. Fa' attenzione, perché ti predirà il futuro e la vita non sarà più una sorpresa».

Forse ho trovato l'unico argomento di conversazione di cui a Marco piaccia parlare: una vecchia schiava di nome Elsa.

«Ha detto che la data era molto propizia».

Marco sembra impressionato. «Davvero?». Mi guarda come se mi vedesse per la prima volta e poi fa: «Era preoccupata che fossi stato troppo rude con te. Forse un giorno sarai un uomo potente, uno rispetto a cui non mi conviene stare dalla parte sbagliata. Un console, chissà. O l'imperatore».

Faccio una risata nervosa per l'assurdità dell'ipotesi. È pericoloso parlare di chiunque che non sia Tito come del Principe. «Non ambisco a tanto. Te lo posso assicurare».

«Ne sei così sicuro?», domanda. «Potresti avere tutti i libri che vuoi».

Sta sorridendo. Voleva essere una battuta?

«Questo sarebbe un bel vantaggio», faccio io. «È una strega?»

«Le piace pensare di esserlo».

«Mio zio è scettico riguardo alla magia, ma penso che lo abbia innervosito». Sorrido. «È stato un bello spettacolo, vedere mio zio innervosito».

«L'ammiraglio è qui adesso?»

«Sì, penso che stia incontrando tuo zio».

Marco si alza. «Meglio che li raggiungiamo. Potrebbe esserci bisogno di un arbitrato».

«Perché non mi fido di te! Non mi sono mai fidato». La voce è quella di zio Plinio. Sta quasi urlando, il che, per l'ammiraglio, è piuttosto insolito. Lo zio raramente si arrabbia. Ma Ulpio sa dargli ai nervi come nessun altro. «Nonostante la sfiducia che ho in te, tuo nipote ieri è venuto in soccorso del mio. Questa è una cosa di quelle che contano. Per questo sono qui a darti la possibilità di spiegarti».

Marco e io entriamo nel tablinum. Zio Plinio è seduto sul bordo del divano. Ulpio è piegato sul suo bastone da passeggio. È tanto tranquilloquanto zio Plinio è agitato.

«Cos'è che vuoi da me, ammiraglio?», chiede Ulpio.

«Che razza di rapporto hai con Sulpicio? Cosa è successo tra voi due?»

«Che ti importa di Sulpicio?», fa Ulpio. «Hai detto a Cesare che la più grande minaccia per l'impero al momento sono gli emissari dei Parti, come se tre ambasciatori potessero essere un esercito invasore».

«Sei sicuro che gli emissari siano venuti qui in pace? Lo sai che Gaio ha visto Sulpicio incontrarsi con due degli emissari partici?», gli rivela zio Plinio. «In segreto».

Ulpio si acciglia; si sporge indietro e sussurra qualcosa a Ciro, il suo liberto partico.

«La mia disputa con Sulpicio non ha niente a che fare con la Partia», dice Ulpio. «Non ho idea del motivo per cui Sulpicio si sia incontrato in segreto con gli emissari».

«Suvvia, Ulpio», lo incita zio Plinio. «Raccontami cosa è successo tra voi due. Potrebbe essere utile per risalire alle basi di qualunque cosa Sulpicio e i Parti possano aver progettato».

«Stai proponendo una collaborazione?», chiede Ulpio.

Zio Plinio scuote la testa. «No. Questo non sarà possibile, fino a quando non mi dirai la verità».

«La verità?»

«Sì. La verità. Non solo riguardo a Sulpicio. Voglio sapere chi sei. Chi sei *veramente*».

Ulpio sorride. «Verità. Identità. Temi delicati, no?»

«Nella mia esperienza», dice lo zio, «soltanto i bugiardi hanno problemi a dire la verità; e solo gli impostori non possono dire chi sono».

« Non pensi che io sia nato come Lucio Ulpio?». Il sorriso di Ulpio si sta allargando. La situazione lo diverte.

«No, non lo penso».

«Ma non ne hai la certezza. Giusto? Hai solo dei sospetti».

Il silenzio di zio Plinio conferma la teoria di Ulpio.

Il sorriso di Ulpio si allarga ulteriormente. «Quante sono le domande cui il grande ammiraglio non ha risposta? Non molte, scommetto. Che assillo deve essere. Ma non lasciarti infastidire troppo, Plinio. Prendi la cosa come un dono, una sfida intellettuale degna del grande ammiraglio».

Zio Plinio è infuriato; diventa tutto rosso in viso. Parte all'attacco. «Perché hai provato a convincere Cesare a mandare un esercito a Oriente per cercare il falso Nerone?».

Ulpio si stringe nelle spalle. «Preferisco non rispondere».

«Sei un impostore». Zio Plinio punta contro Ulpio un dito accusatore. «Ma un impostore che metterò allo scoperto». Si alza all'improvviso. «Vieni Gaio. Ce ne andiamo».

Senza aspettarmi se ne va, come un masso che rotola giù da una collina.

«Sembra che il nostro lavoro di arbitrato non sia stato dei migliori», commenta Marco. «Vieni. Ti accompagno fuori».

Mentre seguiamo zio Plinio, la curiosità ha la meglio su di me. «Ho visto la tua ferita. Quella sulla spalla».

Alla mia domanda, Marco si incupisce. Pensa che sia troppo indiscreto? Sembra intenzionato a ignorare quello che ho appena detto, ma Elsa, che sta camminando dietro di noi, si schiarisce la voce.

Nuovamente ripreso, Marco fa un sospiro e mi domanda: «Sì. E allora?»

«Sembra una cosa terribilmente dolorosa».

«Lo è stata».

«Cos'è successo?»

«Un coltello», risponde senza aggiungere altro.

Evidentemente la sua cicatrice non è qualcosa di cui voglia parlare. Mi chiedo chi possa avere infierito così con un coltello su Marco. Mi darebbe un enorme fastidio conoscere l'uomo che lo ha fatto.

III
NUOVI ARRIVI IN CITTÀ
75 D.C.

CAPITANO VERECONDO

17 ottobre
Mare di Mezzo, nelle vicinanze di Seleucia di Pieria

Li avevo quasi mandati via. Non avevano l'aria di poter sostenere il costo. Erano in quattro, senza un solo schiavo. Basterebbe già questo come segno di povertà. Inoltre, il più vecchio è cieco come Polifemo dopo che Ulisse ha fatto quello che doveva fare con lui, e sembrava un mendicante, con stracci e tutto il resto. Essendo inverno, il mare e i venti sono insidiosi. Quindi avevo pensato: indipendentemente da dove vogliano andare, il prezzo è doppio. Come avrebbero potuto, un mendicante e tre leccapiedi, permettersi un costo simile?

Ma quando mi hanno consegnato un sacchetto di monete d'oro che era tre volte tanto il prezzo, ho pensato: i loro soldi sono buoni come tutti gli altri. Non è forse vero?

«Dove volete andare?», ho chiesto.

«In Siria» ha detto il cieco. «E partiamo entro un'ora».

Abbiamo lasciato Pergamo navigando verso Est. È stato ovvio sin dall'inizio che erano uno strano gruppo. Arrivai alla conclusione che fossero padre e figlio o forse zio e nipote, con due schiavi. Ma tra di loro non esisteva alcuna gerarchia. Gli schiavi si rivolgevano agli altri due come fossero loro pari. E tutti e quattro hanno dormito nella cabina affittata; gli schiavi non si sono accontentati del ponte, come qualsiasi rispettabile patrizio avrebbe potuto esigere da loro. E mangiano sempre insieme, a volte ridendo ma di solito battibeccandosi sul pane raffermo o sul *garum* di pesce.

Ancora più strano: a metà del nostro viaggio, ho scoperto che stanno inseguendo un eunuco. Uno potente e con amici potenti. Ho sentito che ne parlavano. *L'eunuco di qua, l'eunuco di là. L'eunuco sarà andato qua, sarà andato là.*

Sono capitano di questa nave da quindici anni e ho avuto a bordo gente di tutti i tipi, per i più impensabili motivi. Ma quattro uomini che inseguono un potente eunuco per tutto l'Impero è, senza ombra di dubbio, il più strano che mi sia mai capitato.

Nonostante il loro cameratismo, sembrano tutti molto tesi. Hanno pochissima pazienza, basta un niente perché alzino la voce. Si ha l'impressione che siano appena sfuggiti a qualche grave minaccia che ha messo a rischio la loro vita. Mi ricordano il mio equipaggio dopo che siamo riusciti a scampare per miracolo a una tempesta. Non subito dopo, quando tutti sono ben contenti di essere ancora vivi, ma il giorno dopo, quando si sentono tutti sfiniti e l'unica cosa che vorrebbero è un po' di terra sotto i piedi.

È verso la fine del viaggio che inizio a sentirmi dispiaciuto per il ragazzo. Suo zio – alla fine ho scoperto che il cieco è lo zio – si aspetta molto da lui. Ho sentito il cieco parlare dei progetti che ha sul ragazzo, come se fosse un busto di marmo che un artista sta cercando di cesellare. *I miei progetti. Il tuo futuro.* Il sentimento che provo mi fa venire un brivido alla schiena perché lo conosco sin troppo bene.

È stato un padre troppo dispotico a costringermi a scappare di casa prima del mio quattordicesimo compleanno. Mio padre era un liberto. Aveva fatto fortuna con gli affari, dopo essersi conquistato la libertà. Ma il suo passato da schiavo non gli permetteva di entrare in politica, una cosa che a mio padre non è mai andata giù. Poteva guadagnare tutti i soldi che voleva, ma gli era precluso ambire a qualsiasi forma di potere cui la ricchezza può in genere dare accesso. Così aveva deciso di concentrare su di me le sue ambizioni, e di instradarmi alla carriera politica.

I miei primi ricordi sono di un padre che faceva pressione, mi assillava e mi angustiava affinché potessi apprendere quelle abilità di cui riteneva ci fosse bisogno per riuscire in politica. A quattordici anni ne ho avuto abbastanza.

Me ne sono andato. Sono partito per mare, guadagnando un passaggio su una nave come rematore.

Era la prima volta che salivo a bordo di un'imbarcazione e me ne sono subito innamorato. Nel corso di quarant'anni mi sono fatto strada, passando da modesto uomo di remi a capitano.

Vedo il ragazzo battibeccare con suo zio e penso: quanto manca ancora prima che il ragazzo scappi anche lui? A dir tanto gli do un anno.

Una volta ho sorpreso il ragazzo a piangere. Eravamo nel cuore della notte e lui era solo a prua. L'ho lasciato stare. Ho chiesto come mai a uno dei suoi liberti. Ha detto che non molto tempo prima aveva perso un amico a Rodi, senza aggiungere altro.

Mio malgrado finisco per cadere vittima del fascino dello storpio. Gli piace far battute, sovente anche spiritose. Inoltre conosce molte cose e sa raccontare delle belle storie. Insomma, è un perfetto compagno di bevute.

Quando si è in mare, un compagno di bevute è sempre gradito.

Ormai il nostro viaggio si sta concludendo. Domattina arriveremo al porto di Seleucia di Pieria. Mentre io e il passeggero cieco ci godiamo un po' di vino vicino a poppa, la curiosità mi spinge a fargli quelle domande che da settimane mi pongo.

«Qual è il tuo nome?».

Il cieco sorride. «Non te l'ho mai detto?»

«No».

«Strano che tu abbia aspettato così tanto a chiederlo».

«Ho pensato che mi avresti mentito. Perché chiedere per ottenere in risposta una bugia?».

Lo storpio annuisce. «In questi giorni porto il nome di Ulpio».

«In questi giorni?», mormoro. «D'accordo, Ulpio, ora che ti ho indotto ad aprirti con me dimmi una cosa: perché sei diretto in Siria?»

«Non l'avevi già chiesto?»

«Mi hai risposto che volevi vedere l'Eufrate prima di morire, che era ovviamente una bugia».

«Perché? Perché sono cieco?»

«Tanto per cominciare». Congiungo le mani in un gesto di preghiera perché mi dia soddisfazione. «Suvvia, Ulpio. Cosa avrai mai da perdere. Non c'è nessun pericolo a dire la verità a un vecchio capitano che solca i mari. Dimmi chi sei *davvero*».

Il cieco rumina sopra la sua coppa di vino. Lo fa roteare.

«Vuoi sapere la verità?», chiede. «Vuoi davvero sapere chi sono?»

«Sì».

Il cieco sorride maliziosamente.

«Sono Nerone Claudio Cesare. Sette anni fa sono stato deposto, tradito da una congrega di senatori e di soldati ambiziosi. Da allora, non ho mai smesso di inseguire gli uomini che mi hanno fatto questo, che si sono presi i miei occhi e il mio trono. Ho giurato ad Apollo che riuscirò a compiere la mia vendetta».

Sono mezzo ubriaco – forse ubriaco per tre quarti – e lento a reagire.

Alla fine faccio un sospiro. «Ti ringrazio. Non hai bisogno di dirmi altro».

Riempio le nostre coppe e beviamo fino all'alba.

NERONE

15 dicembre
Antiochia, Siria

Marco urla. È un suono selvaggio.

Il dolore dev'essere lancinante.

Mi si rivolta lo stomaco.

Anche se Marco ha bevuto tanto vino da far cadere un elefante e sta mordendo una cintura di cuoio per frenare le sue urla, il dolore è insopportabile mentre Teseo gli taglia una striscia di pelle delle dimensioni di una mano strappandogliela dalla scapola.

«Tienilo fermo», grida Teseo.

«È quello che sto facendo», grida a sua volta Doriforo. «Devi *sbrigarti*. Se quando tornano i gladiatori di Sulpicio non avremo fatto sparire questo tatuaggio, siamo tutti morti».

Cieco come sono, non posso vedere cosa stia succedendo.

Non posso vedere Marco, a faccia in giù sul tavolo. Non posso vedere Doriforo, il mio liberto e attore, che lo tiene fermo. Non posso vedere Teseo, il mio liberto orbo, ex gladiatore, con in mano un coltello. E non posso vedere i brandelli di carne insanguinata che vengono staccati dalla schiena di Marco.

Ma posso sentire cosa succede. Posso sentire Marco che ansima tra le urla, riacquistando energia per poter urlare di nuovo. Posso sentire il rumore bagnato della carne strappata. È come quando un ariete viene fatto a pezzi dopo il sacrificio, dopo che gli hanno tagliato la gola e aperto la pancia.

Anche questo in fondo è un sacrificio. In cambio del sangue e del dolore, gli dèi concederanno a Marco la libertà.

Tuttavia non si tratta di una manomissione. Non siamo di fronte a uno schiavo cui il padrone abbia concesso la libertà. Non si tratta di un atto pubblico, presieduto da un magistrato e previsto dalla legge. Marco non verrà dichiarato liberto portando sempre il marchio del suo padrone senza poter mai mai sfuggire completamente a un passato di schiavitù.

Questa è una cosa completamente diversa. È il passo finale di Marco per liberarsi, non solo da una vita di servitù, ma dal suo stesso passato.

Oggi Marco nasce per la seconda volta.

Ho incontrato Marco in una calda mattina di giugno, il giorno dopo essere stato deposto dai miei stessi soldati, quando mi hanno strappato gli occhi e rubato l'impero. Marco era uno degli schiavi della prigione in cui ero tenuto. Aveva un padrone che lo picchiava e terrorizzava. Era un pulcino tremante, pronto a prendere il volo al minimo accenno di conflitto.

Ma non è corretto, vero? Sto cercando di raccontare una storia avvincente, anziché la verità. Marco era timido ma allo stesso tempo aveva coraggio, a modo suo, il che era tanto più apprezzabile considerate le circostanze del caso.

Ero stato portato in prigione da tre soldati. Il loro capo, un centurione di nome Terenzio che Marco chiamava la Volpe per via dei capelli rossi e gli scuri occhietti pungenti, ordinò a Marco di lasciarmi sul pavimento della cella della prigione, al freddo, affamato e assetato. Ma il senso di pietà di Marco fu più forte della paura. Dopo che la Volpe ebbe lasciato la stanza, si prese cura di me riportandomi in salute. Mi portò acqua e coperte e qualunque altra cosa mi potesse servire per sopravvivere. Mi ridiede speranza.

Alla fine lo mandai a cercare e ad assoldare Doriforo, un mio ex liberto che si guadagnava da vivere come attore. Insieme, orchestrammo la mia fuga. Doriforo mi ha aiutato a fuggire, non c'è ombra di dubbio, ma è stato Marco a salvarmi. Senza di lui, sarei un uomo morto.

È stato questo a far nascere in me la decisione di elevare Marco dallo stato di schiavo, e farlo diventare qualcosa di più. Non solo perché mi ha salvato la vita, ma perché sapevo – già allora, quando era ancora un pulcino bagnato – che dietro quella sua timidezza c'era dell'altro.

Non era una cosa nuova per me. Già in passato mi ero interessato molto agli schiavi. Ne avevo preso diversi sotto la mia ala facendoli passare dal non essere nessuno a essere qualcuno. Teseo una volta si chiamava Spiculo. Era un gladiatore dell'arena, di proprietà di un bruto che pensava che Teseo andasse bene come foraggio per gli altri. Ma io ho visto che aveva delle potenzialità. Aveva la stazza di una montagna, ma sapeva essere rapido e si muoveva con una certa eleganza. L'ho comprato per un nonnulla, l'ho fatto allenare e dopo che si è guadagnato la libertà dominando l'arena, ho fatto di lui la mia personale guardia del corpo.

Ma Teseo rimarrà per sempre un liberto. Non ci ho nemmeno mai pensato, a fare con lui ciò che sto facendo con Marco. Non mi è mai venuto in mente che avrei potuto affrancarlo dal suo stato di servitù con uno schiocco di dita. È stato soltanto quando mi sono ritrovato dall'altra parte, passando in una notte da imperatore a prigioniero, che ho capito quanto sia irrilevante la propria identità, e quanto possa essere duttile.

La gerarchia di Roma è tanto ingiusta quanto inflessibile. All'estrema base ci stanno gli schiavi, i più miseri tra i miseri; sopra gli schiavi ci sono i liberti, gli ex schiavi; quindi mercanti e commercianti; poi arrivano i cavalieri e infine la classe senatoriale. Anche attori, prostitute e altri mestieranti del genere hanno una posizione gerarchica molto bassa, forse un dito sopra gli schiavi ma decisamente sotto ai liberti. Ogni rango è ulteriormente suddiviso in base a ricchezza e lignaggio, anche se l'incidenza di questi fattori varia a seconda della classe di appartenenza. Nel caso dei senatori, l'origine, stimata in base al numero di consoli o di pretori che si sono avuti in famiglia, è più importante della ricchezza. Ai liberti, per contro, non importa un fico secco di chi fossero i loro progenitori. Il valore di un uomo è dato dalla dimensione della sua cassa da morto.

Questo sistema ha funzionato per quasi mille anni. Finché non è arrivato Augusto, si è proclamato primo tra i cittadini, il Princeps, e si è collocato in cima alla piramide.

La gerarchia di Roma ha un modo ingegnoso di perpetuarsi. Tutti quelli che appartengono a un certo rango fanno del loro meglio per passare a quello immediatamente superiore, anziché cercare di ribaltare il sistema. Se uno schiavo non è contento della sua condizione, anziché aspirare a diventare senatore così, con uno schiocco di dita, guarderà al rango che sta sopra di lui, facendo tutto ciò che è in suo potere per arrivarci. L'obiettivo di un liberto non è quello di liberare più schiavi possibile, ma di possederne quanti più se ne può permettere. I cavalieri si danno da fare perché i loro figli possano diventare senatori, i senatori aspirano a diventare il prossimo imperatore, mentre la principale occupazione di un imperatore è cercare di rimanere dov'è, sopra a tutti gli altri.

Per gran parte della mia vita mi sono fatto un baffo di tutto questo. Ho sempre socializzato con schiavi, attori e prostitute. Ho dato importanti incarichi ministeriali a liberti o cavalieri, finché si dimostravano validi e mi piaceva la loro compagnia. È stato solo dopo la mia caduta, dopo essere stato deposto e accecato, che ho cominciato a vedere il sistema per quello che è. Il potere è tutto. Quello politico, finanziario, fisico, sessuale. Ma il potere esiste solo se lo usi. Uno schiavo è uno schiavo non per volere degli dèi, ma perché un uomo ha avuto l'opportunità di prevaricare su un altro.

Una volta compreso questo, è facile superarne i limiti. Perché non schioccare le dita e trasformare uno schiavo in un cittadino nato libero?

E il mio piano stava funzionando. Un giorno, il piccolo schiavo che mi aveva salvato la vita era Marco, schiavo di Creonte. Il giorno dopo, non lo era più. Era diventato Marco Ulpio, erede di un patrimonio nel commercio dell'olio di oliva.

Dopo essere fuggiti da Roma andammo a cercare Teseo sull'isola di Sardinia. Lì ebbi la buona sorte di incontrare Marco Ulpio Traiano in un campo di prigionia. Era un commerciante spagnolo che era stato rapito anni prima. Ci raccontò che il fratello era morto, dopo che la loro nave mercantile era stata presa dai pirati. Suo fratello Lucio aveva caratteristiche fisiche abbastanza simili alle mie in quanto ad altezza, peso, colore dei capelli. Da anni erano dati per dispersi. Nessuno sapeva quale fosse stato il loro destino, che uno era vivo e tenuto prigioniero mentre l'altro era morto. Il fratello defunto poteva rappresentare per me l'opportunità – e allo stesso tempo un nome, una famiglia, un passato – per reintegrarmi nell'impero. Per rinascere a nuova vita, come un uomo nuovo. Quando lasciammo la Sardinia ero Lucio Ulpio Traiano e Marco era mio nipote, Marco Ulpio Traiano. Il vecchio Marco, che aveva viaggiato in lungo e in largo per tanti anni, disse che la gente si sarebbe stupita se non fosse tornato in Spagna con un figlio.

Perciò il piano era perfetto.

O almeno così pensavo.

Teseo mi avvertì. Disse che cancellare il passato di Marco, anziché affrancarlo come qualsiasi altro schiavo, era contro natura e che gli dèi ci avrebbero puniti. Durante i nostri viaggi manifestava spesso questo tipo di preoccupazioni, soprattutto di notte, dopo che Marco era andato a dormire. Io davo una pacca sulla mano al mio vecchio amico e gli dicevo: «Teseo, non scordarti che anche io ero un dio. So cosa sto facendo».

Credevo che la trasformazione di Marco fosse completa, ma mi sbagliavo.

È successo qualche mese fa, quando eravamo a Pergamum.

Eravamo sulle tracce di uno dei cospiratori del colpo di stato che mi aveva rovesciato, l'eunuco Halotus. Avevamo saputo di non averlo incrociato solo per un giorno o due di ritardo. Era diretto a Est, in Siria. La notte prima che riprendessimo il cammino, Teseo ricominciò a esprimere preoccupazione per il fatto di aver cancellato il passato di Marco. Per la prima volta parlò del tatuaggio.

Disse: «E naturalmente ha il marchio del suo padrone».

Era notte, e avevamo bevuto un bel po' di vino. Io ero sdraiato su un triclinio, ma sentendo quelle parole mi tirai su di soprassalto. «Che cosa?»

«Il marchio del suo padrone. Sulla scapola sinistra».

«Di cosa stai parlando?», gli chiesi. «Ho domandato a Marco se portava il marchio del suo padrone e mi ha risposto di no».

«Be', invece ce l'ha. C'e scritto Creonte, chiaro come il sole».

Spesso gli schiavi sono tatuati con il nome del loro padrone, perché non vi siano dubbi sul fatto che un uomo o una donna siano schiavi oppure cittadini nati liberi. Ero convinto che Marco non portasse marchi del genere.

«Quando glielo hai chiesto?», domandò Teseo.

«Anni fa».

«Era solo un ragazzo», commentò lui, «e il marchio ce l'ha sulla schiena. Forse nemmeno lo sapeva oppure se ne era dimenticato».

Ero furioso, con me stesso più che altro. «Perché non me lo hai detto?»

«Pensavo che lo sapessi. Sei sempre lì che ti vanti di avere il potere degli dèi. Pensavo che nella tua provvidenza divina ne avessi tenuto conto».

Dopo aver sbraitato e lanciato invettive per un po' dissi: «Stanotte il tatuaggio dovrà sparire. Asporteremo la carne dalla sua schiena».

Ma nessuno di noi se la sentiva di farlo. Lo lasciammo dormire, e poi non sollevammo mai più il problema con Marco.

Non fino a oggi, nel nostro primo giorno ad Antiochia, quando siamo stati costretti a togliergli il tatuaggio o a rischiare di perdere tutto.

Avevamo lasciato Pergamum e salpato per la città portuale di Seleucia di Pieria, e poi ci eravamo diretti verso l'interno, ad Antiochia. Dirigendoci verso la città, sotto il sole spietato del deserto, ci imbattemmo subito prima di arrivare alle sue porte in due schiavi che erano stati crocifissi.

Marco indugiò, non riuscendo a staccare gli occhi dagli schiavi morti.

Alle porte della città c'erano dei gladiatori che ispezionavano i carri e infastidivano la gente, ma solo quelli che stavano lasciando la città, per cui noi che invece entravamo non fummo molestati.

«Mi chiedo cosa sia successo», esclamò Teseo.

«Un segno di malaugurio», disse Doriforo.

Nel foro chiedemmo dove si poteva trovare alloggio.

Mentre eravamo lì, Marco moriva di curiosità: doveva sapere a tutti i costi cosa avessero fatto i poveri diavoli fuori dalle porte della città per meritarsi la crocifissione.

Chiese informazioni a un mercante, che evidentemente non condivideva i sentimenti di Marco.

«È stata colpa loro, maledetti», disse. «Una famiglia di schiavi fuggita dalla casa del senatore Sulpicio Petico. Quelli che avete visto sulle croci sono la madre e il padre».

Mi ci volle un momento per ricordarmi di quel nome. Un Sulpicio si era reso colpevole di un qualche tradimento quando ero Princeps (in questo momento non ricordo esattamente di cosa) ed era stato condannato a morte. Sulpicio era fuggito a Est, temendo di attirarsi la mia ira in quanto parente di un traditore. Doveva essersi rifugiato qui, in Siria.

«Perché sono scappati?», domandò Teseo.

«Sulpicio voleva fare del figlio un gladiatore. I genitori erano preoccupati che potesse morire, così tutta la famiglia ha deciso di fuggire. Non avevano ancora fatto molta strada quando è stato dato l'allarme. I genitori sono stati scoperti mentre cercavano di arrampicarsi su per le mura della città».

«E la figlia e il figlio sono ancora in fuga?», chiese Marco.

«Così pare. I gladiatori del senatore Sulpicio hanno cercato giorno e notte gli schiavi spariti».

«Chi è questo senatore Sulpicio?», chiese Marco.

«È uno di quei Romani che a Roma non ha fatto fortuna», rispose il mercante, «così è venuto ad Antiochia per fare il pesce grosso dentro a uno stagno piccolo. Adesso è l›uomo più ricco dell'Asia, ha tanti gladiatori lui quanti soldati ha l'imperatore. La città di Antiochia è praticamente sua».

Il mercante si sbagliava di grosso: c'erano poche chance che Sulpicio avesse tutti quei gladiatori. Lo conoscevo dai giorni in cui ero imperatore. A Roma non contava niente. Faceva il prepotente quando gliene si presentava l'occasione, era un primitivo, con una mente non particolarmente brillante. Ma qui ad Antiochia doveva essere potente e influente se un uomo qualunque per strada parlava di lui in questo modo.

«E il governatore che dice?»

«Vuoi dire Ceionio Commodo?», fece il mercante. «A quell'uomo non importa niente né di Antiochia né della Siria. Il governatore è qui da gennaio e, credetemi, conta i giorni che gli mancano prima di poter fare ritorno a Roma. Non che abbia paura di Sulpicio, intendiamoci. Semplicemente non gliene frega niente. Finché Sulpicio non gli crea del lavoro extra, è ben contento di lasciargli fare quello che gli pare».

Marco era più interessato agli schiavi assassinati che alla politica locale. Esclamò: «È una punizione crudele uccidere una madre e un padre per aver cercato di proteggere i loro figli».

Il commerciante sembrò indifferente. «La legge è la legge. Gli schiavi sanno cosa li aspetta, se fuggono».

«Ha ragione», disse Teseo, più rivolto a me che al mercante. «La legge è la legge».

«Siete nuovi della città?», chiese il mercante. «Be', aspettatevi una visita da parte dei gladiatori di Sulpicio. Stanno controllando tutti quelli che vanno e vengono. Solo perché siete riusciti a passare dalle porte, non vuol dire che con voi abbiano finito».

Il pomeriggio, dopo aver trovato un appartamento da affittare, prendemmo una decisione unanime: il tatuaggio di Marco doveva essere rimosso. Era troppo pericoloso che lo tenesse, con i gladiatori di Sulpicio che andavano di porta in porta alla ricerca degli schiavi spariti.

Anche Marco era d'accordo. «Levatemi di dosso quel maledetto nome».

E adesso eccoci qui: con Marco che urla, Teseo che fa il chirurgo e Doriforo che fatica a tenere fermo Marco.

Di colpo le urla cessano.

«È svenuto», dice Teseo.

«Sbrigati a finire», lo incalza Doriforo.

Una volta rimosso il tatuaggio, Teseo cura la ferita e la ricopre.

Marco è ancora incosciente quando, ore dopo, sentiamo bussare violentemente alla porta.

Teseo va ad aprire e, quando fa ritorno, sento il pesante scalpiccio di una dozzina di uomini e il caos di un appartamento che viene perquisito. Armadi spalancati, mobili rovesciati.

«Quanti schiavi, in questa casa?», chiede una voce burbera.

«Sono la persona sbagliata a cui chiedere», rispondo indicando gli occhi che non ho più. «Potremmo averne uno o potremmo averne cento».

In risposta ricevo soltanto un silenzio rabbioso.

Teseo risponde: «Abbiamo tre schiavi. Tutti acquistati questo pomeriggio. Siamo arrivati ad Antiochia solo in mattinata».

«Tre?». La voce è incredula. «Per un appartamento come questo?».

L'appartamento è molto grande. Si vede che il tipo ritiene dovrebbero essercene di più.

«Come ho detto», ribadisce Teseo, «siamo appena arrivati».

Teseo sta dicendo la verità. Quando abbiamo lasciato Rodi, abbiamo liberato tutti i nostri schiavi. Abbiamo una regola: non teniamo gli schiavi per più di tre mesi. In base alla nostra esperienza, tre mesi sono più o meno il tempo che impiega uno schiavo prima di iniziare a porre domande. Marco insiste sempre che li liberiamo anziché rivenderli. È un'abitudine costosa, ma possiamo permettercelo.

«Cosa state cercando?», chiedo.

«Schiavi fuggiti», risponde l'incaricato. «Un ragazzo e una ragazza. Giovani. Il ragazzo sui quattordici anni, la ragazza sui sedici».

«Come potrai vedere i nostri schiavi sono tutti vecchi», lo informa Teseo.

«E lui chi è?».

«Sta indicando Marco», mi sussurra Doriforo all'orecchio, «addormentato su un divano».

«Non è uno schiavo», risponde Teseo.
«Cosa gli è capitato?»
«Troppo vino», faccio io. «Stende uomini e bambini. Un grande giustiziere».
«Sveglialo», dice il gladiatore.
Sento Teseo destare Marco con un buffetto sulla guancia.
Marco farfuglia, mezzo addormentato, ancora ubriaco.
«Alzati», dice il gladiatore.
«Che tipo di città è questa», faccio io, «dove un gladiatore può permettersi di rivolgersi così a un cittadino romano nato libero?»
«Vogliamo solo accertarci di non essere presi in giro, va bene vecchio?»
«Non sono vecchio», borbotto, «solo smunto».
«Spogliatelo», dice il capo. «Assicuratevi che non porti il marchio di padrone Sulpicio».
Si sente rumore di abiti strappati.
Doriforo mi sussurra: «Stanno ispezionando le braccia di Marco, ora il collo».
«Cosa ti è successo qui?», chiede un altro gladiatore, «sulla schiena?»
«Oggi è caduto da cavallo» intervengo io. «Ci sono strade infide in questa maledetta città, nevvero?»
«Sei un gladiatore?», chiede Teseo.
«Sì», risponde l'incaricato dei gladiatori.
«Di che categoria?», chiede ancora Teseo. Sta cercando di distogliere l'attenzione da Marco, tirando fuori l'unico argomento di conversazione di cui importi qualcosa ai gladiatori: il combattimento.
«Sono un Mirmillone», risponde il gladiatore.
Teseo emette uno sbuffo di scherno. «I Mirmilloni sono tutti merde».
Sento che l'attenzione dell'uomo si allontana da Marco.
«E tu che ne sai?»
«Ero un gladiatore», dice Teseo.
C'è una pausa, mentre l'uomo studia Teseo. Ma nessuno potrebbe guardare Teseo, col suo occhio solo e le spalle larghe, e immaginarlo a fare qualcosa di diverso che combattere.
«Che categoria?»
«Trace».
«Pff», l'uomo disgustato simula disgusto. «I Traci sono tutti imbroglioni. E tu sei troppo grosso per essere un Trace».

Non ho bisogno degli occhi per sapere che Teseo sta sorridendo. Non c'è nulla che adori di più che sorprendere l'avversario. «Tutto dipende dalla velocità, amico mio».

«Sei veloce?»

«Come un'anguilla».

«E dov'è che hai combattuto?».

«Roma».

L'uomo fa un fischio.

«Adesso non fai più combattimenti?»

«Pensionato. Mi sono conquistato la libertà».

«Sul serio?». Il gladiatore è impressionato. Il suo tono si alleggerisce. «Allora adesso te la farai sotto», dice prendendo in giro Teseo.

«Può darsi». Riesco a intuire il sorriso nella voce di Teseo.

C'è un senso di solidarietà tra i gladiatori, purché non siano nell'arena; un senso di appartenenza, la consapevolezza che le loro traversie sono condivise.

«Se hai combattuto a Roma», commenta il gladiatore, «devi averne viste delle belle».

«Sì», ribatte Teseo, «direi proprio di sì».

«Potresti fare un salto alla scuola di padrone Sulpicio. Mi piacerebbe sentire qualcuno dei trucchi che hai imparato a Roma».

«Offrimi una coppa di vino e l'accordo è fatto».

«Mi chiamano Sanguinerola».

«Teseo».

Sento i due stringersi la mano. È strano, ma l'uomo più mortalmente pericoloso che io conosca è anche il più gradevole, l'uomo che tutti vorrebbero per amico.

«Ci vuole ancora molto?», chiede Teseo.

«Naa», risponde il gladiatore capo. «Qui abbiamo finito». Batte le mani e dice ad alta voce: «Alla prossima casa, grassoni bastardi. Voglio finire prima dell'alba».

Se ne vanno.

Marco sta russando.

«Ci è andata di culo», dice Doriforo. «C'è mancato davvero poco».

Sì. Davvero poco.

Due giorni dopo celebriamo i Saturnali. L'unico giorno dell'anno in cui la stupida gerarchia di Roma viene invertita; quando il padrone serve lo schiavo e gli schiavi hanno la libertà di fare quello che vogliono. Giocare d'azzardo, bere.

Per quasi tutto il giorno mi sono astenuto dai festeggiamenti. Non ho voglia di far festa. Non con così tante cose ancora da sistemare. Ma la sera, quando è ora di preparare la cena per le nostre schiave, le tre donne che abbiamo acquistato quando siamo arrivati, Doriforo mi trascina fuori dalla mia stanza.

«Vieni», dice. «Darai una mano a preparare la cena. Gli dèi si adireranno se non partecipi».

«E come faccio a cucinare senza occhi».

«Ho pensato a una soluzione. Non userai la tua cecità come scusa».

Doriforo mi conduce in cucina. Teseo, che sa cucinare, sta facendo fare delle cose a Marco e tra poco anche a me. Mi fanno sgusciare i gamberetti, e dopo un po' sono tutto imbrattato, immerso nell'odore di mare.

«Marco», dice Teseo, «porta questi pistacchi nel tablinum».

«Finito», comunico con orgoglio dopo aver sgusciato l'ultimo gamberetto. «Qualcuno mi aiuta a lavarmi?»

«Vieni», dice Doriforo, «gli asciugamani sono nella stanza accanto». Mi prende per un braccio e mi accompagna nella stanza adiacente. «Aspetta qui», mi dice. Lo sento aprire e chiudere armadi.

Dalla stanza accanto arriva odore di bruciato.

«Doriforo», chiama Teseo dalla cucina. «Ho bisogno di te. Subito!».

Doriforo mi fa mettere le mani sulle maniglie di un armadio. «Non ti muovere. Torno subito» mi dice, e si precipita ad aiutare Teseo.

Non ho voglia di aspettare, così apro l'armadio e inizio a tentoni a cercare un asciugamano.

«Fermati!», sbraita Marco dalla stanza accanto, non so esattamente a chi.

Continuo a cercare nell'armadio.

«Aspetta!», urla di nuovo Marco, stavolta più forte.

Sono stato con i miei compagni così tanti anni ormai, che so riconoscere il loro modo di camminare. Li riconosco dalla lunghezza dei passi, dalla forza che imprimono col piede quando lo appoggiano al suolo, all'interno o all'esterno, sotto la pioggia o su sentieri arroventati dal sole nei boschi. Perciò, so che la persona che sta correndo verso di me è Marco.

La mia mano tocca l'inconfondibile curvatura di una spalla, una spalla snella e ossuta. Inconfondibile ma inaspettata, ed è così strano trovare una spalla umana dentro a un armadio, che allungo anche l'altra mano libera per trovare ciò a cui la spalla è attaccata. L'altra mia mano tocca della carne: una guancia, l'angolo di un labbro.

Marco è dietro di me. Sospira, sconfitto.

Teseo e Doriforo si precipitano nella stanza.

«E tu chi saresti mai?», chiedo alla persona che si nasconde nella nostra dispensa.

«È una ragazza», dice Teseo. «Di circa sedici anni».

«La schiava scomparsa di Sulpicio», faccio io. Non è una domanda, per cui nessuno si sente in dovere di rispondere.

Chiudiamo la ragazza in una camera da letto e Marco cerca di spiegarsi.

Il giorno dopo che gli avevamo strappato le carni per rimuovere il tatuaggio dalla scapola, assetato e con ancora i postumi della sbornia, si era trascinato fino all'incrocio tra le vie per prendere acqua fresca. Aveva riempito una caraffa, ma era troppo sfinito per tornare subito indietro, dovette quindi aspettare che gli tornasse abbastanza energia. Mentre sorseggiava la sua acqua e cercava di recuperare le forze, sentì uno starnuto. Vicino a lui c'era un'anfora rovesciata, una di quelle enormi, usate per trasportare vino e olio d'oliva in tutto l'impero. Aveva un grande foro su un lato. Marco vi infilò la testa dentro e vide la ragazza, rannicchiata all'interno. Aveva capito subito.

«Se dovessero prenderla verrebbe crocifissa», dice Marco. «Avete visto cosa hanno fatto ai suoi genitori».

«Non possiamo permetterci di attirare su di noi l'ira del senatore più potente dell'Asia», afferma Doriforo. «Ogni minuto che trascorre sotto al nostro tetto ci mette in pericolo. Non siamo arrivati così lontano per venire rovinati da una schiava. Dobbiamo riportarla a Sulpicio».

«Vigliacco», ruggisce Marco rivolgendosi a Doriforo.

La leggerezza che ci avevano dato i Saturnali è sparita. Siamo un'altra volta sul filo del rasoio, come lo siamo stati da quando abbiamo rischiato di perdere Marco a Rodi. Ed è proprio di questo che si tratta: Marco è sopravvissuto mentre il suo amico Oreste no. Avevamo scoperto che l'eunuco Halotus stava andando in Asia e gli tendemmo una trappola a Rodi, era venuto a saperlo. Riuscimmo a coglierlo di sorpresa, ma i membri del suo culto, Torcus, rapirono Marco e il suo amico. Riuscimmo a salvare Marco, ma arrivammo troppo tardi per impedire che Oreste venisse sacrificato a qualche oscuro dio germanico.

Marco non aveva potuto salvare il suo amico, ma ora può salvare questa ragazza.

«Teseo», chiedo, «tu cosa ne pensi?»

«Sono d'accordo con Doriforo che dobbiamo stare attenti», dice. «Se la presenza di questa ragazza nella nostra casa rappresentasse per noi un pericolo significativo, dovremmo restituirla a Sulpicio. Ma penso che il pericolo sia passato. La nostra casa è già stata perquisita. È improbabile che lo facciano di nuovo. E adesso mi sono fatto amico Sanguinerola. Abbiamo un uomo su cui contare, si fa per dire, se dovessero decidere di perquisire nuovamente la nostra casa».

«Che cosa stai proponendo quindi», faccio io.

«Posso solo parlare per me», dice Teseo, «ma non voglio provocare la morte di una ragazza, specie dopo che Marco le ha dato la sua parola che la proteggerà. Io propongo che rimanga qui, a patto che si attenga a determinate regole. La più importante delle quali è che non esca mai di casa. In nessun caso».

E così è questo che sono diventato? Una casa di accoglienza per schiavi e liberti, emarginati e fuggiaschi?

Faccio un cenno di assenso con la testa, ma interrompo Marco prima che possa ringraziare. «Questo non è un patto di ferro», dichiaro. «Siamo tutti d'accordo nel tenerla qui al sicuro finché non costituisce un pericolo per noi. Ma le cose potrebbero cambiare. Lo capisci, vero?»

«Lo capisco».

Facciamo uscire la ragazza.

Le spiego che per il momento la terremo nascosta, ma che le cose potrebbero cambiare. Lei mi ringrazia, anche se non con l'entusiasmo che mi sarei aspettato. Lo capisco, però. Ha perso entrambi i genitori e ha trascorso due notti a dormire in un'anfora vuota. Deve sentirsi sfinita e sconvolta. Neanche io sarei del mio umore migliore.

«Come ti chiami?», le chiedo.

«Olimpia».

Nel giro di pochi giorni, Olimpia è riuscita a diventare un membro della nostra tribù. La sua presenza ci ha mostrato ciò che ci mancava. Da cinque anni il mio mondo odorava di cuoio, acciaio affilato e olezzi corporei malcelati. Adesso, sette giorni dopo averla presa con noi, entrare a casa nostra è come camminare in un prato a primavera. Ci sono mazzi di fiori in ogni stanza, già questa un'impresa, considerando che non le è permesso di uscire di casa. E l'incenso che brucia è più fresco, con meno odore di medicinale di qualunque altra cosa che sia stata bruciata prima. Ho sorpreso per ben due volte Teseo a inalare e poi a sospirare come un giovane malato d'amore. Ieri si è offerta volontaria per pettinarmi i capelli e tagliarmi la barba, non perché è una schiava, ma perché ha l'istinto materno. Era dispiaciuta per l'uomo cieco e arruffato che arranca lungo i corridoi della nostra casa.

Le ho chiesto: «Sono così disgustoso?», mentre mi toglieva qualcosa di grande e appiccicoso da sotto il mento.

«Disgustoso no», mi ha detto «ma ci sono ampi spazi di miglioramento».

Doriforo inizialmente era scettico, ma adesso è il suo maggiore sostenitore. È bastato che ridesse alle sue battute, si meravigliasse per le sue imitazioni, applaudisse ai suoi travestimenti. È un attore, dopo tutto. Olimpia apprezza persino la sua creazione più recente, quella di un persiano di nome Ciro, e gli ha dato suggerimenti per rendere il travestimento più credibile.

L'impatto maggiore, tuttavia, è stato su Marco. È di nuovo felice, per la prima volta dopo Rodi. Lo sentiamo parlare con Olimpia – parlare! – anziché rimuginare in silenzio.

L'altro giorno l'ho persino sentito ridere. La ragazza ha, credo, due anni più di lui. Marco cerca di impressionarla raccontandole storie di dove è stato e di ciò che ha visto. Ma, per fortuna, lei non cerca di ingraziarsi il ricco ragazzo che l'ha condotta qui.

«Ho vissuto ad Alessandria», ho sentito che le diceva ieri sera.

«Ah. E com'è?»

«Oh, è bellissima. La città più bella dell'impero».

«Ho sentito dire che ci sono troppi serpenti. Non mi piacciono i serpenti».

Marco gliel'ha concesso. «Neanche a me piacciono i serpenti».

La sera, dopo che Marco e Olimpia sono andati a letto, Teseo e io parliamo della nuova donna che è entrata nella nostra vita. «Hai cresciuto Marco come un patrizio e adesso si innamora di una schiava. Ha preso da te».

Annuisco. «Si direbbe di sì». Il mio primo amore era una schiava. Si chiamava Atte. «Olimpia me la ricorda».

«Perché sapeva come gestire un adolescente voglioso?».

Sorrido. «Anche. In un certo senso».

Olimpia è brillante e meravigliosamente attenta. Sento su di me i suoi occhi, che cercano di decifrare l'eccentrico senatore proveniente dalla Spagna. Pone domande, cercando con sottigliezza di saperne di più. Deve aver capito che sul nostro conto ci sarebbe molto di più da dire di quello che ci diamo la pena di raccontare.

Oggi mi osserva attraversare la stanza senza Doriforo, usando soltanto il mio bastone.

Toc toc toc.

Non riesce a trattenersi. «Padrone Ulpio...»

«Non sono il tuo padrone, Olimpia. Sei mia ospite. Chiamami Lucio».

«Scusa pad... Scusa Lucio», fa lei imbarazzata. «Di solito è il tuo liberto che ti aiuta a camminare. Ma proprio un attimo fa stavi camminando senza di lui, come se potessi vedere».

«Sì».

«Be', come ci sei riuscito?»

«Questo è ciò che mancava nella nostra casa. Qualcuno chi mi apprezzasse. Credi che Teseo o Marco esprimerebbero ammirazione per un cieco che cammina in mezzo alla stanza? No, sono totalmente immuni ai miei erculei sforzi quotidiani».

Si mette a ridere. O dèi, quant'è bello sentir ridere una donna.

«Dato che me l'hai chiesto con tanta grazia, te lo dirò». Le faccio segno di venirsi a sedere vicino a me. Tengo il bastone per aria. «Vedi, mia cara, sono diventato piuttosto esperto con il bastone. Posso batterlo in questo modo», lo faccio picchiare tre volte sul pavimento, poi lo faccio muovere di lato, «e spostarlo da un lato all'altro. Così facendo, posso avere un'idea del terreno su cui cammino e individuare gli oggetti che bloccano il mio percorso. Non è solo il fatto che il bastone colpisca un oggetto o il solco della carreggiata in strada. È il suono che emette il bastone che può darmi la sicurezza di continuare ad andare avanti o indurmi a procedere con cautela. Quando mi muovo su un terreno nuovo, devo spostarmi più lentamente. Ma il suolo di questo appartamento l'ho ormai percorso così tante volte, da essermene fatto una mappa mentale benché rozza».

«Davvero ammirevole» fa lei.

«Bah, non so se sia ammirevole. Ti complimenteresti forse con un uccello per il solo fatto che sbatte le ali, anziché precipitare schiantandosi a terra?».

Olimpia è una gioia per la nostra casa. Tuttavia è costantemente preoccupata per suo fratello Alessandro. Preoccupata al limite della sopportazione. Si sente grata per la generosità dimostrata accogliendola, così fa di tutto per non trasmetterci la sua apprensione e non far pesare la sua sofferenza. Ma il suo dolore è più che evidente. Piange, quasi ogni giorno. Lo fa soltanto quando è sola, ma la sentiamo ugualmente attraverso le sottilissime pareti.

La cosa migliore che può sperare è che non ci siano novità. Se suo fratello riuscisse a sottrarsi ai gladiatori di Sulpicio e fuggire dalla città, la conferma verrebbe unicamente dal non sentirne mai più parlare. E nel caso riesca a fuggire da Antiochia, è improbabile che lei possa mai più rivederlo. Se invece dovesse essere scoperto, a giudicare dal trattamento che Sulpicio ha riservato ai loro genitori, il ragazzo avrebbe ben poche speranze di sopravvivere.

Le alternative che in questo momento le offre il destino sono due: Alessandro si salva ma lei non lo rivede mai più, oppure viene scoperto e crocefisso. Un bel dilemma da affrontare per una ragazza di sedici anni, soprattutto considerando che ha perso i genitori da poco.

La sera ricevo una lettera.

«Di chi è?», chiedo.

Sento Doriforo srotolare il papiro. «Del senatore Sulpicio».

Doriforo legge la lettera. È un invito a fargli visita a casa sua.

«Per Giove, cosa spera di guadagnarci quell'uomo invitandomi a casa sua?»

«L'invito non è solo per te ma anche per Teseo», dice Doriforo.

«Ah, capisco. Sanguinerola, il suo gladiatore, deve avergli detto di

Teseo. Vuole che il gladiatore romano in pensione vada a insegnare ai suoi dilettanti di provincia come fare a vincere».

«Io posso andarci», fa Teseo, «ma non è rischioso che vada tu? Perché dargli la possibilità di scoprire chi sei veramente?»

«Non so cosa tu voglia dire, Teseo. Sono Lucio Ulpio. Uno spagnolo. Il re delle olive. Oltretutto, sono annoiatissimo. Non negarmi la possibilità di fuggire da questo piccolo appartamento».

La struttura di Sulpicio si trova a meno di un miglio a nord dei confini della città. Arriviamo a mezzogiorno.

Veniamo accolti da uno schiavo, che ci accompagna dal suo padrone. Sento il tonfo attutito delle nostre scarpe sul pavimento dell'atrio prima di passare attraverso una serie di scale; poi il rumore del legno che sbatte contro legno e uomini che ringhiano, urlano, fischiano e ridono.

«Ci troviamo su un balcone», dice Doriforo, «che affaccia sul campo di allenamento. Due gladiatori stanno combattendo».

Sotto di noi schiocca la frusta dell'allenatore.

«Sei storpio?».

La voce è profonda e caparbia, come i ciottoli sotto la ruota del carro. Sulpicio.

Sulpicio a Roma mi aveva incontrato. Ma non temo che mi riconosca. È successo molti anni fa e io non sono che l'ombra di quello che ero un tempo. Sono come il carapace staccato da un gambero prima che Teseo lo butti in padella. La gente nota soltanto quello che mi manca: gli occhi.

«Sono cieco», ribatto a Sulpicio, «ma non storpio. Lucio Ulpio», dico tendendogli la mano.

Non mi porge la sua.

«Perché dovresti venire a vedere i miei combattenti se di fatto non puoi *vedere* i miei combattenti?»

«Posso sentire tutto quello che tu puoi vedere», dico.

«Addirittura!»

«Mettimi alla prova».

«Va bene», dice Sulpicio. Ruggisce al suo allenatore giù in basso, che a sua volta sbraita istruzioni ai suoi uomini.

Sento dei piedi trascinarsi sul fondo sabbioso del campo di allenamento, mentre due combattenti prendono posizione. Doriforo sta dietro di me, come pianificato. Mi tocca il gomito sinistro e il fianco destro. In base al sistema che abbiamo precedentemente elaborato, gomito sinistro significa categoria di combattente Gallo. Fianco destro significa categoria *hoplomachus*, una tipologia usata di rado.

«Un Gallo e un Hoplomachus», dico a Sulpicio. «Uno strano accoppiamento».

«Come lo hai capito?». Sulpicio non riesce a nascondere la sorpresa.

«Te l'ho detto», gli faccio indicando l'orecchio destro. «Posso sentirlo».

«Hai avuto fortuna».

«Se avessi tirato a indovinare, effettivamente avrei avuto molta fortuna».

Un combattimento ha inizio. Piedi che scivolano sulla sabbia; gladiatori che assistono fischiando e sibilando; di tanto in tanto momenti di subbuglio in cui si sentono i legni toccarsi.

Doriforo mi tocca il gomito sinistro e poi mi dà tre patte sulla scapola destra.

«Bravo il tuo Gallo, difesa efficace».

Qualcuno che non è Sulpicio, forse uno dei suoi schiavi, mormora: «Wow», di fronte alla mia capacità di seguire il combattimento.

Doriforo e io proseguiamo con il nostro metodo. Lui mi segnala ogni attacco e difesa, e io lo descrivo a Sulpicio. È un buon trucco. Neanche poi così difficile da mettere in pratica. I combattimenti tra gladiatori non sono complicati: attacco e difesa, attacco e difesa, fino a che uno dei due vince.

«Basta così», esclama Sulpicio, e l'allenatore interrompe il combattimento.

Sulpicio mi prende la mano e me la stringe. «Per Bacco, che diavolo di orecchie che ti ritrovi».

E così, io e Sulpicio diventiamo amici. Ci porta a fare un giro dei suoi caseggiati. È passato da un estremo all'altro. Prima pensava che la mancanza di occhi mi impedisse di percepire qualsiasi cosa del mondo fisico. Adesso crede invece che nonostante la mia menomazione io possa vedere e capire tutto. Chiede cosa ne penso di mosaici e sculture, se trovo somiglianze tra lui e il busto di suo nonno (mi dà anche il tempo di tastare il marmo con le mani). Vuol sapere la mia opinione sulla dieta migliore per i gladiatori o su come trattare la ferita del suo Mirmillone preferito. Anziché irritarmi, sto al suo gioco. «Sì, noto una somiglianza, nel mento e negli occhi». «Ah, non ha un bell'aspetto, ma devi chiedere a Teseo, il mio uomo, come trattarla».

Teseo e Sanguinerola si ritrovano. Li lasciamo insieme a parlare mentre Sulpicio e io ci godiamo il pranzo nel portico che affaccia sul campo di allenamento.

Verso la fine del pasto, si sente un trambusto provenire dal campo. Doriforo si avvicina e mi sussurra che quattro uomini stanno entrando nel campo di allenamento passando da una serie di doppie porte. Mercanti, presume Doriforo, dall'aspetto rudimentale del loro abbigliamento e dalla mancanza d'ornamenti in oro. In mezzo a loro portano un cavallo. Sopra c'è un ragazzo sui quattordici anni, con le mani legate dietro la schiena e uno straccio stretto attorno alla bocca. «Sembra spaventato», sussurra Doriforo.

«Padrone», urla uno schiavo dal basso, «questi uomini hanno trovato Alessandro».

«Ottimo», ruggisce Sulpicio alzandosi da tavola. «Dove si nascondeva quel dannato ragazzo?»

«Nel nostro magazzino, senatore. Lo abbiamo sorpreso mentre cercava di nascondersi in un carro diretto al porto».

«E sua sorella? Di lei nessuna traccia?»

«Niente. Abbiamo trovato solo il ragazzo».

«Metti quel coglioncello più in mezzo», grida Sulpicio.

Sento le grida soffocate di Alessandro che oppone resistenza mentre viene trascinato sulla sabbia.

«Lascia che parli. Togligli il bavaglio », ordina Sulpicio. «Dov'è tua sorella, ragazzo?»

«Non lo so». Ad Alessandro trema la voce dalla paura.

«Prima o poi me lo dirai», ribatte Sulpicio. «So come far parlare la gente».

Sento il ragazzo cominciare a singhiozzare.

«Potrebbe dire la verità», dico a Sulpicio. «Se si sono separati, può essere che non sappia dove sia scappata».

«Può darsi», commenta Sulpicio a bassa voce. Poi più forte, rivolgendosi agli uomini lì sotto. «Tu», chiede, «come ti chiami?».

Il mercante gli dice il suo nome.

«Riceverai oggi stesso la tua ricompensa, ma il tuo lavoro non è finito. Devi tornare ad Antiochia e far sapere che questo ragazzo, Alessandro, lo schiavo fuggiasco, sarà crocifisso nel mercato domani. A meno che sua sorella non si faccia avanti. Se lo farà, entrambi potranno continuare a vivere».

Dopo che i mercanti se ne sono andati, chiedo a Sulpicio: «Pensi che il tuo piano funzionerà?»

«Non hai mai visto un fratello e una sorella legati come quei due. Non permetterà che succeda qualcosa a suo fratello, non se potrà evitarlo».

«Ma perché ti importa così tanto», faccio io, «non è che una schiava. Sono sicuro che ne hai a bizzeffe di schiavi».

«Se uno schiavo riesce a fuggire, infonde speranza agli altri. Cominciano a pensare: forse posso farcela anch'io. Già è una brutta cosa avere degli schiavi che la pensano così. Ma se possiedi anche dei gladiatori, può essere fatale. Nessuno dei miei schiavi fugge. Senza eccezione».

«Se sua sorella non si fa avanti, ucciderai il ragazzo?», chiedo. «Ho sentito dire che avresti voluto formarlo per diventare gladiatore. Immagino che se l'hai pensato è perché ha del talento. Sarebbe uno spreco ucciderlo».

«Come ho detto, è una questione di politica. Attraverso di lui devo dare l'esempio».

«Non puoi fidarti di lui!». Marco mi afferra per un braccio, cercando di portarmi dalla sua parte. «Diglielo, che di Sulpicio non ci si può fidare».

Marco si è affezionato molto a Olimpia e non vuole perderla. E nemmeno io, a dire la verità.

La ragazza piange ed è furibonda. «Ho già perso i miei genitori, non posso perdere anche Alessandro».

«Ma Sulpicio potrebbe ucciderti», fa Marco. «Nonostante ciò che ha promesso».

«Se uccide Alessandro», dice Olimpia, «tanto vale che muoia anch'io».

«Possiamo salvare tuo fratello», dice Marco. «Possiamo entrare nella proprietà di Sulpicio stasera».

«Tu non c'eri, Marco», ribatte Teseo. «Riuscire a entrarci è impossibile».

«Questa è vigliaccheria».

«Dannazione, Marco!», esclamo. «Adesso basta. Non puoi sempre ragionare con i pugni. Bisogna usare il cervello. Non lo hai ancora imparato?».

Marco se ne va furente.

«Per favore, padrone Lucio», Olimpia mi afferra il braccio. «Questo devi lasciarmelo fare. Non posso lasciar morire mio fratello».

Olimpia è una schiava. Chiede il permesso per qualsiasi cosa, anche per porre fine alla sua fuga.

«È sciocco prendere una decisione ora», faccio io. «Quello che ti propongo è questo: domani ti accompagneremo al mercato. Ti travestiremo affinché non ti si possa riconoscere e lasceremo che sia tu a decidere se farti avanti o no».

«Grazie», dice Olimpia baciandomi sulla guancia. «Grazie».

Tutta Antiochia è venuta a sapere della possibilità di vedere un ragazzo crocifisso. A quanto riporta Doriforo, il foro pullula di gente. Posso percepire la quantità di gente, l'energia della folla intorno a noi, mentre ci facciamo strada verso il mercato. L'atmosfera è cupa, ma si percepisce un senso di attesa tra la calca, una violenza repressa sotto la superficie, come in una pentola che sta per dare il bollore.

Siamo venuti tutti e quattro, con Olimpia. Siamo tutti armati. Infilati nella cintura abbiamo spade o pugnali, me compreso, che non so se farei più danno a me stesso o a un avversario se provassi a usare la mia arma. Olimpia è nascosta sotto un mantello col cappuccio. Ha tutte le intenzioni di farsi avanti, ma col viso coperto, avrebbe almeno la possibilità di cambiare idea all'ultimo.

«C'è una piattaforma dall'altra parte del mercato» ci informa Doriforo. «Sopra c'è Sulpicio con il ragazzo. E coi suoi gladiatori. Sono lì a decine».

«E il governatore?», chiedo.

«C'è anche lui. È su un'altra pedana, con i suoi soldati».

«Bene. Vuol dire che almeno ci sarà qualche parvenza di ordine. Come sembra il governatore?»

«Annoiato. Come se fosse infastidito dal troppo sole e preferisse tornarsene sotto un tetto».

Ci avviciniamo alla piattaforma. La profonda voce baritonale di Sulpicio risuona per il foro. «È la sesta ora», urla forte. «Se sei qui, Olimpia, parla adesso. Altrimenti manterrò la parola e tuo fratello morirà».

«Sta tenendo una lama sotto la gola del ragazzo», sussurra Doriforo.

«Per favore, non farlo», sussurra Marco a Olimpia alle mie spalle. «Non puoi fidarti di lui».

Sento Olimpia spingere per passarmi davanti.

«Fermati! Sono qui», esclama.

«Si è tirata giù il cappuccio», mi informa Doriforo. «Sulpicio sta abbassando la lama».

Intorno a noi c'è confusione, non il normale movimento ondulatorio della folla, sta succedendo qualcosa di diverso.

Sento le spade sguainate. Un uomo grida di dolore. Qualcuno mi afferra le braccia, mi getta a terra e mi trascina verso il palco. Vengo abbandonato sulle assi di legno della piattaforma, sento un freddo acciaio sfiorarmi il collo.

Un altro uomo grida di dolore.

Sembra che non siano riusciti ad averla vinta su Teseo tanto facilmente come con me.

Sulpicio grida: «Mettete giù le armi o il vostro mecenate morirà».

Silenzio.

La folla attende di vedere se Teseo deporrà la spada. Sulpicio doveva avere dei gladiatori nascosti tra la folla. Doveva aver immaginato che Olimpia non potesse nascondersi per così tanto tempo senza la protezione di qualcuno.

«Fermi!»

Una nuova voce erompe. Di qualcuno che è infastidito e che gronda autorità. Il nostro governatore ha deciso di fare qualcosa di più che limitarsi a guardare? Potrebbe essere la nostra unica speranza di sopravvivere alla brutalità di Sulpicio.

Accanto a me cade un corpo. Un lamento riconoscibile mi dice che si tratta di Doriforo. «Il governatore è sceso dalla sua pedana», mi informa. «I suoi soldati hanno le spade sguainate. Direi che ci sono tanti gladiatori quanti soldati. Se dovesse scoppiare uno scontro, sarà un bagno di sangue».

«Sulpicio», dice il governatore, «che senso ha tutto questo? Credevo volessi ritrovare uno schiavo, non scatenare una rivolta».

«Questi uomini», esclama Sulpicio con la voce che trema di rabbia, «mi hanno preso in giro. Tenevano nascosta una schiava, una mia *proprietà*, mentre godevano della mia ospitalità».

«Governatore Commodo», intervengo io stando ancora in ginocchio. «È un piacere fare la tua conoscenza». Mi alzo lentamente. «Sono il senatore Lucio Ulpio Traiano. Purtroppo, non ho avuto la possibilità di incontrarti prima di questi sfortunati sviluppi».

«Un senatore? Non ho mai sentito parlare di te».

«No? Che peccato. Sicuramente abbiamo in comune un mio caro amico, visto il tuo illustre incarico». Il governatore non sembra aver capito il sottinteso, perciò aggiungo: «Intendo dire l'imperatore, naturalmente».

«Capisco. Reputi Cesare Vespasiano amico tuo?»

«Sì, certo. La nostra famiglia lo ha sempre sostenuto fin da quando ha iniziato a proporsi per il principato. Ti invito a scrivere a Roma per chiederne conferma. Sperando», aggiungo, «che nel frattempo la mia gola non venga tagliata da un gladiatore imprevedibile».

Altro silenzio, mentre il nostro governatore cerca di dare un senso alle parole del senatore cieco e loquace che gli sta davanti.

«Mi sto ponendo una domanda, governatore», proseguo. «Come puoi vedere non ho il beneficio degli occhi, ma ho la sensazione che mezza Antiochia sia qui a guardare una questione di Roma, che credo entrambi concordiamo non dovrebbe riguardare i provinciali».

«Esatto», fa il governatore.

«E questo sole mi sta prosciugando. Forse potremmo trovare un po' d'ombra e una coppa di vino per discuterne come Romani civili, anziché come barbari, con i coltelli puntati sotto le reciproche gole?»

«Sì», conferma. «Concordo con te. Su tutto. Sulpicio, fai deporre le armi ai tuoi uomini».

«Due dei miei gladiatori sono rimasti feriti, governatore. Uno di loro potrebbe perdere la vita. A causa del liberto di quest'uomo».

«Se si parla di schiavi morti», replica il governatore, «a quanto pare questo mese tu abbondi. Ma questo non è affar mio. Tratteremo la cosa da gentiluomini. Fai rientrare i gladiatori nella tua proprietà. Subito».

C'è un momento di disagio, mentre Sulpicio valuta le sue opzioni. Se

Sulpicio fosse intelligente, farebbe immediatamente eseguire gli ordini del governatore. Non ha niente da guadagnarci in uno scontro con i soldati romani. Ma Sulpicio non è intelligente. È guidato dal suo ego più che dalla ragione. Per un momento penso che ordinerà ai suoi gladiatori di attaccare. Se lo fa, oggi si verserà un'orribile quantità di sangue.

Ma Sulpicio alla fine dimostra di non essere dettato soltanto dai sui vizi e dal suo ego.

«Avete sentito cos'ha detto il governatore», sbraita ai suoi uomini. «Ritiratevi».

Andiamo a riunirci alla residenza del governatore. Ci sediamo attorno a un tavolo, all'ombra. La brezza che giunge dal fiume è fresca e gradevole, ma sembra non avere effetto sulla rabbia di Sulpicio.

Il primo a parlare è il governatore. «Bene, Sulpicio, perché non illustri il motivo delle tue lamentele? Non sono certo di averle comprese, prima. Non con tutta quella esibizione di spade».

«Sapevo che la mia schiava non avrebbe potuto rimanere nascosta così a lungo senza l'aiuto di qualcuno» ringhia Sulpicio. «Avevo dei gladiatori tra il pubblico, per capire con chi sarebbe arrivata Olimpia. Quando si è rivelata, si sono avventati sugli uomini che l'avevano portata qui. Non soltanto quest'uomo, Ulpio», pronuncia il nome quasi sputando, «mi ha rubato la schiava per tenersela lui, ma ha anche visitato la mia casa, ha goduto della mia ospitalità. Gli dèi soli sanno quali altre umiliazioni avesse in mente di infliggermi».

«È vero?», chiede il governatore. Adesso pare moderatamente interessato.

« È vero», confermo io.

Sulpicio picchia sul tavolo con la mano.

«Ma», aggiungo, «non puoi muovermi accuse per non averti restituito la ragazza. È stato mio nipote a trovarla e a portarla a casa. Lei non era molto loquace, i suoi genitori erano morti, capisci, ed era profondamente sconvolta. Noi eravamo nuovi della città e non conoscevamo i dettagli della sparizione degli schiavi di Sulpicio. Abbiamo pensato, *Ah che fortuna, una nuova schiava*, e l'abbiamo subito messa al lavoro».

«Bugiardo!»

«Per favore, Sulpicio», interviene il governatore, già stanco della discussione, «non litighiamo come infanti».

Io proseguo, con la voce innocente come quella di un bambino. «E non è colpa mia, governatore, se non ho visto il marchio che la identifica come proprietà di Sulpicio, se mai ve n'è uno». Indico gli occhi mancanti.

Il governatore si mette a ridere. «Indubbiamente. Almeno su questo devi essere d'accordo, Sulpicio».

«Non appena ci siamo resi conto che si trattava della ragazza che apparteneva a Sulpicio, l'abbiamo portata al foro, stamattina. E, governatore, non dimentichiamo che stiamo parlando di proprietà, non della costituzione! A quale problema non si può porre rimedio?»

«Giustissimo», fa il governatore. «Bene, Sulpicio, la tua schiava ti è stata restituita. Quale compenso richiedi per il disagio arrecato?»

«Quest'uomo e il suo liberto dovrebbero essere arrestati».

Il governatore fa *tsk tsk*, con la lingua, in segno di disapprovazione. «Per favore, cerchiamo di andare avanti, non indietro. Questi sono cittadini romani e non saranno arrestati per una rissa che è finita con qualche graffietto per i tuoi gladiatori. Non è per questo che esistono i gladiatori? Per prendersi qualche graffio?»

«I suoi gladiatori sono veramente magnifici, governatore», intervengo di nuovo io. Ho avuto il piacere di ascoltarli mentre si esercitavano. Sono realmente dispiaciuto per il malinteso e per il danno causato. Per riparare sarei pronto a offrirti centomila sesterzi».

Il governatore è colpito. Si è reso conto adesso della mia ricchezza, ed è il tipo di uomo che è sensibile alla ricchezza. «Un'offerta più che onesta».

«Duecentomila», rilancia Sulpicio.

«Per due gladiatori tagliati?», faccio io.

Il prezzo è assurdo, ma cosa me ne importa? Ho così tanti soldi che non mi basterà una vita per spenderli tutti.

«Va bene», confermo, «è un pagamento eccessivo ma desidero sinceramente fare ammenda».

«Bene», conclude il governatore e poi borbotta: «Ottima decisione, Sulpicio».

«E», aggiungo io, «già che ci siamo, visto che ti sto rendendo sempre più ricco a ogni minuto che passa, qual è il prezzo per la ragazza e suo fratello? Ti hanno causato così tanti problemi che dubito vorrai tenerteli». Rivolgendomi al governatore, dico: «La ragazza prepara un particolare tè alla cannella senza il quale non posso più vivere».

Il proconsole ridacchia.

«Non è in vendita», dice Sulpicio, fumante di rabbia. «E neanche suo fratello».

«Non essere sciocco. Tutto è in vendita», ribatto. «Fai un prezzo».

La sedia di Sulpicio scivola indietro.

Ho dimenticato con chi avevo a che fare. La logica e la ragione non fanno parte delle caratteristiche di Sulpicio. Avrei dovuto fare appello al suo ego, anziché chiamarlo sciocco.

«Se vorrò altri soldi da te», conclude Sulpicio, «me li prenderò. Ti pentirai di avermi incontrato, Ulpio».

Sentiamo le scarpe di Sulpicio scivolare lungo il colonnato.

«Grazie, proconsole», esclamo cercando di nascondere la mia frustrazione al lasciare Olimpia tra le grinfie di Sulpicio. «Il tuo intervento di oggi è stato molto apprezzato».

«Sì», dice il governatore, «alla fine mi sembra che siamo riusciti a rimanere civili. Ma temo che dovrai prendere le ultime parole di Sulpicio come una minaccia».

«Oh, sono sicuro che lo fosse. Ma non è niente che non possa gestire».

«Ritengo che dovrai lasciare Antiochia e financo la Siria per il momento».

«È proprio necessario?».

Mi mordo la lingua. Il governatore è pigro e debole, piuttosto che vedersi costretto a disarmare Sulpicio per insubordinazione e minacce e privarlo dei suoi gladiatori, preferisce la strada più semplice, mandare via me.

«Temo di sì, Ulpio. Non lo faccio senza rimpianti. Posso vedere che sto dicendo addio a uno dei pochi veri Romani da questa parte dell'Adriatico. Ma non posso permettermi ulteriori disordini nell'area. Ho bisogno di concentrarmi sulle voci che arrivano dalla Tracia».

«Ah», faccio io, «quali voci?».

Il governatore si china verso di me. Puzza di aglio e di rosmarino.

«Voci di un uomo che afferma di essere Nerone stesso», dice piano.

Il mio cuore si ferma.

«Un altro falso Nerone?».

Il proconsole ride. «Sei un vero amico di Vespasiano, se sottolinei la *falsità* dell'impostore. Ma sono voci intriganti, nevvero? Nerone vivo e vegeto, che sta complottando per riprendersi il trono».

«Pensi che Nerone sia vivo?»

«Se l'ultimo dei troiani sia vivo o no, non lo so. Ma questo ultimo impostore non è certamente Nerone». La voce del governatore si abbassa a un sussurro. «Abbiamo un uomo che ha disertato il nuovo esercito del falso Nerone. È arrivato qui, ad Antiochia, tre giorni fa. Era ferito, sul punto di morire, e implorava di poter parlare con me. Ha detto che l'uomo che afferma di essere Nerone è un ciarlatano. Un ex soldato, a quanto pare».

«Oh». Non posso fare a meno di chinarmi anch'io in avanti, aspettando con impazienza di avere ulteriori informazioni.

Il governatore continua: «Il disertore aveva creduto che l'uomo che sosteneva di essere Nerone fosse realmente Nerone». Fa una risatina. «Per mesi ha seguito ciecamente l'impostore. Quando ha scoperto la verità, che l'uomo che afferma di essere Nerone non è altro che un impostore, ha cercato di fuggire dal campo. Ma è stato pugnalato e quasi ucciso».

«Ha comunicato il nome dell'impostore, il nome vero?»

«Sì, lo ha fatto». La voce del governatore non è più un sussurro. «Devo essermelo segnato da qualche parte. Ma credimi, non ho mai sentito prima quel nome».

«Vorrei parlare con questo disertore», dichiaro. «Sarei interessato in quello che ha da dire».

«Non so se sia una buona idea», afferma il governatore. «L'imperatore è piuttosto sensibile quando si tratta dei falsi Neroni. Lo sai com'è stato con l'ultimo. Probabilmente non avrei neanche dovuto parlartene. Ma sono sicuro che manterrai per te le informazioni che ti ho dato».

«Certo», lo rassicuro. «Cosa pensi di fare con queste informazioni?»

«Molto poco per ora», risponde il governatore. «Non so bene cosa potrei fare *io*. Ho bisogno di avere confermare di queste informazioni prima di poterle comunicare a Roma. E non so nemmeno dove sia questo falso Nerone. Sono sicuro che tutto si risolverà da solo». Batte le mani per chiedere più vino. «Ceniamo insieme stasera, prima che domani ti metta in cammino?».

Marco è sconvolto. Non riesce ad accettare che Olimpia possa appartenere a Sulpicio.

«Non c'è niente che possiamo fare», gli dico.

Marco fatica a trattenere le lacrime. Si è innamorato di questa ragazza in così poco tempo? Quanto tempo c'era voluto a me per innamorarmi di Atte? Forse un'ora, due al massimo effettivamente.

«Sei un codardo», afferma Marco, riprendendo la nostra discussione del giorno prima. Ma la sua voce è abbacchiata, più che furente.

«So che sei arrabbiato, arrabbiato per essere nato schiavo, arrabbiato per aver perso il tuo amico a Rodi, arrabbiato per aver perso Olimpia. Sei infuriato per la crudeltà del mondo. Ma a meno che uno non abbia un esercito, la forza bruta non ti porta lontano. Devi usare questo». Punto il dito sulla tempia. «Devi usare la ragione. È l'unico modo per contraddistinguerti».

«Non perdere la speranza», lo incoraggia Teseo. «Non è finita qui. L'esito è soltanto posticipato. Ti racconto una storia. I primi tempi che facevo il gladiatore c'era un altro schiavo, un Gallo che tutti chiamavano Scarafaggio, che si allenava con me. Era un piede più alto di me e forte il doppio. Il mio padrone all'epoca preferiva Scarafaggio a me, dandogli cibo, donne, vino. Nel frattempo, io venivo picchiato e lasciato a morire di fame. Ero destinato a diventare cibo per la spada di Scarafaggio. Quando ci allenavamo, Scarafaggio mi demoliva ogni volta. Mi disarmava e poi mi colpiva ripetutamente con la sua spada di legno. Di notte avrei voluto piangere, ma ero troppo dolorante ed esausto per averne l'energia. Il mio primo combattimento a Roma è stato contro di lui. Mi ha quasi ucciso. Se si fosse dato retta alla folla, quel giorno sarei morto. Scarafaggio stava per darmi la staffilata finale e il pubblico lo incoraggiava, ma c'è stato l'intervento degli dèi, o meglio di *un* dio. Avresti dovuto vedere come sapeva tenere a bada le masse Nerone. Era una forza della natura. Lo avrebbero seguito anche su una scogliera. Cesare ha fatto segno che dovevo vivere. La folla ha cambiato idea e ha iniziato a chiedere clemenza. Potevo vivere. Quel giorno Nerone mi ha comprato. Mi ha fatto allenare, mi ha nutrito, mi ha dato un'educazione. Passò un anno prima che tornassi a combattere nell'arena. Ero più forte, più veloce, meglio allenato. Anni più tardi, dopo che mi ero fatto un nome, ho dovuto confrontarmi con Scarafaggio una seconda volta».

«E hai vinto?» domanda Marco.

«Certo che ha vinto», faccio io.

«L'hai ucciso?», chiede Doriforo.

«Ho fatto di meglio» risponde Teseo. «L'ho umiliato. Ho giocato con lui come fa il gatto col topo, finché si è ridotto a implorarmi di risparmiargli la vita. Quindi vedi, alla fine ho vinto io. Ci è solo voluto più tempo. E pazienza. Le vere vittorie non arrivano in un giorno. Devi ingoiare l'orgoglio e la rabbia e saper aspettare».

«Mi aiuterai a riprenderla?», chiede Marco.

«Hai la mia parola», assicura Teseo.

«Tutti noi lo faremo» aggiungo io.

Tiro un calcio a Doriforo e allora anche lui conferma: «Sì, tutti noi».

«E di questo falso Nerone, che si dice?» chiede Teseo. Di colpo la sua voce sembra affaticata. È stanco di inseguire i miei nemici per tutto l'Impero.

«Voglio parlare con il disertore. Voglio il vero nome del falso Nerone».

È una notte di luna piena, o almeno così mi dice Teseo. Mi guida attraverso il cancello della prigione. A quanto pare ci sono due guardie.

«Chi va là?»

«Amici», risponde Teseo. «Amici con monete».

«Sarà vero?»

«Ci sono due guardie», sussurra Teseo. Probabilmente schiavi, o forse soldati. In entrambi i casi, un po' di monete extra potrebbero far loro comodo.

«Vorremmo vedere il prigioniero», dico loro, «il ferito».

«A nessuno è permesso vedere quel prigioniero. E di certo non a quest'ora».

«Siamo pronti a pagare», faccio io.

«Ah, sì?», dice una guardia.

«Cos'è quella?», chiede la seconda guardia. «Una moneta? State scherzando. Vi costerà molto di più».

Teseo tiene in mano una moneta. Al chiaro di luna non possono vederne il colore.

«Non è una moneta qualunque», dice Teseo. «Ecco qua».

Lancia la moneta.

Uno di loro lo prende e fa un fischio. «Oro».

«Dammela un po' qui», dice il suo collega.

«Quante ce ne vorranno per poter entrare?», chiedo.
C'è una lunga pausa mentre i due uomini cercano di indovinare il numero più alto a cui potremmo arrivare.
«Tre?»
«Ve ne daremo cinque ciascuno», scandisco io, «ma potremo rimanere soli con il prigioniero. Siamo d'accordo?».
Le due guardie iniziano a ridere. È il giorno migliore della loro vita.

L'unico rumore all'interno è quello di un uomo che russa.
«Hanno portato un giaciglio nella cella», mi informa Teseo. «Su di esso vi è un uomo riverso. Sembra ferito».
Teseo mi accompagna verso uno sgabello lì accanto. Lo sento risvegliare il prigioniero addormentato.
L'uomo è sorpreso. Fa urlare, ma il suono viene ovattato dall'enorme mano di Teseo.
«Non devi fare rumore», gli dico. «Se prometti di mantenere la voce bassa, il mio amico, qui, ti toglierà la mano dalla bocca. Altrimenti, be', non sono certo di cosa farà».
«Sta annuendo», mi dice Teseo e lo sento liberare la mascella del prigioniero.
«Che cosa vuoi?», chiede.
«Un nome».
L'uomo fa uno sbuffo, con aria di disgusto. Sa chi intendo dire.
«È un impostore. Ma immagino tu lo sappia. Se avessi pensato che potesse essere Nerone, non mi chiederesti il suo nome».
«Su questo hai ragione. Molto astuto». Decido di fare amicizia con il disertore. Voglio più di un semplice nome. «Ho sentito che gli credevi ciecamente. Pensavi che quell'uomo fosse Nerone?»
«Nerone è un dio», fa lui. «È vivo. Lo so».
«Sul serio?»
«Stai ridendo di me», sbotta, «ma io conosco Nerone. O quantomeno lo conoscevo».
«Non sto ridendo, amico mio. Anch'io penso che sia vivo. Quando hai incontrato l'ultimo dei troiani?».
«Una volta mi ha anche toccato, sulla mano. A Roma».
«Un evento propizio».
«Di sicuro».

«Allora, dove l'hai incontrato? Quando?»

«Durante il viaggio in Grecia».

«Ah, capisco. E come sei entrato a far parte dell'esercito del falso Nerone?»

«Volevo servire il mio imperatore. Sapevo che era ancora vivo. Lo sentivo. Nerone non ci abbandonerebbe mai. Quando ho sentito che era vivo, e che era in Tracia con un esercito, ho lasciato la Grecia, ho abbandonato moglie e figli, ho rinunciato a tutto. Li ho trovati, in Tracia... Ma non era come mi ero immaginato. C'erano duecento uomini o poco più. Solo una manciata di loro aveva le tende, gli altri dormivano sotto le stelle. I loro armamenti erano vecchi e arrugginiti. E l'uomo che afferma di essere Nerone stava nascosto per la maggior parte del tempo. Ma io non persi fiducia». Ride sarcastico. «Come ho detto, l'impostore lo vedevamo a malapena. Ogni tanto ci mettevamo su una grande roccia nel mezzo del campo e ci riunivamo in sua presenza».

«E lui cosa faceva? Un discorso?»

«Era più come un sermone. Ci diceva che eravamo stati prescelti dagli dèi per porre rimedio a una grande ingiustizia, e ci parlava delle grandi gesta cui eravamo destinati. Acclamavamo il suo nome e maledivamo l'usurpatore che aveva preso la sua corona. Uno dei suoi più vicini consiglieri era un sacerdote di Apollo. Il sacerdote sacrificava una decina di animali in cima a quella stessa roccia, e interpretava le loro viscere per ore. La roccia diventava tutta rossa di sangue».

«Come hai scoperto che era un impostore?»

«Sermoni a parte, non avevo mai modo di avvicinarmi a lui. Quando saliva sulla roccia indossava una corona di alloro e una veste color porpora. Aveva una folta barba rossa. Sembrava perfetto. Ma a me quei sermoni non bastavano. Avevo bisogno di avvicinarmi a lui, *dovevo* farlo. Se avessi mai incontrato Nerone mi capiresti. Sapresti il fascino che esercita. Così, una notte, ho attraversato di nascosto il campo per arrivare alla tenda dell'impostore. Il telone era illuminato dall'interno, dalla luce di una torcia. Stava tenendo una riunione con il suo *consilium*. Sapevo che non avrei dovuto spiare, ma volevo vederlo almeno una volta da vicino, sentirlo parlare. Mi stesi per terra e alzai il lato della tenda di un pollice o due, per guardare dentro».

«E a quel punto?».

La sua voce si fa rabbiosa. «Era tutta una farsa. Senza la tunica porpora e la corona di alloro, non sembrava neanche un senatore, figuriamoci un dio. E lui e i suoi uomini parlavano dei loro piani più come una bandi di ladri che come un imperatore e i suoi consiglieri più fidati».

«Cosa intendi dire?» gli chiedo.

«Parlavano dei sermoni, di come migliorarli e di come renderli più credibili. Parlavano di quali città prendere e saccheggiare, o di come indurre altre persone a unirsi a loro».

«E hai sentito un nome?»

«Sì».

«Che nome hai sentito? Chi è l'impostore?»

«Erano tutti ex soldati, che avevano servito l'impero insieme. Si chiamavano l'un l'altro con il rango che avevano avuto in precedenza. I suoi uomini prevalentemente lo chiamavano centurione». Fa uno sbuffo. «Un banale centurione».

«Ma hai sentito un nome?»

«Sì. Terenzio. I suoi uomini lo chiamavano Terenzio».

Terenzio. L'uomo che Marco chiama la Volpe. Il centurione che cinque anni fa mi ha trascinato fuori dal letto e ha ordinato ai suoi uomini di cavarmi gli occhi con lame roventi. Forse lo avevo già intuito, anche se non l'ho mai detto ad alta voce. Sono cinque anni che inseguiamo gli uomini che mi hanno tradito in lungo e in largo per tutto l'Impero. Tutto hanno lasciato delle tracce, tranne Terenzio. Era stato abbastanza sfrontato da strappar via gli occhi di Cesare. Perché non avrebbe dovuto rivendicare di essere Cesare lui stesso?»

«Qual è il suo piano?», chiedo. «Che cosa intende fare il falso Nerone?»

«Uccidere i suoi nemici e riprendersi il trono».

IV

IO, GAIO

79 D.C.

DOMITILLA

22 agosto
Villa dei Pisoni, Baiae

Il cadavere del becchino viene scoperto il giorno del mio matrimonio. Giocasta mi rivela la notizia la mattina, dopo essere stata come sempre al mercato.

«Galleggiava nel lago», mi dice, «all'interno del frangiflutti».

Siamo all'ombra del colonnato, accanto allo stagno dei pesci. Qualche coda di triglia rompe la superficie, spruzzando acqua.

«Sei sicura che si tratta dello stesso uomo che aveva cercato in tutti i modi di parlarmi?».

Ripenso all'uomo magro fuori dallo stadio a Puteoli, allontanato dai pretoriani, con in mano il cappello verde. Mi era sembrato sincero e speranzoso.

«Sì, padrona», mi risponde. «Ho visto i pretoriani tirarlo fuori dall'acqua. Aveva il viso gonfio e verdastro, ma l'ho riconosciuto dal giorno dei giochi gladiatori. Indossava la stessa tunica nera e aveva gli stessi capelli radi e la barba nera».

Non avevo voluto parlarci perché la sorella di Cesare non dovrebbe incontrarsi con dei becchini. Ma ora che è morto, quella mia decisione mi sembra crudele.

«Era di Rieti, vero?».

Rieti era la città natale di mio padre. Abbiamo ancora una casa, lì.

Giocasta si stringe nelle spalle. Non ricorda da dove venisse.

«Vorrei vederlo», affermo.

Livia, la servitrice che aveva parlato con il becchino, è a portata d'orecchio. Così, interviene: «Non ce n'è bisogno, padrona. Non dovresti avvicinarti a un becchino, anche se morto».

Giocasta concorda, sia pur con riluttanza. «Livia ha ragione. E non ci sono abbastanza pretoriani per scortarti», afferma. «Sono stati chiamati per aiutare a tirare fuori il becchino dal lago».

Oltre il colonnato, intento a camminare nel giardino sotto l'implacabile sole estivo, c'è il Batavo. Dalla sua sconfitta, Tito l'ha messo a lavorare come guardia imperiale. «Possiamo dirlo a lui», dichiaro, indicandolo.

Alle caserme dei pretoriani, veniamo accompagnati fino alle scuderie. Troviamo Virgilio e tre pretoriani di fronte a un cadavere nudo.

«Padrona», esordisce Virgilio. «Questo non me l'aspettavo». Fa cenno ai soldati di farci passare e, prendendomi per un braccio, mi allontana dal cadavere. «Cosa fai qui?»

«Sono venuta a vederlo», rispondo, volgendomi verso il corpo senza vita.

«Oh?». Virgilio sembra confuso. «Lo conosci?»

«Credo di sì», ribatto. «Posso guardarlo più da vicino?»

Lui annuisce con riluttanza e ci avviciniamo al cadavere.

La pelle dell'uomo sembra quella di un rettile, quasi verde e gonfia. Ciuffi di peli neri spuntano da sotto le ascelle e gli coprono l'inguine e il membro raggrinzito. I piedi puntano in direzioni opposte. Sembra più un'anguilla che un uomo.

Ma la barba e la calvizie sono quelle che ricordo.

«Lo conosco».

«Chi è?»

«Ha cercato di parlarmi due volte. È, *era* un becchino. Ha detto alla mia serva che aveva delle informazioni importanti per me. Ma...», la mia voce prende un tono difensivo, «non potrei contare le volte in cui ho sentito simili affermazioni. Ho pensato che fosse il solito opportunista e mi sono rifiutata di concedergli udienza».

Virgilio annuisce.

«È stato ucciso?», domando.

«Non lo so», ammette Virgilio. «Ha un taglio sulla fronte, ma non ce ne sono altri. Credo che sia probabile che stesse camminando lungo il frangiflutti, sia scivolato, abbia battuto la testa e sia annegato».

Virgilio mi guarda, comprensivo. Ho un'aria dispiaciuta? Sembro in colpa? Forse mi sento in colpa. Non so se, parlando con lui, avrei potuto evitare la sua morte. Ma di certo avrei potuto fare più di quanto abbia fatto.

Virgilio riprende: «Non mi preoccuperei di questo, padrona. È probabile che fosse quello che credevi: un opportunista. E la sua morte non ha niente a che fare con te. Era solo un uomo con poco equilibrio».

«Vieni, padrona», dice Giocasta, prendendomi per un braccio, «abbiamo molto da organizzare, per oggi».

«Ah, sì», soggiunge Virgilio, inarcando le sopracciglia candide. «Il matrimonio. Non vedo l'ora».

Nerva arriva nel pomeriggio, mentre sto finendo di provare il mio vestito nuziale. Livia sta tenendo sollevato uno specchio e due sarte sono in ginocchio, intente a misurare e stringere tessuti.

«Che vuole?», domando.

«Dice di avere notizie del soldato scomparso», risponde Giocasta. «Giulio Caleno».

Ho perso un becchino solo per ritrovare il mio veterano scomparso?

«Fallo entrare».

Nerva entra nel tablinum con decisione, avanzando con i passi più ampi che le sue corte gambe gli consentono. Il suo schiavo lo segue da presso. Si ferma e si inchina.

«Hai notizie di Giulio Caleno?»

«Sì, padrona», risponde lui. «Poche, ma incoraggianti».

«Ebbene?»

«Ho saputo qualcosa da un creditore di Beneventum. Ha detto che un uomo ha chiesto un prestito a mio nome. Ha dato il nome di Caleno, e la sua descrizione sembra quella del nostro comune amico».

Caleno è diventato il nostro comune amico, ora?

«Pensavo fossi dell'opinione che Caleno si fosse nascosto in qualche taverna a ubriacarsi».

Nerva si inchina leggermente. «All'inizio, padrona. Ma la sua assenza si è protratta e ho iniziato a preoccuparmi. Ho tenuto occhi e orecchie aperti per cercarlo. Al momento, abbiamo soltanto una vaga idea di dove potrebbe essere, ma è comunque un inizio».

«Grazie, Nerva. Spero di avere presto altre notizie».

«È un piacere, padrona». Il sorriso non arriva a sfiorargli gli occhi gelidi. «Come ho detto, sono qui a disposizione del principato, se dovesse servirti. I miei occhi e le mie orecchie possono essere sfruttati al meglio. E hanno visto e sentito molto, in questi ultimi giorni».

Mi sembra ovvio che queste ultime parole non siano casuali. Nerva vuole che gli chieda: *E cosa hai visto, mio caro?* E vuole essere ricompensato per le sue risposte. Posti da console, da governatore, da sacerdote. Questo ha funzionato per lui, in passato, sotto Nerone. E anche nei primi anni del regno di mio padre. Sarebbe ben contento di denunciare un senatore o un cavaliere traditore per ottenere dei benefici.

Ma mi chiedo quanto delle informazioni di Nerva sia vero, e quanto invece inventato. Perché Nerva è venuto qui proprio oggi? Ha avuto davvero delle notizie su Caleno? O ha inventato tutto per potermi vedere?

«Grazie per l'offerta», rispondo senza interesse.

Lui si inchina e si gira per congedarsi.

«Nerva», lo fermo, e lui si gira a guardarmi. «Ti ho forse visto parlare con Domiziano, ai giochi?».

Lui sorride. «Io... sì. Ho parlato con Domiziano».

«E perché? Cosa potreste mai avere in comune tu e Domiziano? Tu sei un politico, Domiziano non lo è».

Nerva sta ancora sorridendo. Per la prima volta da quando lo conosco, sembra a corto di parole.

Di colpo, Livia lascia cadere lo specchio. Strilla e si scusa subito dopo. Tutti i presenti la fissano mentre lo raccoglie. Una grossa crepa lo attraversa da un angolo all'altro.

«Mi dispiace tanto, padrona».

«Non preoccuparti, Livia», rispondo. «Ne abbiamo di sicuro degli altri».

Livia si inchina e corre a cercare un altro specchio.

Mi rivolgo a Nerva. «Stavamo dicendo?»

«Mi stavi chiedendo come mai ho parlato con tuo fratello. A dire il vero, padrona, gli stavo chiedendo consiglio. È molto esperto nei combattimenti gladiatori, mentre io sono piuttosto ignorante».

«Capisco», rispondo. «Be', hai chiesto consiglio all'uomo giusto. I combattimenti sono tra le poche cose che mio fratello conosce bene».

Mentre Nerva si gira per andarsene, gli chiedo: «Ci vediamo al matrimonio?».

Lui fa una smorfia. «Non credo di essere stato invitato».

BARLAA

22 agosto
Baiae, Golfo di Napoli

L'ammiraglio Secondo entra come una furia. A stento saluta il medico seduto sul bordo del mio letto, intento a fasciarmi la ferita con bende pulite.

«Sono stato informato del fatto che stai troppo male per venire al matrimonio», dice l'ammiraglio.

Comincia a camminare avanti e indietro nella mia stanza, osservando ogni oggetto, come se potesse trovare un pugnale con la scritta "per la pancia di Cesare" su uno scaffale.

Faccio una smorfia, quando il medico mi toglie il bendaggio. «Sì», rispondo, «come puoi vedere non sto bene».

«Ma comunque sei stato ai giochi gladiatori».

«Sono peggiorato».

«E come sta Manlio, il tuo centurione?»

«È vivo», rispondo, «ma ancora consumato dalla febbre. Continua a borbottare il nome di una ragazza. Un amore perduto di quando era giovane ad Alessandria, forse».

L'ammiraglio guarda il medico, che annuisce, concordando con la mia storia. L'ammiraglio si siede accanto al letto e mi fissa negli occhi. «Questo è il momento», afferma, serio.

«Il momento per cosa?»

«Per dirmi quello che sai. Dimmi chi ti ha assalito e perché».

Incapace di guardarlo negli occhi, sposto lo sguardo sul medico, osservandolo mentre lavora. «Non so di cosa tu stia parlando. Sono stati dei ladri ad assalirmi».

«Sei in una situazione difficile», afferma l'ammiraglio. «Questo è chiaro. Vuoi essere fedele alla tua terra natale, al tuo popolo. Ma hai amici anche qui».

Continuo a fissare il medico.

«Cosa mi dici del senatore Sulpicio?», mi chiede l'ammiraglio.

«Qual è il senatore Sulpicio?», domando a mia volta. «Voi Romani mi sembrate tutti uguali».

L'ammiraglio si appoggia allo schienale della sedia e si gratta i baffi bianchi.

«Da quanto tempo vivi qui in Italia?», mi chiede. «Trent'anni?»

«Ventinove a ottobre», rispondo.

L'ammiraglio sorride. «Ventinove anni. E se me lo sai dire con tanta precisione, non devono essere stati così piacevoli. Non posso biasimarti per averli contati, del resto. L'avrei fatto anch'io, se fossi stato trattenuto in Partia contro la mia volontà. Ma ti è mai mancato qualcosa, in questi anni? Non hai forse avuto schiavi e bellissime case? Non sei stato trattato come un uomo di sangue reale, come meriti?»

«Alla malora gli schiavi e le belle case», ringhio a denti stretti. «Sono un ostaggio, non è una condizione migliore di quella di uno schiavo».

Il medico finisce il suo lavoro e si allontana in silenzio dalla stanza.

«C'è mai stato un Romano che ti ha messo in catene?», mi chiede l'ammiraglio, fingendosi confuso. «No, direi proprio di no. Se hai qualcosa di cui lamentarti per il fatto di essere un ostaggio, credo che sia colpa del re Vologase, tuo fratello».

Ripenso a quella dannata tenda, tanti anni fa. In ginocchio davanti al mio fratellastro, che se ne sta lì gonfiando il petto. Il sentore dell'olio di croco e della carne arrostita. Una lampada che cigolava ondeggiando.

«I Flavi sono stati gentili con te, Barlaa. Ma tu continui a tacere informazioni importanti».

«Non per tutti e ventotto gli anni», dichiaro.

«Cosa?»

«Sono giunto qui sotto il regno di Nerone».

Il volto dell'ammiraglio si indurisce al sentire il nome di Nerone. È la mia opportunità di cambiare le carte in tavola. Di distrarlo.

«Perché tutti i Romani sembrano aver visto un fantasma, quando viene menzionato Nerone? So che i poveri in strada pensano che Nerone stia tornando a riprendersi il trono, ma non pensavo che tu, il grande ammiraglio, potessi credere alle parole della Sibilla».

L'ammiraglio si acciglia. Poi afferma: «Nerone è morto. I Flavi regneranno per una generazione».

«C'è un uomo, dall'altra parte dell'Eufrate, a capo di un esercito, che non sarebbe d'accordo con te».

L'ammiraglio sbuffa, infuriato.

«È questo il piano, dunque? Aiutare il falso Nerone a riprendersi il trono?».

Scoppio a ridere. «È un giorno mesto quello in cui il famoso ammiraglio vaneggia come un pazzo».

Lui mi preme un indice grasso contro il petto. «Perché non vai al matrimonio, Barlaa?»

«Te l'ho già detto. Non sto bene».

«Chi ti ha aggredito?»

«Dei ladri».

Siamo a un punto morto.

L'ammiraglio cambia tattica. Si alza e si avvicina alla parete opposta. Su uno scaffale c'è la statuina di un coccodrillo intagliato nell'ambra. Un ninnolo di cui non ricordo l'origine.

«Sapevi», mi chiede lui, «che il coccodrillo, dopo aver mangiato del pesce, si ritrova tracce del suo pasto tra i denti? E c'è un uccello che cammina tra le file di zanne mortali, beccando via quei pezzi. Un modo pericoloso per guadagnarsi la cena. Ma quell'uccello cresce abituato al pericolo. Neanche lo vede».

L'ammiraglio prende la statuina e l'ammira.

«Sto pensando che la situazione precaria di un ostaggio a Roma è simile a quella dell'uccello che cammina tra le fauci del coccodrillo. Dimentica che potrebbe morire in un attimo, se il coccodrillo decidesse così».

«E tu sei il coccodrillo?».

L'ammiraglio rimette giù la statuina.

«Roma è il coccodrillo. Io sono soltanto uno dei suoi denti aguzzi. Cerca di non dimenticarlo».

Dopo che l'ammiraglio si allontana, chiamo Sinnace.

«Non andrai al matrimonio, domani», gli dico.

«Sì, invece».

«No, non ci andrai».

«Devo andarci».

Guardo il ragazzo, cercando di interpretare la sua espressione. È solo il desiderio di non perdersi un'occasione sociale o qualcosa d'altro? Hanno promesso di tenere Sinnace fuori da tutto questo. Mi sono sbagliato a fidarmi di loro?

«Perché?», domando. «Perché ci devi andare?».

Lui fa una pausa più lunga di quello che dovrebbe.

«Perché devi andarci, Sinnace?»

«Ti dimostrerò che ti sbagli, Barlaa», dichiara lui, prima di allontanarsi di corsa.

GAIO

22 agosto
Villa di Ceriale, Napoli

Il matrimonio avviene nella casa del generale Ceriale, una villa sul mare in periferia di Napoli. Lo sposo è sul molo, quando arriviamo, e sta salutando gli ospiti. Indossa una bella tunica di seta rosso scuro; ha il collo e i polsi adornati d'oro, e brilla alla luce delle torce come un pesce che guizza nel mare. Stringe la mano con forza a ogni uomo che gli si avvicina, con un sorriso da un orecchio all'altro.

Ci sono forse duecento invitati; solo le persone più vicine all'imperatore. Lo zio Plinio ha convinto Tito a non invitare gli emissari partici. Ulpio e lo zio Plinio hanno litigato per questo. Ulpio ha detto che sarebbe stato un gesto maleducato non invitarli, ma lo zio Plinio pensava fosse pericoloso. Riteneva che il rifiuto di Barlaa a partecipare potesse significare qualcosa. «Sta nascondendo qualcosa, Cesare», ha detto all'imperatore. E che Cesare lo abbia ascoltato è stato un segno inequivocabile della loro lunga amicizia. Comunque, è stato ben felice di insultare i Parti che l'avevano costretto a cedere il suo segretario preferito, Tolomeo. Tito ha procrastinato la consegna di Tolomeo fino a stamattina, ma il suo orgoglio ha superato il suo affetto per il ragazzo. Non voleva sembrare debole rifiutandosi di pagare la scommessa.

Sinnace è l'unico Parto presente. Di solito, non si riconoscerebbe come tale, perché si veste e si rade come un Romano. Ma stasera sembra aver scoperto la sua identità. È vestito da Parto, con pantaloni, una tunica orientale e il pugnale alla cintura.

La sposa e la sua famiglia arrivano in barca; due vascelli pieni di familiari, amici e servitori; entrano nel porto dopo il tramonto, con i moli illuminati dalla luce giallastra delle lampade. Le barche non hanno più niente della loro originaria funzione come navi da guerra, sono state convertite in vascelli di piacere con sedili imbottiti, pieni di anfore di vino e recipienti di acqua di mare con ostriche e altro pescato locale. Stasera, dopo la cerimonia, sulle navi saliranno tutti gli ospiti, per essere portati a fare un giro nella baia, bevendo e rilassandosi fino all'alba.

Io e lo zio Plinio seguiamo la fila di ospiti dal molo, risalendo fino alla villa ed entrando nel giardino. Un sacerdote è lì in fondo, e una dozzina di pretoriani staziona nelle vicinanze.

Lo zio Plinio trova Virgilio tra la folla. «Sono gli unici uomini che hai portato?»

«È un matrimonio, ammiraglio», risponde Virgilio, con un sorriso. «Pensavo di averne portati troppi».

Lo zio Plinio si acciglia. «Virgilio, conosci il mio...».

Virgilio mette una mano sulle spalle dello zio Plinio. «Calmati, ammiraglio. Non lasciare che questo ti rovini l'umore. Fuori di qui c'è il doppio dei soldati, pronti a muoversi se necessario».

Soddisfatto, lo zio annuisce.

Il giardino continua a riempirsi di ospiti. L'aria della notte è colma di tranquille conversazioni sussurrate.

Scorgo Sinnace che esce dal giardino e gli corro dietro. «Sinnace», lo chiamo, afferrandolo per un braccio.

Lui si ferma, ma non mi guarda negli occhi.

«Cosa vuoi, Gaio?»

«Dove stai andando? La cerimonia sta per cominciare».

«Arrivederci, Gaio», risponde lui, allontanandosi.

«Strano», borbotto tra me e me.

Trovo lo zio Plinio e gli tiro una manica. «Ho appena avuto una strana conversazione con Sinnace», sussurro. Comincio a spiegargliela, ma la cerimonia inizia prima che possa concludere il racconto.

A un'estremità del giardino, di fronte al sacerdote, compare la sposa, a braccetto con l'imperatore. Il silenzio cala sulla folla.

È bellissima. I suoi capelli del colore delle mandorle sono stati arricciati e sollevati in una nuvola leggera sopra la sua testa. Indossa un vestito bianco con una cintura di corda alla vita.

Cesare e sua sorella si fermano davanti al sacerdote. pretoriani e guardie del corpo imperiali si posizionano ai loro lati. C'è anche il Batavo, che è diventato una guardia imperiale dopo aver perso nell'arena.

Il sacerdote fa pronunciare i voti alla coppia. Prende una corda, che userà per legare insieme le mani della coppia, secondo il rituale. Il sacerdote è anziano, però, e goffo. Lascia cadere la corda.

I presenti ridono in modo pacato e benevolo. Il sacerdote sorride, e lo stesso fanno gli sposi.

Il vecchio fa per piegarsi a raccogliere la corda, ma Domitilla lo ferma con un tocco lieve sul braccio; poi si abbassa a recuperarla lei stessa.

Si sente qualcosa, un ronzio nell'aria.

Poi il sacerdote si ritrova con una freccia nel petto. Passata direttamente sopra la testa dell'Augusta.

I presenti sono immobili, il silenzio è carico di confusione.

Il sacerdote abbassa lo sguardo sulla freccia; sgrana gli occhi, terrorizzato.

Un rivolo di sangue scende lungo l'asta della freccia.

Il sacerdote urla di dolore.

Il Batavo è il primo a muoversi, gettandosi sulla sposa. Usa lo scudo legato al braccio sinistro per proteggerla, puntandolo nella direzione da cui è arrivata la freccia. Si muove rapido e, nella sua fretta, urta il sacerdote e Ceriale, facendo cadere entrambi a terra.

Cesare, ora che l'istinto da generale ha preso il sopravvento, estrae una spada dal fodero di uno dei pretoriani accanto a lui e comincia a gridare ordini ai suoi soldati.

Una seconda freccia si pianta nello scudo del Batavo con un tonfo sordo.

Il prefetto Virgilio, preoccupato solo della sicurezza di Cesare, getta a terra l'imperatore. Tre littori si portano su di lui, proteggendolo.

Una terza freccia manca lo scudo del Batavo e gli si pianta nella carne. L'uomo urla di dolore.

La folla stordita infine capisce cosa sta succedendo e gli ospiti cominciano a gridare.

Tutti i soldati sguainano le spade e si guardano intorno frenetici.

Lo zio Plinio chiama Virgilio e indica il punto da cui è arrivata la freccia. C'è una finestra aperta, nella villa di Ceriale, che dà sul giardino.

Ma ora è vuota, e le tende fluttuano nella brezza che soffia dal mare.

DOMITILLA

22 agosto
Villa del generale Ceriale, Napoli

Mi piego a raccogliere la corda che il sacerdote ha lasciato cadere. Prima di riuscire a rialzarmi, sento un suono strozzato, un tonfo sordo, e poi il peso di qualcuno che mi si getta addosso, un'ombra scura di calore e sudore che mi copre come un lenzuolo.

Sento il cuore martellare nel petto.

Tito urla qualcosa ai suoi soldati.

Sento di nuovo quel suono, e l'uomo sopra di me urla di dolore. Sento il suo corpo irrigidirsi, quando grida.

Poi si alza e mi aiuta a raddrizzarmi.

È il Batavo. Il dolore gli ha tolto ogni traccia di colore dal volto.

Mi guardo intorno nel giardino, cercando di capire cosa sia successo. Gli ospiti stanno urlando. Tito è accanto a me. Afferra il batavo per un braccio ed esclama: «Portala alla nave, riportala a Baiae. Non permettere che le accada nulla».

«Tito, ma cosa...».

Prima che possa terminare la frase, il Batavo comincia a trascinarmi attraverso il giardino, oltre l'atrio e fuori dalla villa. Ci sono pretoriani ai nostri lati, con le spade sguainate e gli scudi sollevati.

Il Batavo si lancia sul molo, verso le navi. Ci guardiamo intorno, in attesa di un attacco che non arriva.

Ci sono tre soldati morti sul molo, la gola tagliata. Non abbiamo tempo di dispiacerci per loro. Il Batavo mi trascina su una delle navi.

Gli ospiti terrorizzati stanno uscendo di corsa dalla casa di Ceriale. Alcuni ci seguono sulle navi, più persone di quante ce ne fossero al nostro arrivo.

Il prefetto Virgilio è sulla nostra nave. Sta urlando ordini e impone che lasciamo immediatamente il porto o "li scuoierà vivi".

Vedo Tito che viene trascinato sulla nave dietro di noi, circondato dai littori e dai pretoriani. Un altro gruppo di soldati circonda una figura che deve essere Domiziano.

La barca si stacca dal molo. I remi ci portano al largo nella baia.

La nave di Tito è la più lenta a lasciare il porto. Il generale non vuole ritirarsi.

Giocasta è qui vicina e mi chiama, ma non riesco a scorgerla.

Il Batavo mi spinge sul ponte e, con braccia che sembrano possenti rami d'albero, si pone sopra di me.

Mi ritrovo con il viso vicino al legno del ponte. Ha un odore strano, diverso da quello che aveva ore fa, quando siamo venuti qui da Baiae. Sembra l'odore di un medicinale, o di un vino forte.

«L'odore...», mormoro.

Il Batavo mi guarda e io indico il ponte, poi il mio naso. Lui si piega ad annusare le assi di legno.

Virgilio ci sta guardando. Stringe gli occhi, poi si piega anche lui e annusa il ponte. Ancora in ginocchio, urla: «Indietro! Tornate subito a riva!».

Si sente un crepitio, come quello di una torcia che vola nell'aria, e vedo tre frecce infuocate piombare sul ponte della nave di Tito.

In un attimo, è avvolta dalle fiamme.

Il batavo mi porta alla falchetta.

«No, no, no», esclamo. «Non so nuotare».

Lui mi lancia in acqua. Ci finisco di testa.

Mentre scivolo giù, sotto la superficie, trascinata in basso dal peso del vestito, sento il calore della nostra nave che brucia.

GAIO

23 agosto
Casa del generale Ceriale, Napoli

«Lei *non* è affogata!».

Cesare è fradicio; la tunica color porpora gli aderisce addosso come una seconda pelle.

L'odore, di fuoco, di legno bruciato, di resina e di carne, arriva a zaffate dal mare. Le scialuppe continuano a portare a riva i sopravvissuti. Lungo il molo, chi ha evitato di annegare ma non è riuscito a evitare le fiamme grida di dolore.

Lo zio Plinio è calmo. «Qualcuno ha visto l'Augusta? Io e Gaio l'abbiamo vista cadere in acqua, ma la sua nave era lontana dalla riva, quando ha preso fuoco. Sembra essersi diretta verso est, nel caos. E lei non era tra quelli che sono stati riportati a riva».

«Lei è viva», ringhia Cesare.

Io e lo zio Plinio, ringraziando Fortuna, non siamo saliti a bordo delle navi dirette a Baiae. Siamo rimasti sul molo per aiutare quelli che scappavano, quando le frecce infuocate sono state scoccate da un punto della costa e le due navi con a bordo Cesare e la sua famiglia hanno preso fuoco.

Lo zio Plinio ha agito in fretta. Ha ordinato ai soldati rimasti e agli schiavi imperiali, in pratica a chiunque fosse vivo, di recuperare qualsiasi imbarcazione disponibile e salvare chi aveva abbandonato in tempo le navi in fiamme. Grazie a lui sono state salvate molte vite. Cesare, però, non ha avuto bisogno dell'aiuto dello zio Plinio. L'ho visto afferrare Domiziano e lanciarsi in acqua mentre il fuoco consumava la loro imbarcazione. Ha tenuto Domiziano sotto un braccio e ha nuotato fino alla riva mentre le scialuppe continuavano a portare in salvo i sopravvissuti.

«Sa nuotare?», domanda Virgilio.

Tito scuote la testa. «No. Ma era con il Batavo. E loro sono i migliori nuotatori dell'impero. Nuotano anche con l'armatura addosso. Sono certo che non avrà problemi a nuotare portando una donna di una sessantina di chili».

«Non sono indifferente al destino di tua sorella, Cesare», interviene lo zio Plinio. «Ma le nostre navi stanno controllando la baia. Se non è annegata, la troveranno. Inoltre, dobbiamo agire contro coloro che hanno attentato non solo alla vita di tua sorella, ma dell'intera famiglia imperiale. Dobbiamo muoverci in fretta, fermarli prima che possano provarci di nuovo».

«L'ammiraglio ha ragione», afferma Virgilio, con un occhio ancora sui soldati lungo la costa.

«Cosa proponi, ammiraglio?», domanda Cesare. «Sai chi possa essere stato?»

«Sono stati gli emissari partici», dichiara lo zio Plinio. «Non ho dubbi in merito».

«E come hanno fatto a entrare?», chiede Cesare.

«Grazie a Sinnace», afferma lo zio Plinio. A quel punto, racconta del mio strano dialogo con lui all'inizio della serata.

«Concordo con l'ammiraglio», interviene Virgilio. «Nessun Romano può scoccare frecce con tanta precisione».

«L'uso delle frecce non prova nulla», risponde Cesare. «Ma concordo sul fatto che possano essere tra i sospetti». Poi si rivolge a Virgilio: «Vai subito dai Parti con dei soldati, con la scusa di assicurarti che stiano bene. Potremmo trovare prove evidenti, se sono coinvolti nell'attentato di stasera. Porta con te abbastanza uomini da proteggerti, ma non così tanti da far pensare che tu sia lì contro di loro. E, Virgilio», soggiunge, «riportami Tolomeo».

Virgilio annuisce e si allontana in fretta.

Raggiungiamo la villa imperiale a Baiae. Ci riuniamo nella sala del trono. Ulpio e Marco si uniscono a noi durante la seconda ora. Erano al matrimonio, ma, come me e lo zio Plinio, non sono saliti a bordo delle navi, nel caos.

Alla terza ora arriva anche Virgilio, senza fiato. Ha un taglio sanguinante sul braccio e sembra appena uscito da uno scontro.

«Ebbene?», gli domanda Cesare.

«Abbiamo fatto come ci hai chiesto», risponde lui. «Siamo andati nella casa che hai offerto agli emissari partici. Ho portato con me venti uomini. Abbiamo bussato alla porta e detto che c'erano state delle violenze al matrimonio e volevamo assicurarci che loro stessero bene. Il vecchio interprete, Atropate, ha aperto la porta. Mi ha invitato a entrare nell'atrio. I tre emissari erano lì. E anche i quattro soldati romani incaricati di controllarli. La loro presenza ci ha tranquillizzato, non del tutto, ma abbastanza da farci cogliere di sorpresa».

«Che intendi?», esclama Cesare.

«Non so come o perché, ma i soldati romani sono passati dalla parte degli emissari partici. Hanno attaccato i nostri uomini, pugnalando senza preavviso i loro compagni Romani. E avevano l'aiuto di alcuni gladiatori. Circa una decina di loro. Sono entrati di corsa nell'atrio. Abbiamo perso quattro pretoriani prima di riuscire a sopraffarli. Abbiamo ucciso uno dei traditori e qualche gladiatore. Abbiamo catturato il Parto Arshad, il loro interprete, e qualcuno dei loro schiavi».

«E i fratelli?»

«Sono riusciti a fuggire, insieme a gran parte dei soldati».

«Sono riusciti a fuggire?».

Cesare è furioso.

«Sulpicio», interviene Ulpio. «Chi altri avrebbe potuto fornire loro dei gladiatori?»

«Forse», concorda Virgilio. «Ma non ho riconosciuto nessuno di loro. Quelli che abbiamo ucciso non avevano marchi addosso».

«*Deve* essere stato Sulpicio», insiste Ulpio. «È stato visto parlare con i Parti due notti fa. Non è così, Gaio?».

Fino a questo momento, avevo osservato e ascoltato la discussione come una mosca sul muro. Ma ora mi sento addosso il peso di una dozzina di occhi. Avevo dimenticato di aver riferito allo zio Plinio dell'incontro segreto di Sulpicio con i Parti, e lui deve averlo detto a Ulpio.

«È la verità?», mi chiede Cesare. È la prima volta che riconosce la mia presenza, da quando è diventato imperatore.

Arrossisco, ritrovandomi con le guance scarlatte.

Lo zio Plinio mi rivolge un cenno, spingendomi a parlare.

«Io... ecco... sì», riesco a rispondere. «Sulpicio si è incontrato con i Parti la notte prima dei giochi gladiatori, il giorno in cui sono arrivati. In segreto, credo. Ma non so cosa si siano detti».

Cesare impreca.
Segue un attimo di furioso silenzio.
Poi l'imperatore domanda: «E Tolomeo? Era a casa loro? Dov'è?»
Virgilio abbassa gli occhi a terra. «L'abbiamo ritrovato, è con noi. Ma...».
«Avanti, Virgilio, parla».
«Non sta molto bene, Tito. L'hanno torturato».
«Cosa? Perché?». Cesare è visibilmente scosso.
«Per avere informazioni».
«Informazioni su cosa?»
«Era troppo debole per dircelo».
«Ce la farà?», domanda Cesare.
Virgilio annuisce. «Credo di sì».
«E Sinnace?», domanda lo zio Plinio. «Era con i Parti?»
«Non ne sono sicuro», risponde Virgilio. «Potrebbe essere stato lì, ma in quel caso è fuggito con i fratelli».
«Non capisco», interviene Cesare. «Cosa sperano di ottenere gli emissari del re Pocoro attaccando in questo modo la famiglia imperiale? Stavo per riconoscere il loro capo come legittimo re di Partia. Questa era già una vittoria. Cos'altro potevano sperare di ottenere?»
«E come hanno fatto a portare dalla loro parte dei soldati romani?», soggiunge Virgilio. «E forse anche Sulpicio?».
Sulla stanza cala il silenzio. Nessuno conosce le risposte a queste domande.
Guardo verso lo zio Plinio. Sono sicuro che abbia una teoria, ma non sembra volerla condividere finché non ne sarà certo.
«E ora, Cesare?», domanda Virgilio.
«Quanti uomini abbiamo?».
Virgilio e lo zio Plinio si scambiano una serie di numeri, calcolando quanti soldati siano di stanza a Baiaie, Puteoli e Misenum, e considerando come schierarli al meglio.
«Non sappiamo per certo se Sulpicio sia coinvolto nell'attentato», afferma lo zio. «E non sappiamo se i Parti siano andati a rifugiarsi da lui. Dovremmo inviare dei soldati a casa sua, ma anche sulle strade che conducono a nord e a est, in caso i parti stiano cercando di scappare dall'Italia. I miei marinai dovrebbero continuare a cercare Domitilla nella baia».

«Concordo», risponde Cesare. «Sarò io stesso a guidare gli uomini che andranno a casa di Sulpicio».

«Non puoi», lo interrompe lo zio Plinio, in tono severo. «Non sei più prefetto, Tito. Non sei più un soldato. Ora sei un Cesare. Incarni lo stato. Devi restare qui, a Baiae, e la maggior parte degli uomini dovrebbe rimanere qui a proteggerti».

Cesare sta per protestare, ma Ulpio, al contrario del solito, si schiera a favore dello zio Plinio. «Ha ragione, Cesare. La tua sicurezza è fondamentale. Devi restare qui».

Cesare scuote la testa, frustrato, ma capisce che i suoi consiglieri hanno ragione. È lo stesso consiglio che avrebbe dato a suo padre, quando lui era prefetto.

«Condurrò io gli uomini a casa di Sulpicio. Non ci vuole molto per raggiungerla a cavallo da Misenum», afferma Virgilio. «Attacchiamo subito?».

Cesare scuote la testa. «No, è un cittadino romano. Non possiamo abbattere la porta di un cittadino romano sulla base di un semplice sospetto».

Siamo sorpresi del commento di Cesare. Come prefetto, Tito avrebbe buttato giù tutte le porte che voleva. A quanto pare, Tito imperatore di Roma sembra più giudizioso.

«Barlaa sa qualcosa», dichiara lo zio Plinio. «L'aggressione che ha ricevuto la notte prima che gli emissari partici arrivassero non può essere una coincidenza. Devono aver mandato degli uomini in segreto per costringerlo a dare il suo aiuto».

«Ed è possibile che anche lui fosse coinvolto», soggiunge Virgilio.

«Forse», risponde lo zio Plinio. «Non possiamo escluderlo. Ma credo che Barlaa lo considererebbe disonorevole».

«Puoi farlo parlare?», chiede Cesare.

«Non lo so», risponde lo zio. «Ci ho già provato, fallendo. Ma vale la pena ritentare».

Cesare annuisce. «D'accordo».

«Portatemi i Parti catturati», interviene Ulpio. «Vedrò di scoprire qualcosa da loro».

«Hai esperienza negli interrogatori?», domanda Virgilio.

«Sì», afferma Ulpio, in tono sinistro.

«Molto bene», risponde Virgilio. «Ma voglio lui con me». Indica

Teseo, il liberto monocolo di Ulpio. «L'ho visto combattere e vale dieci soldati».

«Io verrò con te», dice Marco, rivolto a Virgilio. Lui, come me, è rimasto a osservare la riunione in disparte. Ma ora sembra deciso a partecipare. Mi ero dimenticato della ragazza con cui aveva cercato di parlare al banchetto di Domitilla. Una schiava di Sulpicio.

Mi sorprende che Virgilio accetti senza problemi l'aiuto di Marco. Si sarebbe messo a ridere, con tutta probabilità, se fossi stato io a propormi. Lo zio Plinio dice che Marco si è comportato molto bene in battaglia, qualche mese fa, quando Marcello e i suoi ex soldati erano bloccati nel tempio di Giove.

«Trovate mia sorella. Trovate i Parti fuggiti», ordina Cesare. Sembra esausto. «Usate tutti i mezzi a vostra disposizione».

Mi avvicino alla porta con Marco. «Posso chiederti perché vuoi andare con Virgilio? Si tratta di quella ragazza, la schiava con cui ti ho visto parlare?».

Lui annuisce. «Sì».

«Come fai a conoscerla?», gli chiedo.

«Anni fa eravamo ad Antiochia, quando Sulpicio viveva lì. Era una fuggitiva. Abbiamo tentato di proteggerla, ma non ci siamo riusciti. Non voglio deluderla ancora».

Sono colpito dal fatto che, ancora una volta, lo zio Plinio avesse ragione. La mia prima impressione su Marco era sbagliata. Non è un bruto. Neanche per idea. Ha la sensibilità di un poeta, ma la rivela solo a chi vuole lui. È un gentiluomo, ma solo se sei suo amico.

E che gli dèi ti aiutino se non lo sei.

DOMITILLA

23 agosto
Sulla costa vicino a Oplontis

Il suo braccio è intorno a me, mi tiene stretta all'asse di legno. Galleggiamo alla deriva da ore. La corrente ci ha trascinato verso est. Il mondo è grigio e cupo; il sole sta per sorgere, ma è ancora nascosto dalla terra. Siamo esausti. Se penso a quanto sia stata vicina alla morte, a bruciare viva, vorrei vomitare. Ho paura che i miei fratelli e Giocasta non siano stati così fortunati.

Gli attentatori devono aver intriso tutte le barche di qualcosa che le ha fatte bruciare all'istante. Chi può aver tentato di uccidere così tante persone? Cosa volevano ottenere? A quanto sembrava, la prima freccia era contro di me. Ma potrebbe essere stato un inganno per costringere tutta la famiglia a correre sulle navi?

Dopo che il Batavo mi ha lanciata oltre il bordo della nave si è tuffato, mi ha trascinata in superficie e ha iniziato a nuotare più veloce che poteva per allontanarci dalle barche in fiamme. Abbiamo trovato un pezzo di legno nell'acqua e ci siamo aggrappati come dei ratti bagnati.

Non siamo andati subito verso la riva. La nostra nave si era spinta al largo nella baia, prima di prendere fuoco. Ed era così buio che abbiamo avuto difficoltà a orientarci. Abbiamo lasciato che la forte corrente ci trascinasse lontano dalle navi in fiamme. Solo alle prime luci dell'alba abbiamo capito che eravamo stati spinti a sud-est, verso Pompei e Stabia, invece che verso il porto sicuro di Baiae.

Indico una sezione di spiaggia sassosa e abbandonata. «Laggiù», affermo. «È un posto buono come un altro per raggiungere la riva».

Lui si guarda alle spalle. Poi continua a nuotare per spingere la nostra zattera improvvisata a riva.

Una volta vicini, avanziamo camminando nell'acqua bassa. Ho perso le scarpe ore fa; i sassi mi pungono i piedi. Quando esco infine dalle onde, è come se il vestito nuziale mi fosse dipinto addosso, sembra cinque volte più pesante.

Ci avviciniamo alla linea degli alberi. Le cicale cantano tutt'intorno a noi. È solo in questo momento che vedo la ferita del Batavo, un foro sanguinante sulla scapola. È stato colpito da una freccia, la notte scorsa, e mentre galleggiavamo alla deriva verso est, è riuscito a spezzare l'asta e poi, con lentezza e pazienza, a liberarsi della punta. Ha gridato di dolore e ho pensato che stesse per svenire. Ma da allora non ha quasi più mostrato segni di sofferenza.

Cerco di controllare la ferita, ma lui mi spinge via.

«Bene», afferma.

Ci dirigiamo verso nord-est e ci imbattiamo in una fattoria. Il Batavo mi aiuta a superare una recinzione derelitta e attraversiamo il campo per raggiungere la casa. C'è un filo con dei panni appesi ad asciugare. Il Batavo ne prende qualcuno. Cerco di fermarlo, perché la sorella dell'imperatore non dovrebbe rubare i vestiti di un povero contadino, ma lui scuote la testa e indica il mio vestito zuppo e il suo perizoma e il polso ammanettato.

«No bene», commenta.

Ha ragione. Se non ci cambiamo, daremo nell'occhio ovunque andremo.

Dei gioielli che indossavo ieri sera, alla fuga verso est sono sopravvissuti due bracciali d'oro e un fermaglio per capelli. Mi sfilo un bracciale e lo appendo al vestito rimasto sul filo. Non so quanto valgano i vestiti del contadino ma sono piuttosto certa che lo scambio, due delle sue tuniche per il mio bracciale, sia a suo favore.

Torniamo nel bosco, lontani da occhi indiscreti, per cambiarci.

Al Batavo gira la testa per lo sforzo. Piega un ginocchio a terra e cerca di riprendere le forze. Mi chiedo quanto sangue abbia perso.

Abbiamo rubato due tuniche simili per grandezza e colore, un marroncino chiaro e spento. Il Batavo si nasconde dietro un albero per garantirmi un po' di riservatezza. Mi libero del vestito. Il sole è ormai alto e l'aria mi scalda la pelle umida.

Una volta cambiati, io e il Batavo confrontiamo i nostri nuovi abiti. La tunica è troppo grande per me, che mi ci perdo dentro, mentre la sua è troppo piccola e gli lascia scoperte quasi del tutto le cosce. Uso la cintura del mio vestito nuziale per stringermela in vita e dare un po' di forma alla tunica.

«Dovremmo tornare a Baiae», affermo, indicando verso ovest.

Lui scuote la testa. «Pericolo».

«Devo sapere se i miei fratelli sono vivi. E devo rendermi utile come posso».

Lui ripete il gesto di diniego. «Troppo lontano via terra», dichiara. «Troppo pericolo».

Il Batavo ha ragione. La strada per Baiae è pericolosa. E finché Tito non sarà riuscito a scovare e arrestare gli uomini che hanno cercato di ucciderci, potrebbe essere un rischio tornare via terra. Viaggiare via mare sarebbe molto più sicuro e meno difficile.

«D'accordo», ribatto, indicando est, la direzione da cui il sole si sta levando. «Dal mare, mi è sembrato che la città più vicina fosse a est di qui. Pompei, credo. Ha un grosso porto. Potremmo ottenere un passaggio fino a Baiae, lì».

Il Batavo annuisce e cominciamo a camminare verso Pompei.

GAIO

23 agosto
Casa di Barlaa, Baiae

Il medico apre la porta. Lo zio Plinio chiede di vedere Barlaa, ma il medico risponde che l'ostaggio partico non c'è.

«Dov'è?», esclama lo zio Plinio.

«È uscito la sera del matrimonio, signore. Non l'abbiamo più visto da allora».

«E Manlio?»

«Finalmente si è svegliato, signore».

«Portami da lui», ordina lo zio.

Il medico scuote la testa e cerca di spiegare che Manlio ha bisogno di riposo, ma lo zio Plinio lo spinge via ed entra.

Il centurione è ancora a letto. Ha una benda avvolta intorno alla testa e un'aria fragile, sembra l'ombra dell'uomo con cui ero a caccia appena cinque giorni fa.

«Ammiraglio Secondo», mormora, cercando di alzarsi.

«Per favore, resta a letto», lo ferma lo zio, agitando una mano. «Non c'è bisogno di alzarsi. E non ne abbiamo il tempo. Sono qui per una questione importante, Manlio. Ho bisogno di risposte e mi servono ora». Lo zio Plinio racconta dell'attentato alla famiglia imperiale. «I Parti sono fuggiti e l'Augusta è dispersa. Ho bisogno di sapere tutti i dettagli che conosci riguardo a quanto avvenuto la notte in cui sei stato assalito».

Manlio fa una smorfia, concentrandosi. Cercare di ricordare l'accaduto gli richiede uno sforzo considerevole. «Credo sia cominciato tutto il giorno prima dell'aggressione. Due uomini sono andati a trovare Barlaa. Uno era un Romano, un soldato. Non era in uniforme, ma so riconoscerli. Un soldato riesce sempre a riconoscerne un altro. Quanto all'altro... non sono certo delle sue origini, ma indossava uno strano cappello in stile orientale. Era sottile, curvo e tutto pelle e ossa».

«Un cappello della Scizia?», domanda lo zio Plinio. «Con la sommità conica e ricurva, e con dei lembi che pendevano sul collo e le orecchie?».

Manlio annuisce. «Sì, mi sembra proprio quello».

«Il secondo uomo corrisponde alla descrizione dell'interprete dei Parti. Per caso si chiamava Atropate?».

Manlio scuote la testa. «Non lo so. Mi stavo allenando in cortile e li ho visti solo quando se ne sono andati. Entrambi mi hanno rivolto un cenno di saluto, mentre attraversavano l'atrio. Barlaa sembrava preoccupato, dopo. E arrabbiato».

«Sono gli stessi uomini che poi ti hanno aggredito?».

Manlio cerca di concentrarsi, ma lo sforzo lo esaurisce. «Il soldato», mormora. All'inizio sembra esitante, ma poi si fa più convinto. «Sì, sono certo che sia stato il soldato ad assalirci. È successo la notte del banchetto dell'Augusta. Io e Barlaa stavamo tornando a casa dalla villa imperiale. All'improvviso, qualcuno mi ha colpito in testa. Non mi ero accorto di nulla. Mi sono girato e ho visto il soldato. Stava sorridendo. Ho sguainato la spada e mi sono preparato a combattere. Ma mi è arrivato un secondo colpo alle spalle. E a quel punto, è diventato tutto nero». Manlio scuote la testa. «Forse questi uomini sono gli stessi che hanno provato a uccidere l'imperatore. Ma Barlaa non farebbe mai una cosa simile. Io lo so. Attentare alla vita della famiglia che l'ha mantenuto per tutti questi anni... L'avrebbe considerato un disonore».

«Forse non è stato Barlaa a scoccare quelle frecce», dichiara lo zio Plinio. «Ma avrebbe potuto impedirlo e non l'ha fatto. Questo è tradimento. Dov'è, ora?»

«Non lo so», risponde Manlio.

«Sì, ma lo conosci», controbatte lo zio Plinio. «Sei il suo migliore amico. Dove pensi che possa essere andato a riflettere o a bere? Dove potrebbe andare a nascondere la testa nella sabbia?»

«Vi ci porto io», dichiara Manlio.

BARLAA

23 agosto
Porto imperiale, Misenum

I Romani possono essere ignoranti e ottusi come una lastra di travertino, ma superano ogni altra nazione in due abilità: l'ingegneria e la navigazione.

Prendete Misenum, dove si trova la flotta orientale della marina militare.

Vengo qui spesso, spingendomi su un promontorio sopra il porto, per osservarlo meravigliato. Il porto si estende verso nord e ovest; ed è così vasto che si perde all'orizzonte. Sulla riva opposta ci sono i moli, pieni di navi, magazzini e caserme. Al di là, c'è una montagna di roccia coronata da alberi verdi, il punto più occidentale della baia di Napoli. Questa mattina la marina è più agitata del solito. Quasi ogni nave a remi si sta spingendo fuori dal porto; i capitani urlano ordini, anche se per me quelle grida sono lontane e somigliano più a gentili incoraggiamenti.

Manlio, una volta, mi ha chiesto perché mi piaccia tanto venire qui. Ho dimenticato la bugia con cui gli ho risposto. Non volevo ammettere la verità: cioè che osservare questo porto, questa meraviglia dell'ingegneria, alleggerisce il peso di essere un ostaggio dei Romani. Chi può lamentarsi di essere trattenuto contro la sua volontà da una nazione capace di tali meraviglie? Chi potrebbe resistere a questa bravura nel domare il mare e la terra?

Vengo nella baia di Napoli ogni estate da quasi trent'anni. Ho scoperto questo punto di osservazione, una roccia piatta che permette di ammirare il porto, durante una passeggiata con Carene. Era la nostra quarta estate in Italia. Ci siamo entrambi meravigliati in silenzio per le dimensioni del porto, per l'audacia visionaria che era servita per concepirlo, e tanto più per costruirlo. Spesso ci siamo tornati. Ci sedevamo e osservavamo le navi che andavano e venivano, i marinai che cantavano e imprecavano, il rumore delle seghe che tagliavano il legno, portando avanti l'infinito compito di riparare i vascelli segnati dalle tempeste.

Soltanto Manlio sa che continuo a venire qui. Perciò, quando sento un rametto spezzarsi sotto uno stivale, so che si tratta del mio centurione. Finalmente sveglio.

Ma non è solo.

L'ammiraglio si siede accanto a me sulla roccia. Manlio è in piedi, un po' più distante, con il nipote allampanato dell'ammiraglio.

Lui si gratta la barba bianca e selvaggia. «Ti piace il mio porto?»

Annuisco. «È un bel posto dove venire a riflettere».

«O dove nascondersi?».

Non rispondo.

«Sapevi che sarebbe successo durante il matrimonio, vero?»

Il mio cupo silenzio mi tradisce.

«Che altro sai, Barlaa?», mi chiede l'ammiraglio.

Tengo la bocca chiusa.

Lui riprende: «Hai sentito come hanno fatto? Hanno dato alle fiamme tre navi piene di persone. A decine sono morti bruciati o annegati. Io ho tirato fuori con le mie mani i cadaveri dall'acqua». Solleva le mani. «Senti. Ho ancora addosso l'odore della carne bruciata».

Mi agito. «Cos'avrei dovuto fare? Tradire i miei connazionali?»

«Ma per favore!», sbuffa l'ammiraglio. «I tuoi connazionali si stanno uccidendo a vicenda in una guerra civile. Ci si dimentica dei connazionali, quando conviene. Noi Romani facciamo lo stesso».

Continuo a fissare il porto.

L'ammiraglio mi domanda: «Qual è il re della Partia che servi?»

Mi muovo, a disagio. Quanto ne sa?

Lui mi incalza: «Dev'essere stato difficile vedere il tuo fratello minore sedersi sul trono al tuo posto. Il figlio di una concubina, nientemeno. Ma non credere, anche noi romani abbiamo avuto dei figli di puttana al comando dell'impero, dopo aver sconfitto uomini migliori di loro».

«Lui era un buon re», affermo, mio malgrado.

«Sì», risponde l'ammiraglio. «Vologase era una persona nobile, o così ho sentito dire. Il popolo lo amava. E ora è malato, o forse già morto. Mi domando a chi tu sia leale».

«Al legittimo erede di mio fratello».
«E chi sarebbe?»
«Pacoro».
«Capisco. Ora, da quel che so, stavamo aspettando degli ambasciatori da parte di Pacoro. Ma non sono loro quelli che sono arrivati in Italia, giusto?».
Con lentezza e riluttanza, scuoto la testa. «No».
«Quale re? A quale re obbediscono gli emissari?».
Continuo a guardare verso il porto. Una nave passa oltre, la più vicina che abbia visto finora. Sessanta remi ruotano nell'acqua come le zampette di un millepiedi.
«Artabano», dico infine. «Il quarto del suo nome».
L'ammiraglio annuisce. Lo sospettava. «Il fratello che stava avendo la peggio nella guerra civile ha tentato la mossa più drastica».
«Tu non ne sai niente», affermo.
«Cos'è che non so?».
Torno in silenzio. Non capisce in che posizione mi sta mettendo?
«I fratelli sono scappati, ma abbiamo catturato il loro capo, Arshad, e alcuni dei loro schiavi».
«Non è lui che ti serve».
«No? E allora chi?».

Gli uomini di Artabano sono prigionieri nelle scuderie dei pretoriani, oltre i confini cittadini di Baiae. Un senatore, quello strano che non ha occhi e si insinua sotto la pelle di chiunque parli con lui, Lucio Ulpio, nonché diversi pretoriani, sono all'esterno, quando arriviamo. Ulpio si sta asciugando il sudore dalla fronte. Un soldato sta pulendo la sua lama, passando un vecchio straccio sporco lungo l'acciaio macchiato di sangue.
Prima che l'ammiraglio parli con Ulpio, si ferma e posa le mani sulle spalle del nipote. «Gaio, devi andare a chiamare Spartaco per me, a Misenum».
Il ragazzo ha capito tutto: quello che sta succedendo nelle scuderie e il fatto che suo zio non vuole che veda. È un bravo ragazzo, il nipote. Delicato ed efebico, ma rispetta suo zio, ed è più di quanto possa dire della maggior parte dei giovani Romani. Non protesta, si limita ad annuire, si gira e corre via.

«Con me c'è Barlaa», afferma l'ammiraglio, rivolto a Ulpio, spiegandogli cosa sarebbe ovvio a chiunque non fosse privo della vista. «Cos'hai scoperto, qui?».

«Niente». Ulpio si sta ancora asciugando il sudore dalla fronte. «Solo che i Parti sanguinano come il resto di noi».

Ulpio ci conduce nella scuderia. La stanza è buia, illuminata solo da una tremante lampada a olio. I cavalli sono stati spostati dagli stalli e all'interno si trovano i miei connazionali catturati. C'è un uomo appeso al soffitto per i polsi. Il mento gli tocca il petto e il sangue gli cola dalla bocca. Emette tre deboli e umidi colpi di tosse. Quando mi avvicino, capisco che si tratta di Arshad. Ai miei tempi non era un guerriero, ma un uomo che agiva dietro le quinte, tirando i fili ed eseguendo gli ordini del Macellaio. Si è trovato in situazioni opposte a quella in cui versa adesso. Molte volte. L'interprete, l'uomo che si fa chiamare Atropate, è in ginocchio fuori dai recinti, incatenato alla parete. Mi guarda e arriccia un labbro in segno di disgusto. In qualche modo è riuscito a tenersi in testa il suo copricapo scita.

Indico Arshad che pende dal soffitto. «Perché avete cominciato da lui?»

«Abbiamo pensato fosse meglio iniziare dal capo», risponde un soldato.

«Ottima idea», ribatto, «ma avete l'uomo sbagliato».

I soldati si scambiano sguardi confusi. Si rivolgono all'ammiraglio per capire cosa stia succedendo, ma lui si limita a osservare me, attendendo una spiegazione.

Mi avvicino all'interprete.

«Ci hai traditi», dice lui.

«Non ne ho avuto bisogno», replico. «Sono state le frecce a tradirvi. I romani non assassinano nessuno con le frecce. Loro uccidono i propri rivali con il veleno o con la plebe».

Mi fermo accanto all'interprete inginocchiato e gli poso una mano sul copricapo scita. Poi mi rivolgo all'ammiraglio e a Ulpio: «Ricorderete di certo un ostaggio partico trattenuto a Roma per decenni, il figlio di un ostaggio, discendente lui stesso del re Fraate. Quasi trent'anni fa, gli ariani erano comandati dal re Gotarze. Un re così violento e capriccioso che veniva chiamato il Macellaio. Venne organizzato un colpo di stato. Più di venti nobili firmarono un patto. Io e Carene venimmo a Roma, e chiedemmo all'imperatore Claudio Cesare di riprendere l'ostaggio reale, in modo di poterlo mettere sul trono come vero re dei re, contro il Macellaio. Un atto che più tardi avrei pagato con la mia libertà. Claudio accettò. Così riportammo Meerdate, il nipote di Fraate, oltre l'Eufrate. E lui si dimostrò un comandante inetto. Gli anni vissuti nel lusso romano lo avevano ingrassato, e non sapeva nulla di guerra e battaglie. Non sapeva prendere decisioni, era cattivo, crudele e vigliacco. All'inizio, gli uomini gli si unirono intorno perché volevano a tutti i costi rovesciare il Macellaio. Ma mentre il suo carattere si rivelava, quegli stessi uomini si allontanarono dall'usurpatore. Alla fine fu sconfitto sul campo e trascinato davanti al Macellaio, in catene e patetico. E il Macellaio ha fatto onore al suo nome».

Con un rapido movimento strappo via il copricapo scita dalla testa del prigioniero, rivelandone il capo calvo e privo di orecchie.

«Il Macellaio gli tagliò via le orecchie e Meerdate venne chiamato da quel momento il Rospo».

Il Rospo cerca di sputarmi addosso.

«Adesso il Rospo è alleato di Artabano. E chi meglio di un ex ostaggio romano potrebbe guidare una missione per eliminare l'imperatore romano sul suolo italico?».

L'ammiraglio è scioccato, ha gli occhi sgranati.

Ulpio scoppia a ridere.

«Non riesco a crederci», sospira l'ammiraglio. «Io conoscevo Meerdate. Saranno anche passati più di trent'anni dall'ultima volta che l'ho visto, ma lo *conoscevo*. Come ho potuto essere tanto cieco?»

«È stata una decisione astuta», commenta Ulpio, «quella di fingersi un interprete. Chi mai presta attenzione a un interprete?»

«Tu sei stato trattato bene qui», riprende l'ammiraglio. «Perché tornare a uccidere Cesare e la sua famiglia?».

Meerdate non risponde. Fissa con amarezza il muro.

«Perché», replico io al suo posto, «Roma gli ha rovinato la vita. A causa di Roma, è stato costretto a essere un estraneo per gli ariani. La sua permanenza qui gli ha assicurato di non avere più un posto nel mondo, e di essere uno straniero da entrambi i lati dell'Eufrate. Ma poi ha scoperto Artabano, un re che aveva un ruolo per lui; un re al centro di una guerra civile, pronto a prendersi l'amicizia di chiunque volesse offrirgliela».

Mentre Ulpio e l'ammiraglio sono ancora lontani, mi inginocchio e sussurro a Meerdate: «Hai mantenuto la parola? Hai tenuto Sinnace fuori da questa faccenda?».

Il Rospo alza gli occhi dal pavimento e mi guarda. Sorride. «Sembra che nessuno dei due abbia mantenuto la parola data».

Provo un lampo di rimorso allo stomaco. Non mi è mai importato molto di Sinnace, ma se ciò che il Rospo dice è vero, questa è una condanna a morte per il ragazzo.

Mi rendo conto in questo momento che il Rospo, al contrario di chiunque altro, sa come dev'essere la vita di Sinnace. Entrambi sono nati e cresciuti in un paese straniero. Il Rospo deve aver saputo quali menzogne sussurrare a Sinnace per convincerlo a passare dalla sua parte.

«Perché uccidere i Flavi?», domanda l'Ammiraglio, avvicinandosi. «Cosa speravate di ottenere?»

«L'uomo che voi chiamate Cesare non ha alcun diritto a portare quel nome».

«Ah, no?», domanda l'ammiraglio. «E come mai?»

«È Nerone il legittimo erede», afferma Meerdate. «Ed è vivo. Lui e il suo esercito si sono uniti a quello di Artabano. Prima di tutto conquisteranno la Partia. Poi la Siria. E infine tutto l'impero romano».

Il Rospo vuole dimostrare quanto valga. Anche l'ammiraglio lo capisce, e prova a usare questo particolare a suo vantaggio. Perciò chiede: «E cos'è accaduto agli ambasciatori di Pacoro?»

«Li abbiamo intercettati in Tracia», si vanta il Rospo. «Non ci sono più».

«E i soldati romani che dovevano scortarvi attraverso l'Italia?»

«Anche loro non ci sono più. Li abbiamo uccisi a poche miglia da Ravenna».

«E allora chi sono i soldati romani con cui siete arrivati?».

Il Rospo sorride. «Sono soldati di Nerone, che hanno giurato di far tornare l'ultimo dei troiani sul suo legittimo trono».

L'ammiraglio fa una pausa, perso nei suoi pensieri.

Ulpio interviene: «Dove sono i tuoi amici? Dovete avere per forza un rifugio. Un posto dove nascondervi se foste stati scoperti. Sono corsi da Sulpicio?».

Il Rospo mi guarda. Vuole causare altri danni, prima che tutto finisca.

«Chiedilo a Barlaa. Lui e il ragazzo, Sinnace, erano entrambi coinvolti. È stato Barlaa a scoccare le frecce contro la sorella di Cesare».

Esplodo dall'ira. «Menzogne!».

È una menzogna, ma potrebbe essere credibile. L'ammiraglio sa che sono abile con l'arco. Per fortuna, ha anche una mente che non si fa influenzare con facilità. «E allora come mai avete assalito Barlaa in strada, quattro giorni prima dell'attentato alla famiglia imperiale?», domanda. «Perché cercare di uccidere un vostro alleato?»

«Per ricordargli a chi deve essere leale», ribatte il Rospo.

«A un re che non ha mai conosciuto?»

«Ai suoi connazionali», replica il Rospo.

«Menzogne!», sbotto di nuovo, incapace di controllare la rabbia.

Ulpio agita una mano. «Questa discussione è inutile. Possiamo uscire?».

L'ammiraglio annuisce, ma mi rendo conto che sta riflettendo. Forse non è convinto che io sia coinvolto nell'attentato, ma non finirà così. Dovrò dimostrare che non ho avuto parte in questo tentativo di eliminare Cesare. E se non ci riuscirò... Sarò spacciato.

Usciamo all'esterno. Ho bisogno di un attimo per riabituare gli occhi all'accecante sole estivo.

«Meerdate ritiene che il falso Nerone sia davvero Nerone», considera l'ammiraglio, scuotendo la testa. «È un problema. Lui era a Roma, quando Claudio era imperatore. Nerone era nella corte, al tempo. Devono essersi incontrati. Il fatto che Meerdate supporti il falso Nerone non farà che dare forza a questa storia».

Ulpio sembra distratto. Poi commenta, assente: «Si sono incontrati una sola volta, di passaggio».

L'ammiraglio sta per rispondere, ma poi ci ripensa. Invece, si gratta la barba e fissa Ulpio, come se cercasse di risolvere un enigma.

«Che facciamo, ora?», domando.

«Ora aspettiamo», risponde l'ammiraglio. «Abbiamo uomini che stanno cercando i Parti per tutta la baia, e altri accampati fuori dalla proprietà di Sulpicio. Continueremo a mettere sotto pressione gli uomini catturati. Alla fine la situazione volgerà a nostro favore».

«Vorrei essere d'aiuto, capitano», affermo, ansioso di dimostrare di non essere coinvolto nell'attentato. «Mandami da Sulpicio».

Lui si acciglia. Sta ancora decidendo se io sia un amico o un nemico. «E cosa farai, se ti troverai a dover combattere contro i tuoi connazionali?»

«Non lo sapevo prima, non l'ho saputo fino a oggi, ma sono dalla parte di Pacoro. Dalla parte dell'erede legittimo di mio fratello».

«E se Sinnace fosse davvero coinvolto?», domanda l'ammiraglio. «So che non corre buon sangue tra te e il ragazzo. Tuttavia...».

«Se è coinvolto, dovrà essere punito».

«Ma tu eri amico di suo padre».

«Sì. Ma Carene sarebbe d'accordo sulla punizione di Sinnace. E vorrebbe che fossi io a compierla».

L'ammiraglio annuisce. «Molto bene», dichiara infine.

L'ammiraglio mi fa sedere con lui e Ulpio nel carro che ci riporta a Baiae. Un buon segno, credo. Se anche soltanto una piccola parte di lui avesse pensato che fossi stato tra coloro che hanno incendiato le navi imperiali, adesso starei tornando a Baiae a piedi, da solo. E forse in catene. Se l'ammiraglio è dalla mia parte, questo è un bene. Lui è uno dei consiglieri di Cesare. Ma dovrò comunque dimostrare la mia innocenza.

«Cesare dovrebbe tornare a Roma», dichiara Ulpio.

L'ammiraglio annuisce. «Sì, dovrebbe tornare a Roma. Ma dubito che lo farà, finché sua sorella non sarà al sicuro».

«Potresti convincerlo».

L'ammiraglio sorride. «Stavo per dirti la stessa cosa. A dire il vero, tu hai un vero talento, come consigliere di imperatori. Dove hai sviluppato una simile abilità, mi chiedo? Di certo non in Spagna».

Ulpio ha qualcosa in mano. Sembra un frammento di terracotta, liscio per l'usura. Lo accarezza con il pollice. Non risponde all'ammiraglio.

Il carro ondeggia.

Ascoltiamo il rumore degli zoccoli sulla pietra.

DOMITILLA

23 agosto
Strada per Pompei

Entriamo a Pompei attraverso la Porta del Sale. Oggi ci sono i festeggiamenti in onore di Vulcano. L'avevo dimenticato. Moltitudini di persone stanno entrando in città dalle campagne circostanti. Dei falò sono accesi lungo la strada e popolani sorridenti e mezzi ubriachi vi gettano sopra dei pesci, come offerta al dio del fuoco. Le trombe risuonano a quasi ogni angolo di strada. Tutto questo, tra il rumore, la folla e le attività frenetiche, offre a me e al Batavo una perfetta copertura. Con le nostre tuniche logore e i volti sporchi di polvere sembriamo una qualsiasi coppia che spera di godersi i festeggiamenti.

All'interno delle mura, l'odore di pesce fritto e salsa di pesce attira il Batavo verso una taverna sul bordo della strada. La donna che lavora dietro al bancone nota lo sguardo del Batavo e, mentre consegna l'ordinazione a un cliente, comincia a gridare prezzi e a decantare la bontà del suo cibo, alzando la voce oltre il rumore della folla alle nostre spalle. Lo tiro via per un braccio. «Andiamo, prima dobbiamo trovare una nave».

«Avete bisogno di un passaggio in mare?», domanda la donna. «Impossibile. Non oggi. La città è in festa e sono tutti molto ubriachi».

«Avete bisogno di un riparo per la notte?», riprende, dopo un po'. «Impossibile. Ogni stanza è occupata. Dopotutto, parliamo dei Vulcanali».

La proprietaria della taverna ha un aspetto formidabile. Spalle larghe, occhi stretti e astuti e un sorriso sicuro. Ha i capelli ricci e raccolti nella forma di un alveare. Un'acconciatura piacevole e anche piuttosto ben fatta, considerando che non può contare di certo, come me, su una mezza dozzina di servitrici ad aiutarla.

«Dovremo fare comunque un tentativo», le rispondo.

«Potrei aiutarvi».

«Puoi farci arrivare via mare a Baiae?»

«Meglio ancora. Ho una stanza da darvi, prima di farvi salpare domani».

Probabilmente ha ragione. I Vulcanali vengono presi sul serio, da queste parti. E non sappiamo quanto possa essere sicuro viaggiare, finché non avremo saputo qualcosa di più sull'attentato alla mia vita. Una stanza per questa notte mi sembra un'ottima idea.

La proprietaria mi vede annuire e aggiunge: «Sì, ma non ve la caverete con poco. È l'unica stanza libera della città». Poi osserva la mia tunica logora. «Non sono certa che possiate permettervela».

È abituata a contrattare e sembra che si stia divertendo. Ma, avendo io spesso a che fare con i senatori di Roma, non mi coglie impreparata.

«Il problema non è che io non possa permettermi la tua stanza», affermo, prendendo il bracciale d'oro che mi è rimasto dalla tasca della tunica. «Ma che dovrò pagartela con qualcosa con cui potrei comprarmi l'intero edificio».

La donna mi afferra la mano e avvicina agli occhi il bracciale per guardarlo più da vicino. È impossibile non notarne la fine fattura. Si tratta del gioiello di una ricca donna romana, e lei sta già immaginando di indossarlo, mostrando al mondo quanto successo abbia.

Mi lascia andare la mano. «Di certo è un bell'oggetto, ma non potrebbe farti comprare l'intero edificio. Neanche da lontano. Posso darti la stanza e il passaggio a Baiae, in cambio di quello. Conosco un capitano. Mi farà un buon prezzo. Credo che potremmo metterci d'accordo così».

«Ma ci aggiungerai tutti i nostri pasti», la correggo.

La donna finge di essere riluttante, ma sa benissimo che è uno scambio tutto a suo favore. «D'accordo. Ma solo perché mi dispiace per te. Non voglio che tu dorma per strada».

Fa per afferrare il bracciale, ma io lo tiro verso di me. «Inoltre», soggiungo, «manderai qualcuno a portare un messaggio a Baiae per me. Se non potrà viaggiare per mare, lo farà via terra».

Lei schiocca le dita e un ragazzino sui dodici anni la raggiunge. «Mio nipote, qui, odia i festeggiamenti, vero, Statio? Sarà ben contento di portare il messaggio a Baiae per te».

Il ragazzo sembra poco convinto, ma si guarda bene dal contraddire la zia.

«E», aggiungo ancora, «mi servono dei medicinali per curare una ferita».

«Sì, sì. D'accordo».

«Spada», interviene il Batavo.

La proprietaria, che vuole a tutti i costi il bracciale, si guarda intorno nella taverna. Poi offre al Batavo un lungo coltello. «Ti dovrai far bastare questo».

Le lascio il bracciale.

Lei lo ammira per un attimo, poi schiocca le dita. Il ragazzino prende un rotolo di papiro e dell'inchiostro.

Voglio che Tito sappia che sono viva, ma mandare un messaggio direttamente a lui potrebbe essere pericoloso. Chiunque mi stesse cercando potrebbe seguire il ragazzino fino a qui. Lo manderei a Giocasta, ma era sulla nave con me, quando si è incendiata. Non so se sia ferita, anzi, neanche se sia viva.

A chi, allora?

A Livia. Lei non era sulle navi, la notte in cui siamo stati attaccati. E potrebbe far arrivare un messaggio a Tito.

Scrivo dunque il messaggio: *Tito, la ricattatrice è viva e sta bene. Tornerà quando saprà di poterlo fare.*

Consegno il papiro al ragazzo. «Devi consegnarlo alla villa dei Pisoni, nelle mani di Livia, una servitrice della casa imperiale. È carina e ha un solo sopracciglio folto. Non dare questa lettera a nessun altro. Mi sono spiegata?».

Il ragazzo annuisce e corre via.

La proprietaria mi affianca. Ha già indossato il bracciale. Osserva il Batavo e sorride. «Vi accompagno alla stanza?». Crede che io sia una donna ricca e sposata che è fuggita con uno schiavo, o qualche altra storia altrettanto squallida. «Sono certa che non vediate l'ora di riposarvi».

Qualche ora dopo, passato il tramonto, il Batavo è all'esterno, con le braccia incrociate, la schiena dritta e intento a fissare il buio infinito della notte.

I festeggiamenti in onore del dio del fuoco si stanno placando.

Da qualche parte, un cane inizia a latrare. Un neonato piange.

«Per favore, torna dentro».

Lui mi guarda e scuote la testa. «Non sicuro».

È rimasto di guardia da quando la proprietaria ci ha fatto entrare nella stanza, interrompendosi solo per andare a prendere la cena. Questi suoi sforzi mi sembrano inutili. Nessuno sa che siamo qui. Sono certa che mezzo mondo mi creda morta.

Lo prendo per mano e lo tiro verso la porta. «Entra. Non te lo chiederò più. Dobbiamo mettere altro balsamo sulla ferita».

Lui rientra. È uno schiavo, dopotutto, e deve obbedire.

Il Batavo deve togliersi la tunica perché possa medicargli la spalla, lì dove la freccia gli ha perforato la carne. I fianchi e le spalle sono pieni di vecchie cicatrici. Una è più terribile delle altre: larga due dita, corre dal pettorale alla clavicola.

Lui si siede sul letto e io mi accomodo accanto.

Provo una sensazione strana nello stomaco, fremente e un po' nauseante. Questa è una novità, per me. Non sono mai stata sola con un altro uomo, senza il peso della famiglia e dello stato sulle spalle. C'è stata la mia prima notte di nozze, che ricordo appena, e nient'altro. Ricordo solo un vecchio con l'alito che sapeva di aceto, ossa che schioccavano, un cranio pelato, la schiena curva e gli occhi vitrei, e l'impressione dell'abisso che c'era tra i miei quindici anni e il suo mezzo secolo. La cerimonia era stata breve, la notte insieme ancora più breve. Mi ha ordinato di spogliarmi e sdraiarmi sul letto. Si è sdraiato su di me, si è tirato su la tunica ed è morto prima che arrivasse l'alba. Da questa orribile prima e unica notte di nozze ho ottenuto il soprannome di Vedova, che non mi sono mai riuscita a scrollare di dosso. Mi sono sentita spezzare il cuore, la prima volta che l'ho sentito. Pensavo che fosse vero, che il mio tocco potesse uccidere, ed è per questo che non mi sono mai risposata. Sono passati anni, prima che scoprissi che secondo mio padre usare la sua figlia primogenita come esca per attirare e intrappolare i senatori fosse più utile che una vera e giusta unione. Ci sono stati tanti fidanzamenti, ma nessuno si è concluso con un matrimonio.

Il fremito nello stomaco diventa un più familiare lampo di rabbia contro mio padre, non solo per avermi costretto a sposare un vecchio e all'umiliazione che ne è seguita, ma per la mancanza di esperienza che questo mi ha causato riguardo all'amore e agli uomini. Il senso di impotenza che provo è terribile.

Avrei potuto portare avanti delle relazioni in segreto, come Vespasia. Ma non l'ho fatto. Non so bene perché. Forse temevo che avrei ceduto qualcosa di me stessa, in un simile scambio.

Il Batavo mi guarda voltandosi appena. «Grazie».

Continuo a massaggiare il balsamo sulla ferita.

«Capisci il latino più di quanto tu voglia dare a intendere, vero?»

«Capisco un po'. Non tutto».

«Ti rende la vita più facile, come schiavo? Il fatto di fingere di non capire cosa sta dicendo il tuo padrone?»

«Non più facile per me. Più difficile per lui».

«Ah, capisco. È una forma di disprezzo».

«Disprezzo?»

«Rabbia. Dispetto. Odio».

Lui annuisce. «Sì. Disprezzo».

«Lo capisco».

Quando ho finito di medicarlo e di fasciargli la ferita, lo vedo avviarsi verso la sua tunica, appesa alla parete.

Mi viene quasi da ridere al confronto tra lui e il mio defunto marito. Un alito che sapeva di aceto e ossa che scricchiolavano, contro muscoli lunghi e una folta peluria scura. Morte contro vitalità.

«Fermati», gli ordino.

Lui si gira e mi guarda.

Presto torneremo a Baiae, e poi a Roma. Sarò di nuovo costretta a sposare un uomo che non ho scelto.

Ma non stanotte.

«Togliti il perizoma», sussurro. «E stenditi sul letto».

Come una ragazzina la prima notte di nozze, lui mi obbedisce.

V

FUOCO E CENERE

79 D.C.

GAIO

24 agosto
Casa dell'ammiraglio Plinio Secondo, Misenum

Il ventiquattro di agosto comincia con un altro terremoto.

Accade di mattina. Sto leggendo con attenzione Livio, prendendo degli appunti. Un attimo dopo, il mondo si muove sotto di me.

Mi aggrappo alla scrivania.

Le tegole di terracotta tintinnano sul tetto sopra di me.

Poi l'ombra scura di Zosimo mi protegge.

Un vaso scivola dalla scrivania e si schianta sul pavimento.

Di colpo, è finita.

Zosimo mi guarda da capo a piedi. «Stai bene, padrone?».

Lo allontano con un cenno. «Sì, grazie. Sto bene».

Sembra preoccupato. «Ci sono stati così tanti terremoti, quest'estate», commenta. «È un cattivo presagio».

Controllo i danni. A parte il vaso, la stanza ha lo stesso aspetto di quando sono andato a dormire.

«Concordo sul fatto che è strano», ammetto. «Ma se siano gli dèi che stanno cercando di dirci qualcosa, non lo so. Vediamo come sta lo zio Plinio, d'accordo?»

DOMITILLA

24 agosto
Pompei

Io e il Batavo stiamo facendo l'amore, quando il terremoto inizia. Ero sopra di lui, con le mani aggrappate alla peluria nera sul suo petto e le cosce strette intorno alla sua vita. Quando però lui si rende conto che la terra si sta muovendo e il tetto sopra la nostra testa potrebbe crollare, si gira di scatto in modo da sovrastarmi e mi copre la testa con le braccia.

Poi, il terremoto finisce.

Ci guardiamo negli occhi. Sorridiamo. E cominciamo a ridere, dapprima in modo esitante, poi lui lascia ricadere il viso nell'incavo della mia spalla e ridiamo a piena gola.

È ancora dentro di me. Ci baciamo e ricominciamo, come se non fosse accaduto nulla.

BARLAA

24 agosto
Due miglia a nord di Napoli

I cani continuano a latrare, anche dopo il terremoto. Quel suono mi sta facendo impazzire.

«Che qualcuno li faccia smettere!», sbotto.

Il ragazzo, Marco, il nipote di Ulpio, afferma: «Per quello che so, urlare contro un cane peggiora solo le cose».

«Ah, sei un esperto di cani, quindi?»

«Sì», dichiara l'idiota arrogante.

Manlio mi posa una mano sul braccio per calmarmi.

«Tira quei dadi e basta», borbotto.

Marco tira contro il muro.

«Dannazione!». Manlio scuote la testa. «Ancora Venere. Hai la fortuna di Ulisse, ragazzo».

Marco è in ginocchio. Si piega in avanti e attira a sé la vincita con entrambe le mani. Un ragazzino della sua età gongolerebbe, dopo qualche buon tiro. Ma lui sembra avere abbastanza esperienza in merito per non farlo.

«Dobbiamo cominciare a preoccuparci del tuo uomo, Teseo?», domando.

«Se la caverà», dichiara Marco. «Il mondo potrebbe finire, e Teseo se la caverebbe comunque».

«E se si sbagliasse? Se il suo amico, il gladiatore di Sulpicio, non fosse affatto suo alleato?»

«Teseo non si sbaglia».

Siamo in una casa accanto a quella di Sulpicio. Virgilio e i suoi pretoriani l'hanno confiscata ieri. Ci sono più di venti soldati nell'atrio, intenti a giocare a dadi, a bere e a dormicchiare per passare il tempo. Un'altra mezza dozzina è all'esterno, a controllare la proprietà di Sulpicio e scorgere l'eventuale presenza degli uomini di Artabano. In fondo alla stanza c'è il giovane tribuno militare Catullo, che Virgilio ha messo a capo del gruppo quando è tornato a Baiae. È uno di quei ricchi sciocchi che seguono Domiziano tutto il giorno, ridendo alle sue battute. Senza dubbio, è diventato legato solo per la sua amicizia con il fratello di Cesare.

«Ammettiamo che il tuo uomo, Teseo, confermi che i parti sono là dentro», indico il giovane tribuno. «Quante possibilità ci sono che quel ragazzino ordini ai suoi soldati di entrare nella proprietà?».

Noi tre fissiamo il ragazzo a capo del plotone.

«Gli ordini del prefetto sono di attendere e tenere gli occhi aperti», afferma Manlio. «Ed è quello che faremo».

Manlio è un buon soldato. Non è nella sua natura mettere in discussione l'autorità.

«Ho avuto raffreddori che sono durati più dell'età di quel ragazzo», borbotto. «Guardatelo. È già sopraffatto dal suo compito, e non stiamo facendo altro che giocare a dadi e ammazzare il tempo. Non ha le palle per ordinarci di entrare nella casa di Sulpicio».

Marco sbuffa. «È vero».

«Ma ha lui il comando», obietta Manlio. «Diamogli almeno il beneficio del dubbio. Anche se i Parti sono là dentro, non potranno andarsene». Prende i dadi. «Un'altra partita?»

Io e il ragazzo annuiamo.

Osservo il ragazzo prendere i dadi e tirarli. La sua tecnica, il modo in cui tira, gli insulti che rivolge agli avversari: gioca come uno scaricatore di porto, più che come il figlio elegante e coccolato di un patrizio.

«Qual è la tua storia, giovane Marco?»

«Che intendi?»

«Dove hai imparato a giocare a dadi?»

«In Spagna».

«Dai criminali spagnoli?».

Lui scoppia a ridere. «Forse».

«E cosa ci guadagni in questa faccenda? Come mai ti importa tanto di quello che accadrà a Sulpicio?».

Il ragazzo ci pensa su per un attimo. «C'è una ragazza. Tra i suoi schiavi».

Manlio, gentiluomo come sempre, interviene: «Ah, una ragazza. Non c'è bisogno di dire altro».

Io, però, continuo a incalzarlo. «Sulpicio è stato in Siria per più di un decennio. Quand'è che hai incontrato questa sua schiava?».

Marco mi ignora e tira i dadi. Questo mi infastidisce. È perché mi considera un barbaro? Sembra a suo agio, e voglio che non ci si senta più, invece.

«D'accordo», affermo, «tieniti pure il segreto della tua piccola storia d'amore. Ma dimmi: cosa stai cercando di dimostrare?».

Questo mi fa ottenere l'attenzione del ragazzo. «Cosa vuoi dire?»

«Prendi la caccia a cui abbiamo partecipato insieme. Hai cercato a tutti i costi di dimostrarti degno, lanciandoti per primo nella mischia. Non lo facevi per quegli stronzi viziati con cui stavamo cacciando. Odi quei ragazzi più di me. Non scuotere la testa. Sei un emarginato quanto me, nonostante tutti i tuoi sforzi. E questo mi porta a chiederti: cosa stai cercando di dimostrare? Contro chi ti stai misurando?».

Il ragazzo torna a ignorarmi e tira i dadi.

«Forse quel tuo strano zio? O le tue origini sono così patetiche che speri di cancellarle del tutto con quello che stai facendo adesso?».

Il ragazzo non cede alla provocazione. Fissa i dadi. «Ho vinto di nuovo».

Un soldato accanto alla finestra esclama: «Il liberto è tornato».

Teseo, affiancato da due soldati, entra dalla porta principale.

Si dirige verso il tribuno. Gli uomini si radunano intorno a loro.

«Il mio amico all'interno della casa, il gladiatore, ha confermato che i Parti sono lì».

Catullo si acciglia. «Ma non li hai visti con i tuoi occhi, giusto?».

Teseo, che è un uomo onesto, risponde: «No. Ma mi fido di lui».

«Ha spiegato come mai un senatore romano ha offerto rifugio a degli assassini parti?», incalza Catullo.

«Che importa?», interviene Marco. «I parti sono lì dentro».

Il piccolo tribuno si acciglia. Non prenderà ordini da un provinciale come Marco, specialmente se è più giovane di lui di qualche anno.

«*Se* i parti sono all'interno», afferma, «cosa che non sappiamo per certa, e io ne dubito fortemente, di certo non andranno da nessuna parte. Giusto? Quando il prefetto Virgilio tornerà, deciderà lui se dovremo attaccare la casa di Sulpicio».

«Non è tutto», riprende Teseo. «Mentre aspettavo Sanguinerola ho visto una donna entrare nel complesso. Non molto dopo, è uscita con tre uomini. Tutti e quattro indossavano dei mantelli che coprivano loro la testa, quindi era impossibile riconoscerli. Ma Sanguinerola ha detto che erano Parti. I nostri soldati non li hanno fermati, li hanno lasciati passare».

Teseo non dice la cosa più terribile: perché quattro persone abbiano potuto lasciare la casa di Sulpicio senza problemi, deve essere stato Catullo a dare l'ordine di lasciarle passare. Uno di loro potrebbe essere stato Sinnace.

Mi giro verso il tribuno prima che possa farlo Marco. «Stupido ragazzino! Li hai lasciati scappare?»

«I nostri ordini erano di fermare i Parti, risponde il tribuno. Non vedo come tre uomini che indossavano dei mantelli romani potessero essere Parti».

Sollevo le braccia in aria, disgustato. «Chi ha lasciato al comando questo ragazzino?».

Un soldato leale mi afferra per il colletto. «Barbaro! Chi sei tu, per parlare così a un soldato romano?».

Manlio interviene. «Calmati, amico. Non possiamo permetterci di litigare così».

Marco indica il tribuno. «Catullo, calma i tuoi uomini o tutta la casa di Sulpicio ci sentirà».

Un soldato lo spinge da dietro, e Teseo si lancia su di lui come la peste.

Il soldato che mi tiene per il collo mi getta a terra faccia avanti.

Mentre mi ritrovo a fissare lo splendido mosaico di Nettuno sotto il mare, sento il primo pugno.

E una rissa che fremeva da troppo tempo negli animi si scatena.

GAIO

24 agosto
Ufficio dell'ammiraglio Secondo, Misenum

Lo zio Plinio sta leggendo nel suo ufficio come se il terremoto non fosse mai avvenuto. I libri sparsi sulla sua scrivania e sul pavimento forse sembrano più disordinati del solito, ma non ne sono sicuro.

Senza alzare gli occhi dal libro, mi saluta: «Nipote».

«Si sa qualcosa?», domando.

Adesso mi guarda. «Da chi?»

«Da chiunque. Virgilio? Domitilla? Barlaa?».

«No, nessuna notizia ancora, giovane Gaio. Te lo direi, se ce ne fossero».

Mi lascio cadere sulla sedia di fronte a lui.

«Domitilla dev'essere annegata», mormoro.

«Al contrario», dichiara lo zio Plinio. «Nessuna notizia è una buona notizia, direi. I cadaveri non affondano. Se fosse affogata o fosse stata bruciata dall'incendio, la notte delle sue nozze, il suo corpo sarebbe finito a riva da qualche parte. L'ho fatta cercare dalla flotta giorno e notte. Se non l'hanno trovata a galleggiare nella baia, è probabile che sia riuscita a uscire dall'acqua sui suoi piedi».

«Lo pensi davvero?»

«Sì, davvero».

«E i Parti scomparsi? Non temi che potrebbero riprovare a uccidere Cesare e la sua famiglia? O che potrebbero fuggire in Partia?»

«Abbi pazienza, giovane Gaio. I pronostici sono contro di loro. Hanno tentato il loro colpo e hanno fallito. Ora si stanno nascondendo da qualche parte, in attesa del momento giusto per lasciare di nascosto l'Italia».

«E cosa aspettano?».

Lo zio si stringe nelle spalle. «Che volgiamo l'attenzione altrove. Ma non devi preoccuparti di questo».

Qualcosa mi colpisce, del libro aperto sulla scrivania dello zio Plinio. Vedo dei nomi di imperatori precedenti. Claudio e Nerone.

«Cosa stai leggendo, zio?»

«Oh, niente».

È una di quelle rare occasioni in cui lo zio Plinio preferisce non parlare di quello che sta leggendo. Inclino la testa per osservare meglio il libro che per me è al contrario. «Stai leggendo le storie di Fabio Rustico? E i memoriali di Corbulone? Perché ti interessa la corte di Claudio?».

Lo zio Plinio mi guarda, forse imbarazzato. Poi si appoggia indietro sulla sedia e sospira. «Ulpio ha fatto uno strano commento, ieri».

«Oh?»

«Sai, il Parto che abbiamo catturato? Meerdate?»

«Il Rospo?»

«Sì, il Rospo». Lo zio quasi soffoca su quell'epiteto. «Ieri, dopo che Barlaa ci ha aiutato a scoprire la sua vera identità, Meerdate ha dichiarato che il falso Nerone in realtà è il vero Nerone, l'imperatore deposto. Meerdate e Nerone erano a Roma nello stesso periodo, quando Claudio era imperatore. Devono essersi incontrati. In teoria, Meerdate dovrebbe essere in grado di giudicare la veridicità delle affermazioni del falso Nerone. Quindi, ho trovato questa rivelazione preoccupante. Ma Ulpio non è stato d'accordo. Ha detto che Nerone aveva incontrato Meerdate solo una volta. "Di passaggio"».

«Pensi sia un'osservazione strana?»

«Molto specifica, non ti pare? Come fa un provinciale spagnolo, che non dovrebbe aver messo piede a Roma fino a quest'anno, a sapere qualcosa che solo il circolo interno di Nerone dovrebbe sapere?»

«Quindi, ti sei messo a studiare Rustico per capire... cosa? Per capire se Ulpio stesse citando uno storico?»

«Proprio così», dichiara lo zio Plinio. «Rustico e Corbulone conoscevano di persona la corte di Nerone. Speravo di scoprire che Ulpio, consapevolmente o meno, avesse citato uno storico a memoria».

«E...?».

Lo zio scuote la testa. «Niente. Il commento resta un mistero».

«Quale pensi che sia la spiegazione?»

Lo zio Plinio giocherella con il suo anello di corniola. Sembra stanco.

«Posso pensare a una sola spiegazione», dichiara, «ma mi imbarazza troppo ammetterla».

«Dovresti fare un bagno freddo, zio, e rilassarti un po' al sole con il pranzo e un buon libro».

«Saggio consiglio, nipote».

«Tuttavia», affermo, alzandomi per andarmene, «non sono certo che tu possa davvero leggere, con quei cani che continuano ad abbaiare. Non hanno smesso da quando c'è stato il terremoto».

«Davvero?», domanda lo zio Plinio. Ora porta lo sguardo sui documenti che ha sulla scrivania. «Non me n'ero accorto».

DOMITILLA

24 agosto, mattina
Pompei

Ce ne stiamo a letto per ore, dormicchiando, facendo l'amore, ridendo e cercando di fare del nostro meglio per non pensare al latrato continuo dei cani. Me ne sto distesa su un fianco, appoggiata su un gomito. Lui è disteso di schiena e guarda il soffitto. Gli accarezzo con le dita la peluria sul petto.

«È ora», affermo.

«Ora?»

«Sì, che tu mi dica il tuo vero nome».

«Batavo».

«No, quello che tua madre ti ha dato».

Dopo una lunga pausa, mi risponde: «Alwin».

«Alwin», ripeto, con un sorriso. «È un bel nome».

«Una volta i romani mi chiamavano Albano. Prima».

«Prima di diventare schiavo?»

Lui annuisce.

«Ti era stato dato un nome romano? Come mai? Hai combattuto con le legioni?»

Lui annuisce di nuovo. «Ausiliario. Non per molto».

«Cosa ti è successo durante la rivolta?».

Lo vedo scuotere la testa. Non vuole o non sa dirmi di più, riguardo a quello che è successo quando i suoi connazionali si sono ribellati a Roma. Poso una mano su quella terribile cicatrice che porta sul petto.

Il mistero del Batavo si infittisce. E io vorrei sapere tutto. Come è arrivato a combattere da ausiliario? Cosa gli è successo durante la rivolta dei Batavi? Perché è stato catturato e venduto come schiavo? Ha combattuto per sfuggire al giogo di Roma, solo per vedersi privare della libertà?

Mi rendo conto che non vuole parlare della rivolta. Attenderò. C'è qualcosa di più importante, adesso.

«La notte in cui mi hai salvato la vita, al palazzo», riprendo, «perché eri lì?».

Io e Giocasta eravamo tornate da un banchetto e ci eravamo trovate davanti un uomo armato di coltello. Aveva ucciso due dei miei schiavi e avrebbe ucciso anche me. Ma era arrivato il Batavo, comparso come dal nulla. Aveva ucciso l'aggressore e mi aveva salvato la vita. Non ho mai avuto una spiegazione del perché fosse nel palazzo imperiale nel bel mezzo della notte.

Dopo una lunga pausa, lui afferma: «Per trovarti».

«Nel cuore della notte? E per fare cosa, dichiararmi il tuo amore? Per prendermi con la forza? Cosa?».

Lo afferro per il mento, costringendolo a guardarmi negli occhi.

«Cosa volevi fare, quella notte?»

Lui si stringe nelle spalle. «Non so. Dovevo vederti».

Un quarto d'ora dopo, sentiamo un rumore all'esterno.

Un'esplosione.

Il suono è diverso da qualunque cosa abbia mai sentito prima. Assordante e così violento da far tremare la terra.

Il Batavo va alla finestra. Indossa il perizoma, si muove lungo la parete e scosta la tenda. Osserva per un po', piegando di lato la testa, cercando di controllare meglio la strada.

Poi il suo sguardo si fa più serio.

«Vestiti». Afferra la mia tunica, gettata sul pavimento, e me la lancia. «Subito».

D'istinto, sgrano gli occhi per la rabbia. Sto per dirgli che, nonostante quello che è successo qui a Pompei, non può darmi ordini o lanciarmi così un vestito.

Lui porta l'indice alle labbra e sussurra: shhh.

Qualcuno bussa alla porta.

Il Batavo afferra il lungo coltello che la proprietaria gli ha dato e si schiaccia di nuovo contro la parete.

Io mi rivesto in fretta.

Qualcosa sbatte contro la porta, una o due volte, e il battente si apre di colpo. Non riconosco i primi due uomini che entrano nella stanza. Il terzo è un enorme campione parto, la Lancia Sogdiana, che ha combattuto contro il batavo qualche giorno fa. Tutti e tre sono armati di spada.

Il primo è appena entrato quando il Batavo lo afferra per una spalla, lo fa roteare lontano dalla porta e lo pugnala più volte al collo. Gli altri due entrano nella stanza, prima di rendersi conto che c'è un uomo armato di coltello alle loro spalle, intento a pugnalare il loro compagno. L'enorme Sogdiano solleva la spada e la abbatte contro il Batavo. La stanza è così piccola che lui non ha spazio per spostarsi e schivare il colpo. Si lancia avanti, sotto le braccia del Parto, rotola sul pavimento e, mentre si alza, pianta il coltello nell'inguine dell'altro uomo. Quello si piega in due dal dolore e vedo il Sogdiano che si gira con la spada sollevata, pronto a colpire il Batavo con un secondo fendente.

«Attento!», urlo.

Il Batavo vede la lama che gli arriva addosso. Ancora in ginocchio, usa il Parto ferito come scudo. La lama del Sogdiano si pianta nella schiena del suo compagno. Il Parto morente strilla di dolore.

La Lancia Sogdiana ha perso l'equilibrio, ma il Batavo è a terra, sotto il secondo avversario, e non può approfittarne.

Io sono ancora sul letto. Lì accanto c'è una grossa caraffa mezza piena d'acqua. La afferro con entrambe le mani e la sbatto con tutta la forza sulla testa del Sogdiano. L'uomo si accascia su un ginocchio e la sua mano libera va d'istinto alle ferite che la brocca gli ha lasciato sulla testa.

Invece di finirlo, il Batavo si preoccupa della mia incolumità. Mi afferra per un polso e mi fa alzare dal letto, facendomi uscire dalla stanza e raggiungendo la strada infossata della città, un piede più in basso rispetto al marciapiede laterale. La ferita del Batavo è di nuovo aperta e sta sanguinando copiosamente.

La strada è piena di gente che guarda verso l'orizzonte, verso qualcosa a nord-ovest. Non abbiamo il tempo di capire cosa abbia catturato l'attenzione della città, perché alle nostre spalle sentiamo un urlo belluino e quando ci giriamo vediamo il Sogdiano che esce di corsa dalla porta dell'appartamento.

L'uomo solleva la spada sopra la testa. Il Batavo mi spinge via, facendomi cadere con violenza sul selciato nero della strada. Lui salta indietro, evitando per un soffio la lama del Sogdiano.

La folla crea uno spazio per i due combattenti, ma non sembra molto interessata allo scontro mortale che ha dinanzi. Qualunque cosa stia guardando all'orizzonte si direbbe più importante.

Non oso alzare lo sguardo.

Il Batavo e la Lancia Sogdiana si guardano, affannati, riprendendo fiato. Assumono entrambi la posa di un gladiatore; cominciano a girare in cerchio, come combattenti nell'arena.

Il Sogdiano sibila un'imprecazione in una lingua che non conosco.

Mi rialzo sul marciapiede.

Alle spalle del Batavo c'è un negozio con degli attrezzi in mostra. Lui afferra una lunga zappa e, con lo sguardo fisso sul Parto, ne stacca l'estremità con un piede, tramutando il lungo manico in una lancia improvvisata. Avanza rapido e deciso contro il Sogdiano, per poi attaccarlo con un affondo.

L'avversario abbassa la spada e taglia via un pezzo dell'asta di legno. Il Batavo continua a farsi avanti e ad affondarla contro il ventre del Sogdiano. Poi scatta indietro, anticipando il fendente della spada nemica. La lama del Sogdiano tocca il petto del Batavo, causandogli un lungo e sanguinolento graffio, ma nulla di grave.

I due avversari si girano di nuovo intorno.

L'attenzione del Sogdiano è sul batavo: non si è più curato di me.

Mi sfilo dai capelli il mio ultimo oggetto di valore, il lungo spillo che rappresenta una farfalla con due lunghi e appuntiti rebbi. Mi muovo con lentezza verso il Sogdiano mentre lui continua a girare in cerchio intorno al batavo.

Quando l'uomo è a pochi passi di distanza, gli pianto lo spillone nel collo. Lo sento urlare di dolore e arretrare, agitando le braccia. Mi colpisce con il gomito, facendomi perdere l'equilibrio. Mentre cado, vedo il Batavo lanciarglisi addosso.

Finisco con violenza sul marciapiede.

Stordita, mi rialzo.

Vedo il Batavo in piedi di fronte al corpo senza vita del Sogdiano. Lo affianco.

«Come?», domanda.

«Come ha fatto a trovarci?», mormoro. «Non lo so».

Continuo a fissare il cadavere. Chi ha detto ai Parti dove trovarci?

Il Batavo mi afferra per un braccio e indica l'orizzonte.

Mi giro a guardare. Per un attimo, ciò che vedo è così strano che non riesco a capire con certezza cosa stia guardando.

All'orizzonte, dalla cima del Vesuvio, si vede una nuvola di fumo grigio-bianca, che continua a pulsare verso l'alto e a riempire il cielo. All'inizio è larga quanto il picco della montagna, ma mentre si solleva in aria si allarga come rami di un albero, con pulsanti venature di fumo che divorano le nuvole e il cielo stesso. È come se il Vesuvio fosse in fiamme, in una violenta e insaziabile conflagrazione.

«Che cos'è?», chiede il Batavo.

«Non lo so».

Proprio in quel momento, inspiegabilmente, comincia a nevicare. È l'agosto più caldo che ci sia stato da anni eppure la neve cade dal cielo.

Allungo una mano.

Dei fiocchi bianchi si posano sul mio palmo e sul braccio.

La neve è...

Calda.

Porto al viso ciò che mi si è posato sulla pelle. È cenere, non neve, come il residuo di un braciere dopo un sacrificio.

«Dobbiamo andare», affermo. Strappo via lo spillo d'oro dal collo del sogdiano. «A Baiae. Da mio fratello».

Il batavo annuisce. Mi prende per mano e ci dirigiamo verso il mare.

Il molo è immerso nel caos. È metà pomeriggio, eppure il cielo si sta facendo scuro. La cenere calda continua a cadere, e anche delle piccole pietre di pomice, leggere e porose, grandi come ciottoli, cadono dal cielo. Non sono pericolose, non prese singolarmente, ma pungono.

Il vento è forte e il mare in tempesta, pieno di onde e schiuma che sbattono le navi contro i moli. Il Batavo si spinge tra la folla. I marinai cercano di tenere indietro la folla nel panico. Vediamo un uomo, un povero mendicante, saltare dal molo su una barca. Due marinai lo afferrano e lo gettano in acqua. L'uomo scompare sotto le onde agitate e io rallento. Sono certa che possiamo fare qualcosa per aiutarlo, ma il Batavo continua a trascinarmi giù per il molo.

Superiamo un vecchio con una bambina. Sembrano persi e spaventati.

«Laggiù», dico, indicando una nave. «Quella lì». Il capitano è sul molo, e sta ordinando ai suoi uomini di legare le vele e aggiungere altri sacchi tra la nave e la riva. Come tutte le navi che abbiamo già visto, non intende lasciare Pompei. Sembra calmo.

«Sei il capitano di questa nave?», chiedo.

Indosso la tunica rubata e un mantello logoro. Il capitano mi guarda e afferma: «Vattene. Non do passaggi gratuiti. Non oggi».

«Quanto vuoi per andare fino a Baiae?», chiedo.

Lui mi fissa. La mia voce, chiara, decisa e abituata a ottenere ciò che vuole, lo fa zittire. Scommetto che non ha mai sentito una voce come la mia provenire da una donna. Mi rivolge di nuovo la parola: «In un giorno normale, il viaggio da Pompei a Baiae ti costerebbe mille sesterzi. Ma oggi», indica la nuvola di fumo che si alza dal Vesuvio, «non puoi proprio permettertelo».

Gli mostro lo spillo. È una farfalla d'oro massiccio con due rubini al posto degli occhi.

«Cos'è?», mi chiede. Ha già riconosciuto il suo valore.

«Metà della tua ricompensa se ci porti a Baiae».

«Metà?»

«Ne ho un altro uguale, a casa. Te lo darò, non appena ci porterai a Baiae».

«Vivi lì?».

Frammenti di pomice continuano a cadere rimbalzando sul molo.

«Ho una casa estiva, lì».

«Allora sei ricca?»

«Molto».

Il capitano annuisce, come se fosse giunto a una conclusione. Poi mi tende la mano. «Sono il capitano Verecondo. Al tuo servizio».

In lontananza, si sente un rumore che somiglia a un tuono.

Il vecchio e la bambina sono lì dove li abbiamo oltrepassati, immobili e storditi sul molo. «Capitano», affermo, «quei due sono con me. Falli salire a bordo».

«Come vuoi, padrona», risponde lui, prima di urlare all'equipaggio: «Salpiamo per Baiae. Ora».

Gli uomini sembrano terrorizzati.

«Ci sarà tutto il vino che sarete in grado di bere, per voi, a Baiae, ragazzi». Il capitano batte le mani. «Andiamo!».

Il vento ulula. Onde orlate di spuma bianca spingono indietro la nave, lontano dalla sicurezza di Baiae. Il capitano Verecondo urla istruzioni ai rematori, ma le sue parole si sentono appena sopra l'urlo del vento. Il cielo è nero e denso di cenere che si raccoglie sul ponte come neve. Frammenti di pomice e pezzi di roccia nera e rovente colpiscono la nave come proiettili lanciati da miriadi di frombole. Cinquanta remi cigolano a ogni movimento nell'acqua e sembrano sul punto di spezzarsi in due.

Sembra quasi che non ci muoviamo da ore, che le onde e i remi siano in un momento di stallo. È impossibile dirlo, comunque. La costa non si vede.

La bambina che abbiamo trovato sul molo si chiama Petra. Si stringe al nonno vicino all'albero maestro. Sono andata a trovarla spesso, a dirle che andrà tutto bene. Le mie parole sembrano sempre più vuote e inutile, mentre il disagio che provo si trasforma in terrore.

Padrona, urla il capitano. Non possiamo raggiungere Baiae. Il mare e il vento non lo consentono. La nostra nave sarà distrutta e affondata, se continuiamo a procedere. Dobbiamo dirigerci verso la costa».

«D'accordo», acconsento. «Fa' quel che devi, capitano. Ma non tornare a Pompei. Ovunque, ma non da dove siamo partiti».

«La nostra rotta sarà stabilita dal vento».

Urla istruzioni all'equipaggio, e la nave si volta verso est.

Ora ci muoviamo nella direzione delle onde, invece che contro di esse. La nave si muove così in fretta da vibrare.

Procediamo ancora verso est. La costa non si vede, finché di colpo non è vicinissima. Vedo quattro navi della flotta imperiale ferme davanti a una grande villa.

«Lì, capitano», dico, indicandole. «Portaci lì».

Vicino alla costa, l'acqua è piena di cenere e pomici galleggianti. La cenere è come cemento, unisce insieme le pomici in grossi massi galleggianti che sbattono contro lo scafo mentre si solleva sulle onde, procedendo verso la riva.

La nave giunge a riva con un sobbalzo; i marinai saltano giù nell'acqua schiumosa per tirare le cime e trascinarla sulla spiaggia.

La cenere continua a cadere con sempre maggiore frequenza. Le navi imperiali sono ombre nere sulla spiaggia. Un marinaio ci corre incontro, con una mano sulla testa per proteggersi contro le pomici che cadono dal cielo.

«Soldato», lo interpello. «Chi è al comando delle vostre navi, oggi?».

L'uomo non riconosce la donna vestita come una mendicante che ha davanti. Ma la mia voce ha su di lui un effetto simile a quello che ha avuto sul capitano Verecondo. Replica in fretta: «L'ammiraglio in persona, padrona».

Mi sento sollevata. L'ammiraglio Secondo. Plinio. Non avrei potuto chiedere di meglio.

«Dov'è?»

«Abbiamo cercato di salvare la vedova Rettina da Oplontis, ma i venti ci hanno costretti ad approdare qui». Il marinaio indica la villa. «Ci siamo riparati nella casa di Pomponiano».

«Capitano», dico a Verecondo, «tu e il tuo equipaggio potrete ripararvi qui. Ma fatemi andare per prima».

«Grazie, padrona. Attenderemo sulla nave».

Io e il Batavo seguiamo il soldato fino alla villa.

Di colpo, la terra trema. Il Batavo mi afferra per un braccio ed entrambi cadiamo sulla spiaggia.

Quando il terremoto si placa, il Batavo mi aiuta a rialzarmi e corriamo verso la villa.

Entriamo tutti e tre nella casa di Pomponiano. L'atrio è illuminato da due deboli lampade a olio. Più di una dozzina di persone si trova intorno a un lungo tavolo. Stanno cenando. Sotto l'apertura da cui un tempo l'acqua piovana si raccoglieva in una piscina, ora c'è un mucchio di cenere calda e pietre pomici. Tutti sono chini in avanti e tesi, come se si aspettassero di vedersi crollare addosso il soffitto da un momento all'altro. Il tavolo è piegato in un angolo strano e poco apparecchiato.

Quando entro nell'atrio, Pomponiano si alza e inizia ad agitare un dito. «Non abbiamo spazio per ospitare i poveri. Vattene!».

Tiro giù il cappuccio del mantello.

«Pomponiano, suvvia», ribatto, «non mi sembra il modo di trattare un ospite in un giorno come questo».

Le persone intorno al tavolo sussultano.

Plinio, che all'inizio non avevo notato, si alza. È raggiante. «Domitilla!». Mi raggiunge in un attimo, attirandomi a sé con le sue braccia da orso. Poi mi spinge via e mi ammira, come se fossi una sua parente persa da tanto tempo. Guarda il Batavo e poi torna su di me. «Di sicuro hai una storia da raccontare».

Sbircio oltre Plinio, verso il tavolo e gli ospiti spaventati. «Anche tu, suppongo».

Lui sorride. «Forse non è molto ovvio, ma sono impegnato in una missione di salvataggio». Plinio e suo nipote erano a Misenum, stamattina. Hanno sentito il terremoto, ma non pensavano fosse qualcosa di grave. Almeno finché non hanno visto la nuvola di fumo che usciva dal Vesuvio. Plinio ha deciso di investigare e ha fatto preparare tre quadriremi per portarlo vicino al fenomeno. Mentre partiva, ha ricevuto un messaggio da Rettina, che vive a Oplontis, proprio ai piedi del Vesuvio. La vedova diceva che cenere e pietre cadevano dal cielo, che era buio come se fosse notte e che non era potuta fuggire a causa dei venti sfavorevoli. «Così, le mie curiosità scientifiche si sono trasformate in una missione di salvataggio. Buone intenzioni che il vento e il mare grosso hanno soffocato. Non siamo riusciti a raggiungere Oplontis. Il vento ci ha fatto fermare qui. Povera Rettina. Forse mi sta ancora aspettando».

Racconto a Plinio una parte della mia storia, parlando il meno possibile del Batavo. «Stavamo cercando di raggiungere Baiae», spiego, «ma, con il mare in queste condizioni, il viaggio era quasi impossibile».

«Non *quasi* impossibile», afferma Plinio. «Il mare è davvero impossibile da navigare, adesso».

Ho sempre pensato che Plinio fosse troppo composto, troppo interessato al mondo per farsene toccare emotivamente. Ma la sua eccitazione mentre il mondo sembra finire è davvero incredibile.

E forse anche folle.

Sembra esaltato per la novità di ciò che sta accadendo. È solo quando smette di parlare, aspettando la mia risposta, che mi accorgo che ha il respiro affaticato, più del solito. Qualunque cosa stia succedendo all'aria, tra il calore e la cenere, non gli sta facendo bene.

«Allora, cosa è accaduto, Plinio? Non potevi ripartire, e allora hai deciso di organizzare un banchetto?»

«Sì, perché no?», risponde lui. «Come altro dovremmo aspettare che il mare torni navigabile? A proposito di cibo, hai fame?». Sto per dire di no, ma Plinio mi porta un braccio intorno alle spalle. «Chi può sapere quando riavremo l'opportunità di mangiare, mia signora. Avremo bisogno di tutte le nostre energie».

Nessuno dice niente. Ascoltiamo Plinio masticare e il tonfo delle pomici che colpiscono il tetto sopra di noi. Di tanto in tanto, una di esse rimbalza attraverso l'apertura nel tetto e tutti, intorno al tavolo, sobbalzano di paura.

Tutti tranne Plinio.

Il capitano Verecondo viene invitato a unirsi a noi. I suoi uomini si riparano in un'altra stanza, insieme ai marinai di Plinio. Il Batavo se ne sta con gli altri schiavi in un angolo dell'atrio. La nostra notte a Pompei è finita, e siamo tornati quel che eravamo, padrona e schiavo.

Plinio spiega quello che è accaduto la notte del mio matrimonio, dopo che le navi hanno preso fuoco. Racconta di come abbia aiutato le persone a uscire dall'acqua, e dello scontro tra i pretoriani di Virgilio e i Parti.

«Quanti morti?», domando.

«Molti. I tuoi fratelli si sono salvati, grazie agli dèi. Ma li ho visti salvarsi da situazioni peggiori».

Sorrido, pensando al mio invincibile fratello maggiore. Non credo di aver mai pensato a Tito se non sano e salvo. «E la mia serva, Giocasta?», domando.

«Ha riportato delle ustioni sulla mano e sul braccio. Piuttosto gravi. Ma è sopravvissuta».

Sospiro di sollievo. «E i Parti?»

«Sono scomparsi. Tuo fratello ha inviato dei soldati in tutta la regione per trovarli, ma finora non hanno avuto successo».

Gli schiavi dall'altra parte della stanza cominciano a scambiarsi teorie su quello che sta succedendo fuori. Ci zittiamo per ascoltarli.

«I giganti sono in rivolta», dice un vecchio. «Sono risaliti fino in superficie dalle profondità del Tartaro. Si sentono le loro trombe suonare il loro inno di guerra. Sono infuriati. Chi non lo sarebbe, al loro posto? Quando ci troveranno, ci schiacceranno con le loro mani. Siamo pazzi, a non scappare. Pazzi».

«Tutta la campagna è in fiamme», mormora una donna dai capelli grigi. «Si sente l'odore della carne bruciata». Annusa l'aria. «Bruceremo tutti, alla fine di questa giornata».

L'erudito Cecinnio Rufo, ospite di Pomponiano quando tutto è iniziato, è seduto all'altro capo del tavolo. «Il mondo sta venendo consumato», sussurra, «dal caos e dal fuoco. Gli dèi ci stanno punendo».

Molti, intorno al tavolo, annuiscono.

Ma Plinio scoppia a ridere.
«Rufo», esclama, «mi deludi. Non hai letto il mio libro? Quello che sta accadendo oggi non è niente di nuovo».
«Il tuo libro non descrive niente del genere». La voce di Rufo ha perso il suo distacco da erudito. Sembra un rametto che sta per spezzarsi in due.
«Al contrario», ribatte Plinio. «Mi riferisco al libro secondo, capitolo centodieci. Lì descrivo montagne che bruciano di continuo, in cui la Natura infuria, minacciando di consumare la terra con il fuoco. Nel passato, da simili montagne si sono viste sollevarsi nuvole di cenere. C'è il monte Etna, in Sicilia; e la cima del Cophantus, in Battria; e la Torre Bianca a Susa. E poi c'è una montagna in Etiopia...».
«Ricordo quel passaggio, ammiraglio», lo interrompe Rufo, «ma cosa hanno a che fare quelle montagne con il fuoco che sta consumando le campagne?»
«Non permettiamo alla paura di sopraffare la nostra ragione».
Plinio sta apprezzando la discussione. Ma poi, di colpo, è costretto a piegarsi in due per via di un violento accesso di tosse. Quando finisce, per un breve istante, sembra sconfitto; ha gli occhi vitrei ed è senza fiato.
Poi si schiarisce la gola e continua, sebbene non con il vigore di poco prima: «Ho anche descritto un evento della Guerra Sociale, in cui l'isola di Hiera, nelle Eolie, ha eruttato un fuoco che ha continuato a bruciare per diversi giorni, finché il senato non ha compiuto gli adeguati sacrifici, e allora il fuoco è cessato. È ovvio, non vi pare? Ciò che stiamo vedendo è lo stesso fenomeno. La differenza tra i fuochi di Hiera e quelli del Vesuvio non è di genere, ma di estensione».
Per Plinio, il mondo non sta finendo; è soltanto diventato più interessante.
Lo osserviamo mentre riprende a intingere il pane nella salsa di pesce.

Plinio manda il suo segretario Spartaco a controllare se il vento sia più favorevole. Torna con due uomini. Entrambi hanno i volti nascosti nelle ombre, quando entrano nell'atrio; uno di loro è piegato su un bastone.
Si fanno avanti.
«Per gli dèi, Ulpio!», esclamo, rendendomi conto di chi sia. È accompagnato dal suo liberto Ciro. «Che ci fai qui?».

Una dozzina di pretoriani e soldati della marina entra nell'atrio.
«E dov'è che siamo?», domanda Ulpio.
«A Stabiae».
Lui scoppia a ridere. «Visto, Ciro? Abbiamo mancato la nostra destinazione. Stavamo tornando in nave a Baiae, dopo aver portato a termine delle incombenze per conto di Cesare. Ma il mare aveva altri piani per noi. I venti e le onde ci hanno spinto qui».
Il segretario di Plinio soggiunge: «Il mare è più agitato che mai, ammiraglio. Non possiamo sperare di ripartire oggi».
Il capitano Verecondo sembra conoscere Ulpio. Si alza dal tavolo e si abbracciano. «Mi sembra giusto ritrovarti nel giorno più strano della mia vita».
Parlano a bassa voce per un po', come amici che si ritrovano dopo tanto tempo. Sono troppo stanca per immaginare come possano conoscersi.
Ulpio si accomoda accanto a me. L'umore di Plinio è cambiato all'istante. Fissa Ulpio con un'espressione che di rado mostra sul viso: diffidenza. O forse disgusto. Pensavo che la freddezza tra loro si fosse dissipata.
Ulpio non può vedere lo sguardo rabbioso di Plinio. Chiede di avere pane, salsa di pesce e vino.
«Ho pensato a te, Ulpio», afferma Plinio.
«Ah, sì?». Ulpio intinge il pane nella salsa.
Una grossa pietra piomba contro il tetto. Tutti, nella stanza, si acquattano e guardano in alto. Aspettiamo di capire se il tetto crollerà.
Plinio rimane concentrato su Ulpio. «Sì», dichiara. «Ho pensato molto a un commento che hai fatto».
«Dovrai essere più specifico, Secondo. Ne faccio tanti, di commenti».
«Ricorderai di certo che di recente mi hai detto con assoluta certezza il numero di volte che l'ostaggio parto Meerdate si è incontrato con l'imperatore Nerone. È stata un'osservazione interessante», risponde Plinio. «Come poteva un provinciale spagnolo conoscere un simile evento della corte imperiale?».
Ulpio si sposta sulla sedia. Lascia cadere il pane e porta gli occhi ciechi sull'ammiraglio.
«Perciò», continua Plinio, «trovando questo commento inspiegabile, sono andato a controllare gli storici, gli autori che erano a Roma al

tempo, nel corso del regno di Claudio, quando Nerone era un principe che girava per il palazzo. Ho letto Rustico e Corbulone e altri storici. Ho pensato: *È così che Ulpio deve aver saputo quello che aveva fatto*».

Il liberto di Ulpio gli bisbiglia qualcosa all'orecchio, ma Ulpio lo allontana con un gesto della mano.

«Eppure, ho controllato tutti gli storici e non ho trovato una sola parola sul numero di volte in cui Meerdate si è incontrato con il Tiranno».

«Plinio», intervengo, cercando di mettere fine a quella che sembra una discussione inutile, «non mi sembra il momento giusto per parlare di storia. Non possiamo aspettare?».

Lui mi ignora e dice a Ulpio: «Potrei riferirti con certezza il numero di volte in cui io mi sono incontrato con Nerone. Ma ero lì, a Roma. Non lo troverai in nessun libro di storia. E sono certo che anche Nerone potrebbe dirtelo. Non è così?».

Una serie di grosse pietre colpisce il tetto e gli ospiti intorno al tavolo rabbrividiscono. Il padrone di casa, Pomponiano, che è sempre più spaventato, strilla come un uccello.

Non ho capito dove voglia arrivare Plinio con Ulpio, ma non è il momento né il luogo adatto per questa discussione.

«Plinio, ascoltami», ritento, «sono certa che questa discussione può attendere. Ulpio ha appena avuto una brutta disavventura, proprio come tutti noi».

Plinio continua a fissare Ulpio. «Confessa», esclama.

«Cosa dovrei confessare?», chiede Ulpio.

Plinio attende per quella che sembra un'eternità, poi sorride, come se avesse appena ottenuto una grande vittoria. «Adesso so che ho ragione». Scoppia a ridere. «Un codardo non può sfuggire alla sua natura». Scosta la sedia, con l'aiuto del suo segretario. «Credo che andrò a riposare un po', mentre aspettiamo che il mare si calmi».

L'ammiraglio continua a respirare a fatica. Non riesce a stare in piedi, e il segretario deve aiutarlo.

«Mi spiace, Lucio», dico a Ulpio, dopo che Plinio si è allontanato. «Non so bene cosa avesse in mente l'ammiraglio».

«Io sì», risponde Ulpio. «Ma non è colpa tua».

«Cosa ti porta qui per conto di Cesare?».

Ulpio racconta qualche particolare che mancava nella storia di Plinio.

Il senatore Sulpicio era sospettato di aver aiutato i Parti, perciò Tito ha ordinato a un gruppo di soldati di controllare in segreto la sua casa. Il prefetto Virgilio ha lasciato al comando un giovane tribuno, che non si è premurato di fermare o interrogare chi lasciava la proprietà del senatore. Una donna ha fatto visita a Sulpicio e poi se n'è andata con tre uomini. Si sono diretti a est, verso le città lungo la baia, e non verso l'entroterra o a nord.

«Marco e Teseo erano lì», racconta Ulpio. «Mi hanno fatto sapere dei tre uomini usciti dalla casa di Sulpicio. Non sarei stato di grande aiuto a controllare la casa del senatore, o ad attaccarla, se fosse servito. Perciò, con l'approvazione del prefetto, ho preso con me una trentina di soldati per provare a trovare i tre uomini che avevano lasciato la casa di Sulpicio».

«E...?»

«Non li abbiamo trovati. Siamo andati prima a Puteoli. Pensavo che si fossero diretti al porto più grande per assicurarsi un passaggio su una nave. Sarebbe stato il modo più sicuro per lasciare l'Italia. Non li abbiamo trovati lì, perciò siamo andati più a est. Siamo stati a Ercolano, e poi ci stavamo dirigendo verso Pompei, quando il vento e il mare ci hanno costretti a fermarci qui».

«Forse so cos'è accaduto a quei tre uomini». Racconto a Ulpio di come tre parti abbiano trovato me e il Batavo a Pompei.

«Erano tre? Ne sei sicura? E il Batavo li ha uccisi tutti?»

«Sì».

Ulpio scuote la testa. «Come facevano a sapere che eri lì? Qualcuno sapeva che ti stavi nascondendo a Pompei?»

«Ho mandato un ragazzo a consegnare un messaggio a una delle mie serve. Ho scritto una lettera a Tito per fargli sapere che ero viva. Il ragazzo doveva darla alla mia serva».

«Quale?», domanda Ulpio. «Giocasta?»

«No», rispondo. «Un'altra ragazza».

Ulpio aggrotta la fronte. «Ed è fidata?»

«Sì», rispondo.

Ulpio si fa pensieroso, ma con la sua benda e gli occhi ciechi, sembra una statua senza vita. «È possibile che il tuo messaggio sia stato intercettato. O forse chi l'ha consegnato sapeva chi fossi e ha cercato di approfittarne? In qualche modo, i Parti hanno saputo che eri a Pompei».

«È possibile», commento. «Ma il ragazzino a cui avevo consegnato la lettera non sembrava avermi riconosciuto. E cosa speravano di ottenere i Parti, uccidendomi?»

«Era la loro missione. Uccidere i Flavi. E Tito era troppo ben protetto. Inoltre, sospetto che avessero bisogno di un diversivo per poter fuggire dall'Italia. Qualcosa che attirasse l'attenzione lontano dai porti. Non sapevano che Fortuna era dalla loro parte?»

«Davvero?»

«Sì. Il Vesuvio ha offerto un diversivo migliore di qualsiasi altro in cui potessero sperare».

Un altro terremoto scuote la terra.

GAIO

24 agosto
Casa dell'ammiraglio Secondo, Misenum

«Gaio», mi chiama mia madre, con la voce tremante. «Quanto ancora dobbiamo restare fuori?»

«Finché le scosse non si placheranno», spiego io. «Gli edifici sono rimasti in piedi, finora. Ma arriverà un momento in cui non reggeranno più».

Siamo in giardino, sotto un albero di limoni. I frutti sono sparsi al suolo a dozzine, staccati dai rami dal terremoto. Lo zio Plinio è partito per la sua missione di salvataggio diverse ore fa. Ho cercato di tenermi occupato, dentro casa, ma poi il terremoto si è fatto troppo forte. Ho mandato Zosimo al molo per sapere se ci sono notizie dello zio. È tornato poco fa, scuotendo la testa. «Niente, padrone. I marinai con cui ho parlato dubitano che le navi di tuo zio possano tornare, con il mare in queste condizioni. Forse stanno aspettando che si calmi».

Immagino lo zio Plinio nella casa di Rettina a Oplontis, oppure ovunque sia stato costretto a sbarcare, calmo, sicuro e divertito mentre il mondo si distrugge davanti a lui. Cerco di seguire il suo esempio meglio che posso. Faccio prendere da Zosimo il libro di Livio e, sedendomi accanto a mia madre, ricomincio a prendere appunti.

Le scosse continuano.

Mia madre lascia andare il lavoro di cucito e si fa confortare dall'abbraccio della sua servitrice. Strette insieme, si cullano a vicenda, in attesa che finisca tutto. Stringo in mano lo stilo e chiudo gli occhi.

Il cliente spagnolo dello zio Plinio, Scipione lo Spagnolo, arriva all'ora ottava.

«Scipione», lo saluto. «Cosa fai qui?»

«Sono venuto a trovare tuo zio prima di scappare verso nord. Per sapere se avesse bisogno di me».

Si guarda intorno nel giardino e vede mia madre e la sua serva sotto all'albero di limoni. Poi vede i miei libri e la tavoletta di cera.

«Ma cosa stai facendo?», mi chiede. «Leggi? Il mondo sta finendo. Dovete mettervi in salvo».

«Lo zio Plinio è partito per una missione di salvataggio vicino al Vesuvio. Sto aspettando che torni».

«Sei pazzo». Scipione mi afferra per le spalle. «Vieni. Sto andando a nord, verso Roma. Ho parlato con persone che sono scappate dalle città sotto il Vesuvio. Più vicini ci si trova alla montagna, maggiore è il pericolo. Tutti stanno andando verso nord, verso la salvezza. Tuo zio potrebbe essersi diretto lui stesso da quella parte».

Lo spingo via. «Va tutto bene. Non bisogno avere paura della natura», affermo, ripetendo le parole dello zio.

Scipione scuote la testa. «La testardaggine è un vizio di famiglia, vero? Se sopravvivrai, di' a tuo zio che sono stato qui».

Si gira e se ne va.

Zosimo lo guarda allontanarsi. Poi dice: «Padron Gaio, so che dobbiamo aspettare l'ammiraglio, ma molti servitori hanno paura. Temono per la propria vita. Quanto ancora dobbiamo restare qui?».

Ci sono due schiavi dietro Zosimo. Tremano, pallidi in volto, con le spalle curve. Sembrano sconfitti e terrorizzati.

Voglio aspettare lo zio Plinio, per essere coraggioso: ma lui farebbe lo stesso? Non credo. La sua maggiore preoccupazione sarebbe verso la famiglia. «Hai ragione, Zosimo. Fai radunare tutti. Di' loro di portare solo quello che riescono a trasportare a mano. Lasceremo un messaggio allo zio Plinio, così saprà dove trovarci».

DOMITILLA

25 agosto
Casa di Pomponiano, Stabiae

È quasi mattina e sono circondata di torce. Eppure, è ancora più buio di una notte senza luna. Con il braccio teso, riesco a vedere fino alla mia mano, non di più.

Il cortile è pieno di cenere e pietre che mi arrivano alle ginocchia. La cenere è cambiata. Se prima era grigia, quasi bianca, ora è di un nero sinistro. Avanzarvi in mezzo è come spingersi nella neve alta dopo una tormenta. A tutto questo si è aggiunto l'odore mefitico dello zolfo. Mi brucia il naso e mi fa lacrimare gli occhi. Superiamo gli schiavi di Pomponiano che stanno cercando di spegnere una trave di legno che ha preso fuoco. A metà del cortile, sento Plinio che russa.

Pomponiano bussa alla sua porta. «Ammiraglio!». Sembra esausto e scosso. «Ti prego, svegliati. Siamo in pericolo di vita».

Il segretario dell'ammiraglio non attende che il suo padrone si alzi. Comincia ad aprire la porta, ma è bloccata dalla cenere e dalle pietre nel cortile. Spartaco bussa con forza alla porta. «Padrone!».

Sentiamo l'ammiraglio dall'altra parte. «Che succede, Spartaco? Stai spingendo contro la porta? Togliti».

«No, padrone», grida Spartaco. «Sono i detriti. Nel cortile ci arrivano alle ginocchia. Devi spingere».

«Ah, davvero? Curioso», commenta Plinio. «D'accordo. Al tre. Uno. Due. Tre».

Spartaco e Pomponiano tirano la maniglia della porta. Sentiamo Plinio mugugnare per lo sforzo di spingere, dall'altra parte. La porta si apre abbastanza da permettere all'ammiraglio di passarci attraverso.

Plinio fissa il terreno, sorpreso dall'accumulo di detriti. Poi annusa l'aria. «È zolfo?»

«Sì, padrone», risponde Spartaco. «I fenomeni si sono fatti più spaventosi. Ora la cenere è nera e le scosse di terremoto sono più frequenti».

«Interessante», commenta Plinio.

Il respiro affaticato dell'ammiraglio è peggiorato. Sembra quasi che abbia appena finito di correre da una parte all'altra del cortile.

«Ammiraglio», intervengo, «temiamo che la casa di Pomponiano ci possa crollare addosso. Abbiamo bisogno di un piano».

«Sì», risponde lui. «Raduniamoci».

All'interno dell'atrio l'aria è densa e calda, e ha il sapore amaro della cenere.

I presenti si radunano mormorando intorno a Plinio. «Per come la vedo, abbiamo tre possibili opzioni», esordisce lui. «Possiamo restare dentro, andare alle navi o avviarci verso nord a piedi».

Le varie persone gridano le proprie preferenze.

Plinio agita le braccia, e torna il silenzio. «Dobbiamo scegliere la possibilità meno pericolosa, ovviamente. Restare dentro è con tutta probabilità la più pericolosa. Le case di mattoni come questa riescono a sopportare le scosse di terremoto, ma solo fino a un certo punto. Temo che sia solo questione di tempo, prima che la casa di Pomponiano crolli».

«Ma se ce ne andiamo», interviene qualcuno, «sarà troppo buio per camminare. E le pietre che cadono dal cielo potrebbero ucciderci».

«Concordo. L'oscurità non è ideale, ma la mancanza di luce non ci ucciderà», risponde Plinio. «Quanto alle pietre, potremmo usare degli oggetti di questa casa per proteggerci».

«E dove andremo?», grida un uomo.

«La scelta più sicura è tornare a riva e aspettare che il mare si calmi», afferma Plinio. «Siamo in tanti, e andare verso nord a piedi e su un terreno difficile sarebbe lento e pericoloso. E...».

A questo punto, Plinio comincia a tossire senza controllo. Si sostiene aggrappandosi alla spalla del suo segretario. Quando finisce, ha del sangue sul labbro inferiore. Dunque, continua: «E non sappiamo se nell'entroterra le condizioni siano peggiori. Potrebbero esserlo». Respira a fondo. «Allora? Andiamo verso la riva?».

I presenti accettano il suggerimento dell'ammiraglio con un silenzio riluttante.

Il mare è una distesa di pomici galleggianti e cenere. Il cielo è così buio da non riuscire a vedere oltre la battigia. Non possiamo andarcene da qui via mare. Dovremo attendere.
Molti di noi si sono legati un cuscino sulla testa per proteggersi dalle pomici che continuano a cadere dal cielo. Altri, come il Batavo, hanno costruito degli scudi improvvisati con oggetti della casa di Pomponiano, come tavoli e sedie a cui sono state rimosse le gambe.
Il capitano Verecondo e il suo equipaggio decidono di tentare la sorte a piedi. «Buona fortuna, padrona», mi dice. «Spero di ritrovarti a Baiae, sana e salva».
«Buona fortuna a te, capitano».
Si allontanano nell'oscurità. Quelli di noi che rimangono si rifugiano vicino allo scafo delle navi di Plinio. Le vele sono state staccate per creare una tenda. Dobbiamo spazzare via cenere e pomici dalla tela più e più volte, e anche dai nostri corpi, per il timore di finire sepolti vivi.

Il giorno non arriva. Mi domando se tornerà mai, se il sole sia stato spento. L'aria è densa di zolfo e cenere. Mi sembra di soffocare. Il mare è ancora mosso e non navigabile, il vento non si placa.
Di colpo, in lontananza, dalla direzione del Vesuvio, sentiamo un'esplosione, così forte da far tremare la terra, seguita dal rumore di un incendio violento che brucia le campagne.
Si vede il fuoco, in lontananza.
Guardiamo in direzione del Vesuvio. Attendiamo che il fuoco arrivi e ci consumi tutti.
Ma non succede. Sentiamo solo un odore ancora più forte di zolfo. Tutti piangono e invocano gli dèi.
Vado da Plinio e mi inginocchio accanto a lui. «Il mare non migliora, ammiraglio. Dobbiamo andarcene. Dobbiamo scappare da qui».
I suoi occhi faticano a mettere a fuoco il mio viso. «Domitilla?», mormora. Sembra disorientato. Il suo segretario è in ginocchio e tiene un panno umido sulla fronte del padrone. Non lo credevo possibile, ma respira ancora peggio.
«Acqua, Spartaco. Per favore».
Spartaco si allontana.
Afferro Plinio per un braccio. «Dobbiamo portarti dove l'aria è meno opprimente», affermo, cercando di aiutarlo ad alzarsi. Lui

si solleva di poco, ma poi ricade sulla vela che sta usando come giaciglio.

«Rimarrò qui, credo». La sua voce è solenne. «Assicurati che tuo fratello ti ascolti», mi dice.

«Plinio, non parlare...».

Lui agita una mano, interrompendomi.

«Ascoltami, signora. Assicurati che l'imperatore senta i tuoi consigli. Lui si fida di te. Conta su di te».

Sento le lacrime riempirmi gli occhi.

«Devi portare tutti via da qui. Ma prima, prima di andare, fai venire qui Ulpio. Vorrei parlare con lui».

Con l'aiuto del suo liberto, Ulpio viene condotto al cospetto di Plinio. I due parlano a bassa voce. Ulpio annuisce, serio.

Plinio si sfila un anello e lo dà a Ulpio.

Quando concludono il discorso, Plinio mi fa cenno di avvicinarmi. «Farò un ultimo sforzo», mi dice. «Ma se non ce la farò, dovrai continuare a far muovere questo gruppo. Andate a nord. Restate da questa parte del fiume Sorno. E state lontani dal Vesuvio».

Prendo la mano di Plinio e la bacio. «Sei un pilastro dell'Impero». Inizio a piangere. «E della nostra famiglia».

«Come lo sei tu, mia cara».

Il gruppo si organizza in fila per due. Abbiamo dieci torce, che ci consentono appena di vedere a un passo da noi in qualsiasi direzione. Uno degli schiavi di Pomponiano, un ragazzo campano che conosce bene la regione, viene messo in testa alla colonna. Mi assicuro che la piccola Petra e suo nonno siano vicini a me.

Plinio è l'ultimo a mettersi in fila. Spartaco lo aiuta ad alzarsi e si mette un suo braccio intorno alle spalle.

Avanzano di un paio di passi verso di noi, poi Plinio crolla. Il suo respiro si fa più veloce.

Spartaco grida: «No, no, no!».

Il respiro di Plinio si fa sempre più rapido e corto.

Non possiamo fare nulla se non stare a guardare.

L'ultimo respiro di Plinio sembra incastrarglisi nei polmoni: inspira, ma non riesce a espirare. Si afferra il petto, il suo corpo si contorce per un po', e alla fine si rilassa, mentre la vita gli sfugge.

L'ammiraglio, l'invincibile, instancabile Plinio, è morto.

Spartaco singhiozza.
Tutti siamo paralizzati.
Il Batavo si avvicina a Plinio e passa una mano sul suo volto per chiudergli gli occhi. Prende Spartaco per un braccio e lo fa rialzare in piedi. «Vieni», gli dice. Lo trascina verso di noi, e alla fine Spartaco si rassegna. Si mette in fila, ancora scosso dai singhiozzi.
Cominciamo a camminare verso nord.
Il corpo di Plinio rimane sulla spiaggia, sepolto sotto la calda cenere nera.

La collina è ripida e fitta d'alberi. Ci si afferra alla tunica sporca dell'uomo o della donna che abbiamo davanti, formando una catena umana. Le nostre torce fanno abbastanza luce da non inciampare, ma non molta di più. Il ragazzo che apre la fila sembra conoscere la strada e per un po' ci muoviamo con sicurezza.
C'è un'altra esplosione, in lontananza. Ci fermiamo e attendiamo che il fuoco venga a consumarci. La terra trema e qualcuno perde l'equilibrio e cade sul terreno del bosco.
Ma l'incendio non arriva.
Continuiamo a camminare.
Le nostre torce cominciano a languire. Si spengono una dopo l'altra. Quando l'ultima cede, è come ritrovarsi chiusi in una stanza buia e senza finestre nel cuore della notte.
Questa oscurità ha un peso. Una presenza.
Restiamo immobili, in silenzio, tremanti di paura.
In molti stanno piangendo.
Mi inginocchio accanto alla piccola Petra, la bambina che abbiamo portato via da Pompei. Non la vedo, né lei può vedere me. La stringo a me e le sussurro che andrà tutto bene.
«Perché ci siamo fermati?».
La voce appartiene a Ulpio.
Ciro, il suo liberto, deve avergli spiegato che le torce si sono spente, perché lo sento dire: «E cosa importa?».
Per il senatore cieco, tutti i giorni sono immersi nell'oscurità.
«Ulpio», gli dico, cercando di controllare il terrore nella voce, «puoi guidarci?».
«Certo che sì», afferma lui. «Sempre che qualcuno mi metta in testa alla fila».

Ulpio avanza in prima linea. Il ragazzo locale che finora ci aveva guidato si mette alla mia sinistra, afferrandomi per la tunica.

Ulpio comincia a camminare senza attendere oltre. È bello potersi muovere di nuovo. L'oscurità è comunque soffocante, ma il rumore dei nostri passi sul terreno e quello del bastone di Ulpio contro alberi e rocce ci fa sentire meglio.

Avanziamo per ore, oltre la collina e fuori dal bosco.

All'orizzonte si vede un punto grigio. Sembra un grande occhio che ci osserva mentre ci avviciniamo.

Continuiamo a procedere in salita, verso l'occhio grigio. Pian piano l'oscurità si rischiara e diventa una nebbia densa e scura. Poi anche la nebbia comincia a dissiparsi. Un quarto d'ora dopo, raggiungiamo la luce del sole.

È mezzogiorno, il sole è sopra di noi.

Qualcuno grida di sollievo. Altri crollano in ginocchio e ringraziano il loro dio preferito.

Alle nostre spalle c'è un muro di fumo grigio. Si allunga a nord e a ovest, fino a dove arriva lo sguardo.

Ulpio domanda perché tutti stiano reagendo in quel modo.

«Siamo usciti dall'oscurità», spiega Pomponiano.

«Ah», commenta Ulpio, «beati voi».

BARLAA

25 agosto
Due miglia a nord di Napoli

Marco torna con il prefetto Virgilio e tre Pretoriani. Hanno il volto torvo.

«Le caserme di Baiae erano vuote», dice Marco. Era partito ore fa per cercare aiuto. «L'intera baia sta scappando verso nord. Oppure si nascondono, in attesa che il caos abbia fine». Scuote la testa. «Alcuni dicono che siano stati avvistati dei giganti sulle colline intorno al Vesuvio».

«Giganti?».

Marco annuisce. Non è un ragazzo che si spaventa con facilità, ma qualunque cosa stia accadendo là fuori l'ha sconvolto. Così come ha sconvolto tutti noi.

Il prefetto Virgilio si guarda intorno nella villa vuota, quella che aveva lasciato piena di soldati. È sorpreso di trovarci solo Teseo, Manlio e me. «Quanto tempo fa è scappato Catullo?»

«Tre, forse quattro ore fa», risponde Manlio. «Poco prima che mandassimo Marco a chiamare aiuto. Il legato ha detto che lui e i soldati erano richiesti altrove, per aiutare in qualsiasi cosa stia accadendo intorno al Vesuvio».

Senza nascondere il disgusto, dichiaro: «Quello stronzetto romano aveva paura. Gli si leggeva negli occhi».

«Quanti siamo, dunque?», domanda Virgilio. «Otto. Otto contro... non sappiamo quanti. Almeno una dozzina di Parti e un esercito di gladiatori?».

Teseo chiama dalla finestra da cui controllava la villa di Sulpicio. Lo sentiamo dire: «Sulpicio vuole andarsene prima dell'alba. Dobbiamo muoverci. Ora».

Abbandoniamo la villa. All'esterno l'aria è calda e densa. Siamo in cima a una collina, e la proprietà di Sulpicio è più in basso, con un bosco rado in mezzo. A ovest c'è il Vesuvio, e l'immensa, infinita nuvola di fumo.

«Otto contro un esercito», mormora Virgilio, fissando il Vesuvio. «Ma potrebbe andare peggio. Apollo protegge coloro che sono rimasti sotto l'ombra del Vesuvio».

Osserviamo in silenzio il fuoco, affascinati.

Teseo si incammina verso la discesa e noi lo seguiamo, in fila, verso la villa di Sulpicio.

A metà strada, sentiamo un'esplosione, uno schianto violento, e la terra si muove. Allargo le braccia, cercando di mantenere l'equilibrio. Due pretoriani cadono a terra.

«Cos'è stato?», esclama il prefetto.

Nessuno sa cosa rispondere.

Raggiungiamo un boschetto di limoni. Un gladiatore ci attende, l'infiltrato di Teseo. Deve aver combattuto nei giochi, gli scontri gladiatori che sembrano essersi tenuti ormai una vita fa, ma non riesco a riconoscerlo, non senza l'elmo.

«Lui è Sanguinerola», spiega Teseo. «Ha accettato di aiutarci».

Sanguinerola stringe gli occhi e conta gli uomini del nostro gruppo. «Siete tutti qui?»

«Temo di sì», risponde Teseo.

«Quanti sono all'interno?», domanda Manlio.

«Sulpicio ha con sé trenta gladiatori», risponde Sanguinerola. «E poi ci sono una dozzina di Parti e quattro soldati romani».

«Merda», ringhia il prefetto.

«Come sta Olimpia?», domanda Marco.

«Sarà lieta di rivederti», ribatte Sanguinerola.

Olimpia dev'essere la ragazza di cui Marco parlava in precedenza.

«E i gladiatori?», incalza Virgilio. «Ce n'è qualcuno con te?»

«Tre di sicuro», replica Sanguinerola. «Siamo stati con Sulpicio per anni, e siamo stanchi della sua crudeltà. Ma uno di loro», lancia un'occhiata a Marco, «il fratello di Olimpia, è stato ferito gravemente durante i giochi. Quindi non sarà di grande aiuto. Quanto agli altri... Non ne sono sicuro. Se fosse un qualsiasi altro giorno, direi che avrebbero combattuto per salvare la vita al padrone. Ma oggi...». Guarda verso il Vesuvio. «Noi siamo gente superstiziosa», dichiara. «I gladiatori, intendo. Gli dèi stringono il nostro destino nelle loro mani. Decidono loro se viviamo o moriamo, in ogni scontro. Perciò, tutto questo...». Si ferma di nuovo, cercando di descrivere la distruzione che ci circonda. «Hanno paura. Potrebbero approfittare della possibilità di scappare».

«Qual è il piano di Sulpicio?», chiede Virgilio. «Ci sta aspettando?».

«Ci ha fatti preparare a un combattimento da quando sono arrivati i Parti», risponde Sanguinerola. «Sapeva che stavate controllando la sua casa, i vostri uomini l'hanno reso ovvio. I mantelli rossi non si mimetizzano bene in un bosco. E poi abbiamo visto la gran parte dei vostri uomini andarsene, qualche ora fa, ma Sulpicio non si calmerà finché i Parti non saranno lontani».

«È questo il piano?», domanda Virgilio. «Far fuggire i Parti».

Sanguinerola annuisce. «Hanno una nave a Puteoli, pronta a portarli via dall'Italia».

«Il ragazzo ariano è dentro?», domando io. «Sinnace, intendo».

Provo a immaginare Sinnace che fugge su una nave, fissando le coste italiane sempre più lontane.

«Un Parto, intendi?», chiede Minnow. «Non conosco il suo nome, ma c'è un ragazzo partico. Di circa diciotto anni? Non sta molto bene. Non fa che camminare avanti e indietro, nervoso, giorno e notte».

Sento gli occhi di tutti su di me. Forse vedono la mia vergogna?

«Quel ragazzo è mio», dichiaro. «Morirà per mia mano, non per mano romana».

Aspettano che dica altro. Ma che altro dovrei dire? L'onore impone che uccida il ragazzo.

Manlio, sapendo che non ho altro da dire, spezza il silenzio. «Come entriamo?»

«Allo stesso modo in cui io sono uscito», ribatte Sanguinerola. Si inginocchia e disegna nella polvere due grossi quadrati collegati da un rettangolo più piccolo. «C'è una vecchia tubatura, grande abbastanza per farci passare un uomo in piedi, che collega i bagni. Ci condurrà in questa parte della villa di Sulpicio». Indica uno dei quadrati. Poi punta al secondo. «Questa è la Lanista. A parte qualche gladiatore intento a pattugliare la villa, la maggior parte di loro sarà qui».

«Possiamo rinchiuderli lì dentro?», domanda Virgilio.

«Non credo», replica Sanguinerola. «La porta è aperta. E non appena Sulpicio o i parti ci vedranno, daranno l'allarme e i gladiatori arriveranno».

«Cosa facciamo, allora?», chiede Virgilio. «Non possiamo combattere contro così tanti uomini».

«Io posso occuparmi di loro», interviene Marco.

Diversi dei presenti lo guardano, perplessi.

«Tu?», chiede Manlio. «Pensi di poter affrontare trenta gladiatori da solo?».

Marco alza lo sguardo al sole che sta tramontando. «Sì, ma dopo il calare della notte. E avrò bisogno di un pollo e di un interprete».

«Cosa?», domando, infastidito. Mi stavo ricredendo su di lui. Ma non sopporto l'arroganza. Soprattutto in battaglia. Per quello che ne so, è ciò che ti porta alla morte.

Il ragazzo mi ignora. «Teseo», riprende. «Come te la cavi con la lingua etrusca?»

«Di merda», risponde lui.

«Non importa», afferma Marco, poi si rivolge a Sanguinerola: «Puoi portarmi nella Lanista senza che i parti diano l'allarme?».

L'uomo annuisce.

«Davvero vogliamo mettere la nostra vita nelle mani di questo ragazzo?», domando.

Il prefetto Virgilio guarda Marco. «Cosa pensi di fare?»

«Dirò loro di andarsene», dichiara il ragazzo. Poi comincia a osservare il mio mantello, sebbene sia due volte la sua taglia. «Posso prenderlo in prestito?».

La breve spiegazione di Marco sembra convincere Virgilio, forse non che il suo piano funzionerà, ma almeno a farlo tentare. Provo a obiettare, ma fino a un certo punto. Questa è l'unica possibilità che ho di arrivare a Sinnace e provare la mia innocenza. Le probabilità sono remote, che usiamo il piano di Marco o qualsiasi altro.

Seguiamo Sanguinerola oltre un fossato, con l'acqua fino alle ginocchia. Ci muoviamo lenti, più bassi che possiamo, fino a raggiungere la tubatura. È alta abbastanza per permettere a un ragazzino di starci dentro in piedi, ma io devo abbassarmi come un gigante che entri nella capanna di un contadino. Ma serve al suo scopo. Dopo un centinaio di passi o poco più, entriamo nei bagni di Sulpicio. Due persone sono lì ad attenderci. Un gladiatore con il braccio appeso al collo e una ragazza dagli splendidi occhi azzurri.

Quando lei vede Marco, gli corre incontro e si abbracciano.

Olimpia, immagino.

Il gladiatore ferito ci guarda uscire dalle fogne e domanda: «Tutti qui?»

«Non preoccuparti», dice Sanguinerola, accennando a Marco. «Abbiamo un piano».

Marco passa un dito sul bordo della tubatura e usa il fango recuperato per dipingersi la faccia, con delle linee sotto gli occhi, sul naso e due anche sul mento.

«Che genere di piano?», domanda il gladiatore ferito.

Sanguinerola ci conduce fino al luogo degli allenamenti, un rettangolo di sabbia circondato da un colonnato a due piani.

Il cielo è grigio e sempre più buio.

Marco comincia a disegnare un ampio quadrato nella sabbia, grande quanto tre carri di buoi messi uno accanto all'altro.

Una campana si mette a suonare. Qualcuno si è accorto di noi.

I gladiatori si riversano nel cortile e lungo la balconata. Sembrano esausti, fragili, e pronti a uccidere per salvarsi la pelle.

Ce ne sono a decine e ci circondano da ogni lato. Fanno sbattere le spade d'acciaio contro gli scudi di legno; ringhiano, fischiano e cantano inni. Stanno cercando di spaventarci.

E funziona.

Siamo tutti combattenti addestrati, ma abbiamo combattuto abbastanza guerre per sapere che di solito tutto dipende dai numeri. E loro ce li hanno, al contrario di noi.

Abbiamo fatto un errore a pensare che questo ragazzo potesse in qualche modo risolvere il problema? C'è però qualcosa di speciale, in questo ragazzo. L'ho visto quando abbiamo cacciato insieme, in quella che ormai sembra una vita fa; l'ho visto mentre giocavamo a dadi; l'ho sentito nella voce di Sinnace, quando parlava di Marco lo Spagnolo; e lo vedo anche adesso. È sveglio, concentrato, determinato, e anche un po' folle: tutto quello che ci serve se vogliamo uscire vivi da qui.

La ragazza, Olimpia, si avvicina a noi. Ha recuperato i due polli che Marco voleva. Li tiene per le zampe, con le ali che sbattono frenetiche.

I gladiatori sembrano riluttanti ad attaccare; non so bene perché. C'è qualcosa di strano, in Marco: i suoi movimenti incoerenti, il mugolio della sua cantilena in una lingua straniera; i segni che ha sul viso; il mantello troppo grande. Capisco la loro riluttanza: sembra un sacerdote pazzo, oppure un mago.

Marco borbotta qualcosa in quella lingua strana e Teseo urla a Sanguinerola: «Di' loro che hai portato con te un sacerdote di Vulcano».

Sanguinerola lo grida e il baccano dei gladiatori, i ringhi e il tonfo dell'acciaio contro il legno, si placa.

C'è un movimento sulla balconata. Sulpicio e i soldati romani, i quattro traditori, si affacciano alla ringhiera. I fratelli Parti, Farbod e Farhad, e anche Sinnace, sono con loro. Il ragazzo sembra nervoso, si morde le labbra, ma non credo che mi abbia ancora visto.

«Cosa aspettate?», sbotta Sulpicio. «Uccideteli tutti!».

Marco riprende la sua cantilena, più forte, stavolta. Teseo traduce. «Lui è un sacerdote di Vulcano. Ed è qui per dirvi come sopravvivere all'ira del suo dio».

I gladiatori restano immobili.

Poi si sente un'esplosione in lontananza, come quella che abbiamo sentito prima, e la terra trema con violenza.

Alla fine, nessun gladiatore osa emettere un suono.

Marco afferra uno dei polli dalle mani di Olimpia. Si inginocchia e vi affonda il pugnale. Il sangue si sparge sulla sabbia. Continua quella strana cantilena.

Sulpicio urla: «Uccideteli, uccideteli tutti!». Ma i suoi gladiatori sono affascinati.

Marco controlla il piccolo fegato sanguinolento del pollo, stretto tra pollice e indice.

Continua a parlare in quella strana lingua e Teseo traduce: «Il dio del fuoco è *infuriato*...».

Marco indica Sulpicio.

«...con il vostro padrone».

A quel punto sacrifica il secondo pollo.

«Presto», dichiara Teseo, traducendo il mormorio di Marco, «Sulpicio e tutto ciò che gli è caro bruceranno. Se volete salvarvi, avete un'unica speranza».

Marco indica i cancelli.

Scappate , conclude Teseo. «*Scappate*!».

I gladiatori si prendono un attimo per assorbire quelle parole.

Sulpicio urla al suo doctor, l'addestratore dei gladiatori, di frustrarli e svegliarli da quella follia. L'uomo srotola lo scudiscio, ma Sanguinerola lo afferra per un polso e scuote la testa.

I gladiatori sono esausti, superstiziosi, terrorizzati per quello che sta accadendo nei pressi del Vesuvio e desiderosi soltanto di fuggire. Ma anni di schiavitù li rende quasi incapaci di abbandonare il padrone. Ora siamo in una situazione di stallo. Una situazione che sembra impossibile da sbrogliare.

Ma oggi non è un giorno privo di strani accadimenti.

La cenere comincia a cadere intorno a noi, calda e dal forte odore di bruciato.

I gladiatori sembrano terrorizzati. Lo siamo tutti.

Marco continua a cantilenare.

«Scappate», li ammonisce Teseo. «O brucerete».

Un gladiatore si spinge oltre gli altri, diretto alla porta. Gli altri lo seguono. Ben presto diventano una mandria in fuga, si spintonano e corrono verso l'uscita.

Sulpicio urla loro di fermarsi, minacciandoli di morte se lo abbandoneranno.

«Per le chiappe di Giove», mormora Virgilio. «Ha funzionato».

I gladiatori scappano da un lato del cortile, correndo per salvarsi la vita. Un cancello si apre dall'altra parte della struttura e Sulpicio, i soldati romani traditori e i miei connazionali entrano nel cortile.

Ci fronteggiamo in formazione. Siamo ancora in minoranza numerica, ma non come prima. Ora è uno scontro accettabile.

Di fronte a me ci sono i due fratelli, Farhad e Farbod, con i pugnali stretti in mano.

Si lanciano contro di me più veloci che possono.

Ho il tempo di scoccare una freccia. Di uccidere uno di loro. Incocco l'arco, tendo la corda e miro al fratello a sinistra.

Apro la mano e la freccia parte.

Colpisce il bersaglio con tanta forza da lanciare l'uomo indietro, prima che crolli al suolo.

Il secondo fratello rallenta, vedendo l'altro morire.

Questo mi darà modo di scoccare un'altra freccia?

Porto la mano alla faretra...

Il fratello rimasto vivo riprende la corsa verso di me.

Prendo una freccia...

E il pugnale di Farhad mi lacera il petto, vicino alla spalla. La mia mano sinistra lascia cadere l'arco e scatta in alto, d'istinto, per evitare che la lama si conficchi ancora più in profondità.

La forza di Farhad ci spinge entrambi indietro, e cadiamo sulla sabbia. Lui mi è addosso, con le mani strette sul manico del pugnale. Rigira la lama, e urlo di dolore.

Ho lasciato cadere la freccia, ma la vedo nella sabbia accanto a me.

Farhad strappa via l'arma dalla ferita, facendomi gridare, mentre un'esplosione di sangue riempie il vuoto lasciato dalla lama.

Poi solleva il pugnale per finirmi.

Afferro la freccia dall'asta, vicino alla punta, e gliela pianto nel collo. Perfora la carne sotto l'orecchio. Lo vedo sgranare gli occhi per la sorpresa.

L'arma gli cade di mano.

Il sangue gli gocciola dalla bocca.

Spingo la freccia più a fondo e le sue mani cadono lungo i fianchi; lo sguardo gli diventa vitreo.

Spingo via il cadavere dal mio corpo.

Lo scontro infuria in tutto il cortile. Virgilio e i pretoriani si sono lanciati contro i Romani traditori. Manlio e Teseo sono circondati da soldati partici. Recupero l'arco e incocco una freccia. Abbatto uno, due e poi tre parti, in rapida successione. Uso tutta la mia esperienza, ma mi sento sveglio come quando ero giovane.

Manlio uccide un soldato traditore, poi si piega su un ginocchio per riprendere fiato. Mi sorride dall'altra parte del cortile.

Marco sta scortando Olimpia e suo fratello alla larga dallo scontro. Li conduce via, al sicuro.

Dall'altra parte del cortile, intento a sbirciare da dietro i cancelli, vedo Sinnace. Si nasconde dietro la porta, troppo spaventato per combattere.

Poi mi vede. Ci guardiamo negli occhi.

E scappa.

Scatto verso la villa. All'interno i corridoi sono vuoti, a parte qualche schiavo. Quando mi vedono correre verso di loro urlano e si gettano a terra. Raggiungo l'atrio e vedo il mantello nero di Sinnace sparire dietro un angolo.

Lo seguo giù per una scalinata e lo scorgo in fondo a un corridoio che si chiude dietro una porta a sbarre.

«Fermati», gli urlo.
Lui alza lo sguardo mentre armeggia con il lucchetto.
Sfilo una freccia dalla faretra, sollevo l'arco, miro e scocco. La freccia attraversa le sbarre di ferro e gli si pianta in una spalla. Crolla indietro, urlando di dolore. Mi sorprende, però, quando dimostra abbastanza forza di volontà per alzarsi e portare le mani sul lucchetto. Sa che chiudere quella porta è la sua unica speranza di salvezza, ora.
Il lucchetto scatta.
«Mi hai tradito», ringhio. «E hai tradito la memoria di tuo padre».
«Sei tu il traditore», ribatte lui. «Sei stato tu a tradire il nostro paese».
Sento lo scatto del lucchetto. Sfilo un'altra freccia dalla faretra e la scocco. Miro a un punto tra due sbarre, cercando il petto del ragazzo, ma la freccia rimbalza su uno dei ferri, mancandolo di poco.
Lui fugge via, sorridente per aver salvato la vita.

Nel cortile lo scontro è finito. Dei tre pretoriani venuti con noi, due sono morti. Un altro è ferito, ma si comporta da uomo. Teseo sta ripulendo la sua arma. Sembra sia stato al mercato, o a fare una passeggiata, più che in uno scontro per la vita. Manlio è pieno di tagli e lividi, ma è vivo. Non si è ancora ripreso del tutto, perciò lo scontro di stasera l'ha stancato. Nel vedermi mi sorride.
Virgilio è inginocchiato accanto a un soldato, uno dei traditori. L'uomo ha un grosso naso rosso, di quelli che fanno pensare a chi beve troppo. È ferito gravemente, con una lacerazione lungo l'addome profonda e sanguinante. Disteso sulla schiena, ansima e sputa sangue.
«Qual era il vostro piano?», chiede Virgilio.
L'uomo gli sputa addosso.
Il prefetto preme una mano contro la sua ferita.
Il traditore urla di dolore.
«Renditi tutto più facile», lo ammonisce Virgilio. «Dicci dove pensavano di andare i tuoi amici che sono scappati».
«Vai a farti fottere».
«Sii ragionevole, soldato», continua Virgilio. «Questa potrebbe essere la tua unica possibilità».
«Possibilità?»
«Di redimerti per il tradimento».

Il soldato scoppia a ridere. Il sangue gli gocciola dagli angoli della bocca.

«Sei tu il traditore. Tu sostieni un pretendente al trono. Io servo l'ultimo dei Troiani. Il legittimo imperatore».

Virgilio alza gli occhi al cielo. «Non mi dire».

Il soldato alza la voce pieno di fervore: «Io servo Nerone Claudio Cesare, imperatore di Roma».

Virgilio pianta di nuovo la mano nelle viscere dell'uomo che urla agonizzante. Poi scosta la mano e ascoltiamo l'ansito patetico del soldato.

Poco dopo, muore.

«Cazzo», ringhia Virgilio. Alza lo sguardo. «Ce ne sono altri vivi?».

Manlio scuote la testa. «Sono tutti morti, oppure sono fuggiti».

«E Sulpicio?»

«Sparito».

«Cazzo», ripete Virgilio.

Sentiamo un rumore e vediamo Marco tornare nel cortile. Ha Sulpicio con sé. Il volto del senatore è sporco di sangue e ha le mani legate dietro la schiena. La ragazza, Olimpia, e il gladiatore ferito sono con loro.

Questo ragazzo non smetterà mai di sorprendermi.

«Pensavo fossi fuggito», commento, rivolto a Marco.

«Ho portato in casa Olimpia per tenerla al sicuro. Eravamo nell'ufficio di Sulpicio quando proprio lui è entrato di corsa. Ha aperto una cassa, e stava riempiendo una borsa di oro». Marco lo colpisce sul retro delle ginocchia e Sulpicio crolla a terra. «Questo avido bastardo sarebbe potuto fuggire, ma voleva il suo denaro».

Teseo corre da Marco e controlla i tagli che ha in faccia. «Era solo?»

«No, c'era anche il doctor, con lui», spiega Marco. È esausto, ma sta sorridendo. «Niente di cui non potessi occuparmi».

DOMITILLA

26 agosto
Tre miglia a nord di Stabiae

C'è una città tra le colline che sovrastano Stabiae. Quando la gente che vive lì ci vede avvicinare, rifugiati esausti e sporchi, ci porta pane e acqua. Passiamo la notte accampati intorno a un fuoco, ad ascoltare i racconti di una donna del luogo che dichiara di essere vissuta abbastanza da vedere Annibale marciare tra queste colline con i suoi elefanti. Siamo lieti della distrazione che ci offre.

La mattina dopo la nuvola di fumo del Vesuvio è sparita. L'aria è meno densa, meno grigia. E le scosse di terremoto sono finite.

Per ora.

Decidiamo di tornare da dove siamo venuti. Il terreno tra qui e Baiae è impervio e potrebbero volerci giorni per superare a piedi un tratto che potremmo percorrere in poche ore via mare. Ripercorriamo la strada fatta nel buio. Alla luce del giorno, il bosco è sinistro. C'è una spessa coltre di cenere grigia su tutto, e non ci sono animali. Nessun uccello cinguetta sopra di noi. Nessun cervo sparisce tra i cespugli al nostro passaggio.

Il sole, glorioso, caldo e bellissimo, è di nuovo nel cielo. Sembra la prova che il mondo non è finito.

Raggiungiamo la costa e scopriamo che il mare è calmo. Le pomici galleggiano ancora nell'acqua, ma non sono le grosse isole di pietra che si formavano ieri notte.

Il segretario di Plinio trova il punto in cui abbiamo lasciato il suo padrone. Il corpo è sepolto sotto diversi strati di cenere. Si inginocchia, porgendogli i suoi omaggi.

La nave del capitano Verecondo non c'è più. Lui e il suo equipaggio sono già salpati, o forse la nave si è staccata dagli ormeggi durante le scosse di terremoto e solo gli dèi sanno dove possa essere finita, ora.

Spartaco mi vede guardare verso la baia, in cerca della nave che mi ha condotto qui. «Augusta», mi dice, «non temere. Due delle tre navi sono pronte a partire subito. Ti riporteremo a casa».

«E la terza?»

«È troppo danneggiata. Un'altra vittima da lasciare sulla spiaggia».

Prima di partire, ci avviciniamo all'acqua per lavare via la cenere dalla pelle e dai capelli, entrando in mare fino alle spalle. L'acqua è tiepida e di un grigio opaco, sporca dei detriti del Vesuvio. La sensazione dell'acqua sulla pelle è meravigliosa; è un sollievo lavarsi via la cenere e lo sporco accumulati da giorni.

Il Batavo è accanto a me.

«Alwin», lo chiamo a mezza voce, perché nessuno mi senta. Lui si sta lavando la peluria scura sul petto. «Torneremo a Baiae, oggi. Quello che è accaduto a Pompei... non deve più succedere».

Lui sposta gli occhi da me all'orizzonte. È triste? Difficile dirlo.

Annuisce.

Senza preavviso, si immerge nell'acqua. Ricompare a qualche passo di distanza e nuota lontano dalla riva, una bracciata alla volta, per poi mettersi a galleggiare da solo nel mare.

La nave si dirige verso ovest. Il Vesuvio è lontano, a tribordo, e si riesce a vedere per la prima volta dopo due giorni. È diverso, adesso. Sembra più basso, con un picco meno aguzzo, come quando l'estremità di una melagrana viene tagliata via. Le città ai piedi delle colline sono sparite. Pompei, Ercolano, Oplontis, tutte svanite come se non fossero mai esistite. Al loro posto c'è una distesa grigia e vuota, un deserto di cenere. Non si vedono alberi né edifici. Il fuoco deve aver bruciato tutto, oppure ogni cosa è sepolta dalla pioggia di cenere. Quante persone sono morte? Quante migliaia?

Le persone a bordo della nave fissano la distesa deserta in silenzio. Perfino i rematori si sono fermati a guardare e a mormorare una preghiera.

«Dov'è casa nostra?», bisbiglia Petra a suo nonno.

Il vecchio piange in silenzio.

Convinco Spartaco a fermarsi prima a Misenum, in modo da poter avvisare il nipote di Plinio della morte dell'ammiraglio. Ha il diritto di saperlo prima possibile.

Superiamo il frangiflutti del porto di Misenum. C'è caos anche qui, ma non devastazione. Le strade e i tetti rossi della città sono coperti di cenere grigia, ma non tanta come a Stabiae, e non ci sono pietre pomici. Qualche edificio è crollato e una nave è finita contro il molo, con lo scafo spaccato come un guscio d'uovo. Lì accanto, un uomo e il suo schiavo stanno tirando giù una seppia da un tetto.

Il nipote di Plinio è sul molo, quando arriviamo. Deve aver notato le navi che si avvicinavano, riconoscendo le due con cui lo zio era partito.

Le navi si fermano contro il molo; i marinai lanciano delle cime ai colleghi del porto.

Gaio ci aspetta vicino alla passerella. Vede Spartaco, ma non suo zio. È a disagio. Studia il volto del servitore, poi il mio.

Prima che possiamo muovere un altro passo, crolla in ginocchio, scoppiando in lacrime.

Entro un'ora la nostra nave riparte per portarmi a Baiae. Arriviamo al tramonto.

I pretoriani sul molo mi riconoscono. Prima che mi facciano salire a bordo di una lettiga in attesa, indico Petra e suo nonno. «Loro due sono con me. Sono ospiti della famiglia imperiale. Trattateli come si conviene».

I soldati annuiscono e ci avviamo verso la città.

Baiae se l'è cavata come Misenum. Una coltre di cenere copre ogni cosa e qualche edificio è crollato. Per il resto, la città è ancora in piedi. I pretoriani mi dicono che è stata abbandonata stamattina, e gli abitanti hanno appena cominciato a ritornare. Ora i proprietari sostano fuori dalle loro case, intenti a valutare i danni; dappertutto ci sono schiavi che spazzano via la cenere.

Livia è nell'atrio, quando arriviamo.

«Padrona», esclama, «grazie agli dèi sei salva».

«Hai ricevuto il mio messaggio?», le domando. «Da Pompei?»

«Sì, padrona. E ho fatto ciò che hai ordinato. Ho consegnato la lettera a tuo fratello».

«L'hai detto a qualcun altro?»

«No, padrona», risponde. «Certo che no. Ho fatto solo ciò che mi hai detto. Perché?»

«Qualcuno sapeva dov'ero».

«Che significa?».

Le racconto dell'attacco dei Parti, e di come dovessero sapere che ero a Pompei, e Livia sembra sconvolta. «Forse qualcuno ti ha visto entrare a Pompei. Sei tra le donne più famose di tutto l'Impero, dopotutto». Mi prende per mano. «Ma non devi più preoccuparti dei Parti».

Mi racconta che sono stati tutti catturati, o sono ormai fuggiti dall'Italia.

«Come sta Giocasta?», domando.

Livia si morde un labbro.

«Portami da lei».

Mi accompagna attraverso la villa fino alla stanza di Giocasta, accanto alla mia: quando entriamo la vedo, è distesa sul letto quasi addormentata. Ma nel momento in cui mi vede si alza in piedi.

«Padrona», esclama con le lacrime agli occhi. «Sei viva!».

Ora che è in piedi, vedo le fasciature sul braccio sinistro e sul lato sinistro del collo. Come mi aveva detto Plinio, è rimasta ustionata quando la nostra nave ha preso fuoco, prima che potesse tuffarsi in acqua. Mi racconta di come sia riuscita ad afferrarsi a un pezzo di legno finché l'ammiraglio non l'ha tirata fuori dall'acqua.

Sta soffrendo. Si muove con lentezza e quando torna a letto il viso le si contorce in una smorfia di dolore.

Mi vede mentre la osservo e afferma: «Sto bene, padrona. Davvero, bene. Un po' dolorante, ma passerà».

Quella notte sogno impenetrabili colline nere sopra Stabiae. Sento un bambino che grida aiuto in mezzo a un crepitio di fiamme invisibili. Lo cerco disperatamente, ma l'oscurità è troppo fitta. La terra trema e crollo in ginocchio.

Mi sveglio con un intenso senso di nausea e un sapore metallico in bocca. La nausea continua fino all'ora sesta. Giocasta, che contro il parere dei medici ha lasciato il letto per venire a trovarmi, teme che questa condizione sia una conseguenza dell'esposizione alle ceneri e al calore del Vesuvio. «Dovrei chiamare un medico», mi dice.

«Non ce n'è bisogno», affermo, costringendomi a mangiare un po' di pane. «Ora non ho più la nausea».

«Raccontami di nuovo quello che è accaduto a Pompei».

GAIO

1° settembre
Fuori dalla casa di Lucio Ulpio Traiano, Roma

Di nuovo a Roma, in mezzo al caos. I vicoli stretti pieni di gente, gli edifici pieni di piccoli appartamenti che torreggiano sopra di me, proiettando ombre lunghe e fredde. La costante cacofonia nei rumori: ceramica che si schianta, saluti in latino, arrivederci in ebraico, un'imprecazione in battriano; risate, urla, contrattazioni; qualcosa di liquido – acqua? Vino? Urina? – finisce contro un blocco di travertino; i cani abbaiano, i bambini strillano, un serpente sibila; si sente il fruscio ritmico e metallico della cote contro una vecchia lama arrugginita. E poi gli odori. Unguenti medicinali, salsa di pesce fermentata, olio per friggere, pane appena sfornato, urina vecchia, ammoniaca dei conciatori e, sempre, in ogni angolo della città, il sentore di qualcosa che brucia. Legno, incenso, mirra, rosmarino, bracieri.

Questo caos richiedeva una tregua, un tempo, un viaggio a nord o a sud, verso le colline o verso il mare, in un posto tranquillo e sereno, per poter recuperare la pace della mente. Ma ora, dopo quanto accaduto nella baia, quel caos mi sembra confortante; e il silenzio della Campania mi appare minaccioso.

Vado dagli Ulpi molto presto, poco dopo l'alba. L'anziana Elsa mi fa entrare. Da come mi sorride, capisco che le dispiace per quello che mi è successo. «Da questa parte, mio signore».

Marco e suo zio sono nella biblioteca, immersi in una fitta conversazione. Davanti a loro c'è una mappa della Partia. Per un attimo penso che questa sia un'ottima informazione da riportare allo zio Plinio. Ma poi l'orrenda realtà mi colpisce, come spesso è accaduto dalla sua morte: non potrò più raccontargli nulla.

Il vuoto cupo del mio stomaco cresce; mi sento le gambe pesanti.

«Gaio», mi saluta Ulpio, dopo che Elsa annuncia il mio arrivo. «Benvenuto». Mi indica una sedia.

«Non posso rimanere a lungo», spiegò. «Questa mattina apriranno il testamento dello zio Plinio. Devo essere a casa su...».

La mia voce si spezza quando mi rendo conto dell'errore. Quella casa non è più la *sua*, per legge. Più tardi scoprirò chi l'ha ereditata. Mi rende triste pensare che possa diventare di qualcun altro.

«Devo essere lì per l'ora terza», spiego.

«Ma certo», risponde Ulpio.

Lancio un cauto sguardo a Marco. Anche lui ha quel sorriso di compassione sulle labbra, come Elsa. Mi chiede del viaggio di ritorno a Roma, cercando di distrarmi. La strada compiuta, il tempo che ci ho messo. Mi chiede di mia madre.

«Vi incontrerete con l'imperatore?», domando, portando la conversazione verso un argomento più serio. «Volete chiedere di andare in Partia ad affrontare il falso Nerone?».

Marco annuisce.

Questo mi fa nascere due domande, alle quali lo zio Plinio avrebbe voluto una risposta, prima di morire. Perché Ulpio è ossessionato dal falso Nerone? E chi è in realtà Ulpio?

Ma non ho la forza di fare certe domande, non con la decisione che ci avrebbe messo lo zio.

«Conosci bene la Partia?», mi chiede Ulpio.

«No, per niente».

Marco indica un tratto di territorio vicino al Mar Caspio. «Si dice che il falso Nerone sia qui. In Ircania. Con Artabano. È probabilmente qui che Sinnace e gli altri Parti fuggitivi stanno andando».

«Non riesco a immaginare di viaggiare così lontano», commento, guardando sorpreso la mappa.

«Vuoi venire con noi?», chiede Ulpio. «Potremmo chiederlo a Cesare. Sono certo che accetterebbe».

«Oh, no, non potrei», rispondo. «Spero di ottenere un incarico minore, l'anno prossimo, forse il presidio della corte centumvirale. E non so, dopo la morte di mio zio...», cerco di lottare contro l'emozione che comunque trapela dalla mia voce, «quali compiti avrò qui a Roma».

«Marco», dice Ulpio, sollevando le mani, «per favore, aiutami».

L'altro si avvicina al parente più anziano e lo aiuta ad alzarsi e a camminare fino alla sedia accanto a me. Ulpio si accomoda e si appoggia al bastone. Poi mi batte una pacca sul ginocchio.

«Conoscevo appena mio padre», riprende. «È morto quando ero ancora piccolo, ma ricordo bene due sue caratteristiche. Era un ubriacone e metteva tutti in imbarazzo – e bisogna essere davvero in una condizione grave per darlo a intendere perfino a un bambino di tre anni. È da questa mia posizione privilegiata che ti offro il mio consiglio: ti è stata data una delle più grandi fortune in cui un uomo possa sperare. Hai avuto un modello esemplare da seguire. È morto, ma tutti muoiono. Prima che esalasse l'ultimo respiro, hai potuto trascorrere dei begli anni con l'ammiraglio. Cerca di esserne grato. Piangi per lui, perché l'ammiraglio merita il tuo cordoglio. Ma ringrazia gli dèi per aver avuto uno zio così».

Mi ci vuole tutta la forza di volontà di cui dispongo per non scoppiare a piangere al suo consiglio.

«Grazie», mormoro.

Qualcuno si schiarisce la gola.

Mi giro e vedo due occhi azzurri. Appartengono alla ragazza, Olimpia. Ulpio deve averla accolta a casa sua, dopo l'arresto di Sulpicio.

«Padron Gaio», mi dice, inchinandosi, «mi spiace tanto per la tua perdita».

Sussurra all'orecchio di Marco e lui mi dice: «Ora devo andare, Gaio. Ti scriverò dalla Partia». Ci abbracciamo, e lui si allontana con Olimpia.

Mi ritrovo da solo con Ulpio.

«Sai che ero con tuo zio, quando è morto?», mi chiede.

«Sì, me l'hanno detto».

«Non è un segreto che non gli piacessi, ma credo che, nei nostri ultimi momenti assieme, siamo riusciti a trovare un accordo». Prende dalla tasca un anello d'oro con sopra una grossa corniola. È dello zio Plinio. «Prima di morire, mi ha chiesto di darti tutto il sostegno possibile. E mi ha dato questo anello perché te lo portassi».

Prendo il monile e ammiro la pietra rosso scuro. «Ti ha detto di prenderti cura di me? Non mi sembra da lui. Lui non...».

«Tuo zio non si fidava di me. Non aver paura di dirlo, Gaio. Mi disprezzava. Non mi ha chiesto di prendermi cura di te, ma di aiutarti se ne avessi avuto bisogno. È una distinzione importante. Tuo zio era molto intelligente. Nei suoi ultimi attimi di vita mi ha detto qualcosa che in cuor mio sapevo, ma che ancora non avevo capito. Era a conoscenza del debito che sto cercando di ripagare. Non mi stimava, non al punto da affidarti a me. Ma ha detto che, come parte del mio percorso di espiazione, avrei dovuto fare tutto ciò che tu mi avessi chiesto. Non sarò il tuo mentore, ma un umile servitore. So che questo non ha alcun senso, per te, e non devi per forza accettare la mia offerta. Ma sappi che io e tuo zio abbiamo stretto questo accordo: hai un amico nella famiglia degli Ulpi. Non aver timore di cercarci, se ne avessi bisogno».

Meno di un'ora dopo sono a casa dello zio Plinio. Spartaco, il segretario dello zio, mi saluta sulla porta. Anche lui, come me, sembra perso.

Ci abbracciamo.

«Vieni», mi dice, prendendomi per un braccio. «Il pretore è già qui».

La casa dello zio non è cambiata dall'ultima volta che l'ho vista, eppure quando entro nell'atrio sembra strana. Sconosciuta e vuota.

Il pretore è nello studio. Ha portato con sé un segretario, per registrare tutto ciò che accadrà, diversi schiavi suoi attendenti e una vestale, con abiti bianchi e con il capo chino. È lei a stringere tra le mani un papiro arrotolato e sigillato.

Il testamento dello zio Plinio.

Il pretore è un uomo serio, basso di statura e brusco di carattere. Si è preso la libertà di sedersi alla scrivania dello zio.

«Vieni. Siediti», mi dice, indicandomi una sedia. Non alza lo sguardo dalla sua tavoletta di cera. «Vogliamo cominciare?».

«Stiamo aspettando qualcun altro?», domando.

«No», risponde lui. Poi schiocca le dita. «Il testamento».

La vestale si acciglia di fronte a una tale mancanza di decoro.

«Mi è stato passato il testamento del deceduto, Gaio Plinio Secondo», afferma il pretore, prendendo il papiro dal segretario. «Confermo che il sigillo è intatto».

Il segretario del pretore, in piedi accanto a lui, osserva il sigillo. «Io, come testimone, confermo che il sigillo è intatto». Poi prende nota.

Il pretore spezza il sigillo di cera e srotola il papiro.

«Bene», sentenzia. «È breve».

Il segretario, lanciando uno sguardo al di sopra della spalla del pretore, annuisce.

«Il testamento recita quanto segue: *Io, Gaio Plinio Secondo, rendo la libertà al mio segretario Spartaco, a effetto immediato dal momento in cui il presente testamento sarà letto. Prenderà il nome di Spartaco Plinio. Dono a Spartaco Plinio la somma di cinquantamila sesterzi. È mio desiderio che che serva mio nipote, Gaio Cecilio, tuttavia da questo giorno in poi sarà un uomo libero, e sceglierà il proprio cammino di sua volontà*».

Il pretore si schiarisce la gola.

Accanto a me, Spartaco sta piangendo in silenzio. Se l'aspettava? Forse. Ma comunque è un evento importante. Ha servito fedelmente lo zio Plinio per anni, più di quanti ne abbia io.

«Congratulazioni», mormoro.

Il pretore continua: «*Come atto finale, adotto come mio figlio ed erede mio nipote Gaio Cecilio. Da questo momento prenderà dunque il mio nome, e sarà chiamato Gaio Plinio Cecilio Secondo. Erediterà tutte le mie proprietà, incluse le terre, i beni mobili, umani o non e i titoli, salvo il mio lascito a Spartaco Plinio*». Il pretore rotea un dito. «*Et cetera, et cetera*».

Sento una stretta dolorosa al petto: dispiacere, gioia, o forse entrambe le cose insieme.

Il pretore alza lo sguardo. «Ebbene?».

Riprendendo contegno, rispondo: «Chiedo scusa. Ho sentito bene?».

Il pretore sospira. Gli sto facendo perdere tempo.

«Tu erediterai tutte le proprietà di tuo zio, se accetterai di essere adottato da lui. C'è dell'altro, qui, che non sono tenuto a leggere se deciderai di seguire la volontà di tuo zio. È un grande onore, specialmente considerando la fama di tuo zio e la sua affiliazione alla famiglia imperiale. Per non parlare dei suoi immensi beni».

«Ti amava come un figlio», interviene Spartaco. «Devi accettare. È ciò che avrebbe voluto».

«Sì», affermo, lottando contro le emozioni. «Accetto».

«Benissimo», afferma il pretore. Poi guarda il suo segretario. «Abbiamo tutto quello che serve per gestire la pratica, ora?»

«Sì», risponde l'uomo.

Il pretore mi fa pronunciare un giuramento e mi dichiara figlio adottivo dello zio Plinio. Quasi non riesco a capire le parole che mi fa pronunciare.

Quando tutto finisce, il pretore afferma: «Bene, con Secondo abbiamo finito. Ora dobbiamo liberare anche Spartaco?».

Spartaco annuisce.
«Abbiamo tutto quello che ci serve?», domanda il pretore al suo segretario.
«Sì».
«Bene», ribatte l'uomo. «Forse riuscirò ad arrivare alle terme, allora». Mi guarda, poi guarda Spartaco. «Perché state tutti piangendo? Sembra di stare a un funerale».

BARLAA

1° settembre
Palazzo imperiale, Roma

È passato un anno da quando sono stato invitato al palazzo imperiale l'ultima volta, per non parlare della sala del trono, il luogo più importante di tutti. Avevo dimenticato quanto fosse maestoso e opulento.

È un buon posto per morire, come qualsiasi altro, immagino.

I corridoi del palazzo sono coperti di marmo bianco venato di grigio, di tanto in tanto interrotti da archi e colonne in porfido. Il pavimento è un arcobaleno di rettangoli di marmo, verdi, rosa e rossi. I pretoriani e i liberti imperiali si affrettano in giro come topi, anche se quasi tutti si prendono il tempo di guardare con astio il barbaro che osa camminare nelle sale del palazzo. La vista di un ostaggio parto che troneggia su di loro è talmente sorprendente che quasi non notano chi sia la mia scorta: il prefetto dei pretoriani in persona.

L'entrata della sala del trono è così grande che un elefante potrebbe passarci senza fatica. All'interno, Tito è seduto nella sella curule sopra una piattaforma. Sta osservando la lama della sua spada e per un attimo mi chiedo se sarà lui stesso a tagliarmi la testa. Prima di assumere la porpora, quando era ancora il prefetto della guardia pretoriana e il cane da caccia di suo padre, era un uomo crudele. Un giorno eri suo amico, il giorno dopo finivi passato a fil di lama. Ho sentito dire che si è calmato, una volta diventato principe, ma tagliare la testa a un ostaggio ariano lo aiuterebbe a ristabilire il terrore che un tempo ispirava.

E il terrore è sempre utile ai re.

Tra le decine di attendenti e clienti noto qualche volto familiare: gli Ulpi, il vecchio cieco e Marco, e il loro liberto Teseo. Sono venuti a mettere una buona parola per me o a guardarmi morire?

«Barlaa», esordisce Cesare, senza alzare gli occhi dalla spada. «Grazie per essere venuto». Poi, a voce più alta, rivolto agli uomini e alle donne che gli sono di fronte: «Lasciateci la stanza».

Le persone si allontanano, a parte Virgilio, gli Ulpi e Teseo. Una volta soli, la stanza sembra immensa e vuota.

Cesare mi osserva con un'espressione impassibile sul volto.

Le mie attempate ginocchia cominciano a dolere. Sono troppo vecchio per tutto questo, per starmene davanti a un re ad attendere il mio fato.

Fottuti romani.

Il re Gotarze era il Macellaio, ma almeno non godeva nel veder trepidare un uomo davanti a sé.

Cesare si schiarisce la gola. «Da quanti anni sei ostaggio qui a Roma, Barlaa?»

«Ventinove», rispondo.

«Sono molti, per restare lontani dalla propria terra natale».

Annuisco. Sì, è ovvio.

«Sono certo», continua Cesare, «che questo ti porti ad avere dei sentimenti complicati nei confronti di Roma. E dell'impero».

Mi stringo nelle spalle.

«Odi Roma per averti tenuto in ostaggio per tutti questi anni?»

Stringo gli occhi. In che trappola vuole condurmi Cesare?

«Nella mia esperienza», rispondo, «i re non vogliono mai sapere la verità».

«Dipende dal re».

«Questo è vero».

«Com'era tuo fratello?», mi chiede Cesare. «Vologase».

«Non l'ho mai servito come re, ero già in catene quando è salito al trono. Mi ha bandito a Roma con uno dei suoi primi atti di potere».

«Sì, lo so. Ma di certo lo conoscevi. Era il figlio di una concubina, vero? E riuscire comunque a diventare re... è impressionante. E la Partia è rimasta in pace per quasi trent'anni, sotto di lui. Questo è il segno di un buon monarca. Non lo credi anche tu?»

«Mi hai chiamato qui per parlare dei successi di mio fratello?»

Il prefetto Virgilio si agita, a disagio. Porta una mano sull'elsa della spada. Non può accettare che nessuno, soprattutto un barbaro, parli così all'imperatore. Non importa cosa abbiamo affrontato insieme nella baia.

Fottuti romani.

«Vorrei sapere a chi sei leale», dichiara Cesare.

«Non a Roma», affermo, con disprezzo. «E non a te».

Ulpio sospira.

«Sono combattuto, Barlaa», commenta Cesare. «Mi hanno detto che sono in debito di gratitudine con te. Dopo l'attentato alla mia vita, hai aiutato a interrogare i Parti che erano stati catturati. Hai aiutato a svelare il coinvolgimento del Rospo. Grazie a te, ora sappiamo che gli emissari partici erano uomini di Artabano sotto mentite spoglie. E hai aiutato anche a conquistare la villa di Sulpicio».

«Sì, l'ho fatto».

«E hai ucciso due uomini di Artabano».

«Sì».

«Ma», continua Cesare, sollevando l'indice, «non hai dato l'allarme prima che gli attentatori attaccassero la mia famiglia. Avresti potuto evitare tutta questa faccenda». Faccio per ribattere, ma uno sguardo di Cesare mi zittisce. «Ora, so che dirai che non ne sapevi niente, ma non ti credo. Il mio caro amico Plinio ti ha visto quando sei stato assalito dagli inviati partici. Era certo che ti avessero chiesto di partecipare all'attentato, e l'ammiraglio si sbagliava di rado. Forse hai rifiutato, e nascondere la testa sotto la sabbia ti è sembrata la scelta giusta per non sbilanciarti da nessuna delle due parti. Ma io non la vedo così».

«Mi farai giustiziare?».

Cesare guarda ancora la sua spada. Ne solleva la lama davanti al volto e osserva la qualità del filo.

«Ulpio, qui, dice che mi potresti essere utile. Afferma che se ti offrissi la possibilità di vendicarti, di riavere il tuo onore, tu ci aiuteresti».

«Vendicarmi contro chi?»

«Contro Sinnace, che ti ha tradito. Contro Artabano, che ha cercato di usarti. Ma io, al contrario di Ulpio, non penso che tu possa essere motivato dall'odio. Penso che tenessi a tuo fratello Vologase. Penso che accetteresti la possibilità di aiutare il suo vero erede Pacoro».

«Aiutarlo? E come? Cosa proponi?»

«Nominerò Ulpio governatore dell'Asia, e lo manderò in Partia insieme a Marco. Cercheranno e localizzeranno il falso Nerone. A quel punto, lo uccideranno. E, se possibile, uccideranno anche Artabano».

«Vuoi rimandarmi a casa?»

«Sì», risponde Cesare. Lancia la spada a uno dei pretoriani, che la afferra dall'elsa. Poi scende dalla pedana e mi guarda negli occhi. «C'è stata una grande calamità, nella baia di Napoli. Lo sai meglio di chiunque altro. Chiamerò soldati da tutto l'impero per aiutare i sofferenti di quel luogo. Non posso permettermi di inviare un esercito in Partia, perché ho bisogno dei miei uomini qui in Italia. E poi, non voglio dare credito al falso Nerone. La dinastia Giulio-Claudia va dimenticata. Sto pianificando una missione discreta, ma pericolosa, che potrebbe trarre vantaggio da un uomo che conosce bene il territorio. Ti sto offrendo la possibilità di tornare in Partia e distruggere i tuoi nemici. Una volta che la missione sarà conclusa, non sarai più un ostaggio di Roma. Sarai un uomo libero e farai ciò che vuoi».

Nonostante tutto, mormoro piano: «Pensavo di essere stato chiamato qui per morire».

«Non oggi», dichiara Cesare. Poi allunga una mano. «Abbiamo un accordo?»

Stringo la sua mano nella mia.

«Sì, lo abbiamo».

DIECI MESI DOPO...

VI

IL FIGLIO DEL BECCHINO

80 D.C.

DOMITILLA

1 maggio
Rieti, Italia

La sento, dalle profondità lievi di un sonno irrequieto. Lo sforzo, per mettermi seduta e alzarmi, è immenso. Non ho più dormito bene dalle Idi. Eppure, non è nulla. Lei ha bisogno di me. E farei qualsiasi cosa per lei.

La balia raggiunge la culla per prima, ma con un lieve tocco sul braccio le faccio capire che quel compito spetta a me. I medici continuano a dire che usare il mio latte mi indebolirà. Dicono di usare la balia. Ma lei ha bisogno di me.

Ogni volta che la prendo in braccio mi stupisco di quanto sia leggera e piccola. Come può un essere umano iniziare così? Minuscolo come uno storno.

Flavia Domitilla. Il mio piccolo miracolo.

Ora che mi sono alzata qualcuno ha acceso le lampade, e delle ombre scure si muovono ai margini del mio sguardo. Una si materializza in Giocasta, che mi porta del vino caldo e speziato. Alla luce della lampada le ustioni che ha sul braccio e sul collo sembrano le scaglie di un rettile. Si avvicina ad ammirare la mia bambina.

«La piccola Flavia», sussurra.

«Torna a dormire, Giocasta», le dico. «Hai bisogno di riposo».

Non è stata più la stessa, da quell'incendio. Si stanca con facilità, e i compiti che prima svolgeva senza battere ciglio ora la esauriscono.

«Padrona», interviene Livia, «dovresti lasciare che mi occupi io della piccola, a quest'ora. Tu devi riposare».

Livia ha sostituito Giocasta nei compiti che non riesce più a svolgere. Una parte di me si domanda se non dovrei insistere perché Giocasta la smetta di servirmi. Potremmo trovarle qualcosa di meno faticoso da fare, nella casa imperiale. Ma lei ne sarebbe devastata e lo considererebbe un tradimento da parte mia.

«Grazie, Livia», rispondo, «ma ormai è l'alba. Ho dormito abbastanza. E il lavoro di una madre non finisce mai».

Mi siedo per allattare mia figlia. La sua piccola mano riesce appena a stringersi intorno al mio mignolo. Quando ha finito di nutrirsi la lascio alla balia, e Giocasta mi aiuta a indossare una calda e rispettabile stola verde scuro e un velo dello stesso colore. Livia ci guarda, aspettando di capire se serva il suo aiuto.

«Credo che andrò a fare una passeggiata, stamattina», affermo.

Procedo attraverso le stanze della casa, dirigendomi all'entrata. I servitori sono già al lavoro e transitano da una sala all'altra. Si scostano per permettermi di passare, rivolgendomi cenni del capo e inchini.

Dal giardino si sente il cozzare di legno contro legno. Il Batavo è già intento ad allenarsi. Il suo compagno è un giovane pretoriano, appena dell'età giusta per arruolarsi nelle legioni, che si è sentito onorato quando, la prima mattina qui a Rieti, il famoso Batavo gli ha chiesto di fare pratica assieme a lui con le armi di legno. Hanno continuato ogni mattina, al sorgere del sole. Resisto alla tentazione di andarli a vedere dalla finestra. Una delle mie regole autoimposte è di non andare di proposito a spiare il Batavo. E non c'è motivo di cambiare le cose, stamattina.

Quando entro nell'atrio, scopro con sorpresa una donna sulla soglia. Ha i capelli rasati, come una pecora tosata di fresco, e indossa una semplice tunica di lino. Sta parlando con il ciambellano. Sebbene mi volti le spalle, non ho bisogno di guardarla in faccia per riconoscerla. Solo una sacerdotessa di Iside verrebbe a trovarmi a quest'ora e nella nostra casa di Rieti.

«Vespasia?»

«Sorella», mi risponde, girandosi per guardarmi negli occhi.

Il ciambellano è un ometto basso e fastidioso. Gli occhi quasi gli saltano fuori dalle orbite quando mi sente pronunciare il nome di mia sorella. Non l'ha riconosciuta, con la testa rasata. E non si tratta solo di questo: ha perso molto peso e i suoi zigomi sembrano sul punto di bucare la pelle diafana da un momento all'altro. E i suoi occhi non hanno la consueta espressione sveglia e intelligente. Sono distanti, distaccati.

«Cosa ci fai qui?», le domando. «E a quest'ora?»

«È bello anche per me rivederti, sorella».

Le prendo le mani nelle mie. «Non intendevo questo. È che sono sorpresa. Non mi hai fatto sapere che saresti venuta».

«Sono venuta a vedere mia nipote».

«Ne sono lieta. Ma come mai così presto?»

«Sono venuta a piedi. E questa è l'ora in cui sono arrivata».

«A piedi?». Non riesco a trattenere una risata: è un'idea così ridicola. Vespasia odiava camminare perfino attraverso una stanza, figurarsi da Roma a Rieti. Deve averci messo dei giorni. «Non puoi dire sul serio», commento. Ma il suo silenzio mi dice che sì, invece parla sul serio. «Vespasia, non era necessario. Avresti potuto spostarti in carrozza. Viaggiare a piedi da sola dev'essere stato pericoloso».

Mia sorella non avrà più i suoi bellissimi capelli lunghi, ma resta comunque una bellezza. Viaggiare da sola... Sarebbe stata inerme di fronte a qualsiasi uomo incontrato lungo il cammino.

«Non desidero più vivere la vita di un tempo», mi dice, «una vita fatta di ricchezze e pigrizia».

Cosa si potrebbe rispondere a parole del genere? Vespasia, che è stata viziata, vanesia e pigra per tutta la vita, non vuole più essere viziata, vanesia e pigra? Dev'essere un altro dei suoi capricci. Come l'estate in cui si era appassionata alle corse dei carri.

«E», continua, «non ho viaggiato da sola. La dea era con me».

«Oh, Vespasia. Non puoi...». Mi mordo la lingua. Se le rispondessi a tono, non farebbe che impuntarsi. Forzo un sorriso e riprendo: «Vieni. Ti faccio conoscere tua nipote».

«È bellissima». Vespasia culla la piccola Flavia avanti e indietro.

«Sei bravissima a tenerla in braccio», le dico.

Non riesco ad abituarmi alla sua testa rasata. La mancanza dei capelli sembra aver distorto le sue sembianze. La testa sembra troppo piccola, gli occhi troppo grandi. Sembra un busto di marmo fatto male, non mia sorella in carne e ossa.

«Non sono io», risponde lei. «È la dea. La guaritrice, la salvatrice. Protegge i neonati».

«Capisco. E la dea... parla *attraverso* di te?»

«Sì. In un certo senso. Dopo i misteri di Osiride, mi sono sentita... diversa».

«Oh? Quindi hai completato il primo, giusto?»

«Sì».

«E immagino tu non voglia raccontare a tua sorella come è stato, vero? Cosa ha significato».

«No. Giuriamo di mantenere il segreto».

«Oh, che peccato».

«Ma sarebbe comunque impossibile, sorella mia. Sarebbe come cercare di spiegare il colore rosso a qualcuno che non l'ha mai visto».

«Mi sembra difficile».

«Infatti».

Questa è davvero una Vespasia nuova. Il mio tono secco e accondiscendente di solito l'avrebbe spinta a rispondere a tono. E io sarei stata ancora più acida. La tensione sarebbe salita e avremmo finito per litigare. E poi avremmo fatto pace, il giorno dopo. Ma Vespasia, la *nuova* Vespasia, l'iniziata di Iside, non sembra voler cedere alle provocazioni.

«Ha i tuoi occhi», commenta. «C'è qualcosa del padre, in lei?».

Resto concentrata su mia figlia, per assicurarmi di non guardare verso i gladiatori che si allenano in giardino.

«Sono passati molti mesi», riprende Vespasia, «dall'ultima volta che ho visto Ceriale. Sarebbe bello poterli paragonare da vicino».

Avverto un gran peso sollevarmisi dal petto. Se Vespasia non sospetta la verità, forse neanche il resto dell'impero lo farà.

«Purtroppo», spiego, «Ceriale è di nuovo partito per una campagna. Mi è dispiaciuto quando non sei potuta venire al nostro matrimonio».

«I miei doveri verso la dea me l'hanno impedito», risponde Vespasia. «Prima dei misteri di Osiride, un iniziato non può essere esposto a impurità».

Conosco molto poco il culto della dea egizia, ma da quel poco che so sembra assurdo e strano. Com'è possibile che mia sorella sia diventata così devota tanto in fretta?

Soltanto qualche mese fa Vespasia causava dei feroci mal di testa a me e a Tito; se ne stava notte e giorno al capezzale di Cecina, un cospiratore della congiura ordita da Marcello per uccidere nostro padre. È rimasta con lui per quasi un mese, mentre moriva lentamente. Era un pettegolezzo in più per la città, di quelli che Tito non sopporta. Ma non c'era modo di dissuaderla. E quando Cecina è morto, infine, il suo dolore è stato così grande da spingerla verso questo culto. Tra le braccia di Iside. Tito è stato ben lieto che sparisse dalla vita pubblica. Soprattutto nei primi mesi dopo la morte di nostro padre, non voleva che sua sorella piangesse pubblicamente un noto traditore, mentre lui cercava di consolidare la propria posizione. Tito ha pensato che il culto di Iside fosse un altro dei capricci di Vespasia. Lo pensavamo entrambi, ed entrambi immaginavamo che presto se ne sarebbe stancata, come tutte le altre volte.

Ma adesso capisco che non è solo un capriccio. Sembra crederci davvero. Né io né Tito avremmo potuto prevederlo. Forse è sensato. Si era sempre sentita così persa. Forse ha trovato qualcosa. Uno scopo.

«Certo», le dico. «Lo so che sei impegnata. E che hai delle responsabilità, adesso. Mi è solo dispiaciuto che non ci fossi».

«Ed è importante che non mi chiami più Vespasia».

«Come?»

«Sì», ribadisce. Sta guardando la piccola Flavia, le pizzica le guance rotonde. «Dopo i misteri di Osiride, non ho più un nome. Sono soltanto un'accolita».

«Capisco. È anche per questo che sei venuta a trovarmi? Per dirmi del tuo nuovo... titolo?»

«Sì», risponde, tendendomi mia figlia. «E per dirti addio».

«Dove stai andando?»

«Presto parteciperò ai misteri di Iside. Se li supererò, non mi sarà più permesso di parlare con nessuno che faccia parte della mia vecchia vita».

«Dove andrai?»

«Questo lo deciderà la dea. Spero di restare a Roma, nel tempio di Campo Marzio, ma non sarò io a scegliere».

«Quindi potresti anche essere a Roma, ma senza parlare con noi?»

«Esatto».

«E tuo fratello? È l'imperatore, e ha bisogno più che mai della sua famiglia».

«Sono sempre stata un problema, per Tito».

«Non è vero».

«Sì, invece, e aveva ragione. Mi preoccupavo più di me stessa che della famiglia. La dea mi ha aiutato a capirlo. È meglio che tua sorella sparisca. È ciò che Tito avrebbe voluto».

Cerco di convincerla del contrario, ma lei stessa si accorge della mancanza di convinzione nel mio tono. Forse è davvero ciò che vorrebbe Tito: che Vespasia fosse dimenticata.

Passiamo la mattinata insieme. Parliamo dei nostri fratelli, di quello che sbagliano e di come potrebbero migliorare. Ricordiamo nostro padre, e consideriamo che il mondo non sembra più lo stesso senza di lui. È bello parlare con Vespasia. Ma lei ora è distaccata, priva di emozioni, l'ombra della sorella che conoscevo.

Quando dice di dover andare, la accompagno all'ingresso.

«Sei sicura di voler tornare a piedi? Non ti sei quasi riposata da quando sei arrivata».

«La dea è con me. Starò bene».

Una lacrima le sfugge dall'angolo di un occhio. Mi prende per le spalle e ci abbracciamo. Ho la sensazione che facendo questo, abbracciando sua sorella, stia infrangendo le regole, esponendosi alle impurità di questo mondo.

Si scosta e mi guarda per un attimo negli occhi, come cercando di incidermi nella sua memoria. «Addio, sorella mia».

«Addio».

Si gira per andarsene. La guardo allontanarsi lungo la strada, all'ombra dei pioppi.

È il tramonto. Io e Livia stiamo camminando in giardino. Incrociamo il Batavo. Lui tiene gli occhi umilmente bassi.

Mi fermo, perciò lo fa anche lui.

«Domani andrò in città. Tu e i pretoriani mi accompagnerete?»

Lui si inchina.

Glielo devo riconoscere: è un uomo di parola. Gli ho detto che doveva dimenticare ciò che era accaduto a Pompei e che dovevamo di nuovo essere padrona e schiavo. Al tempo aveva accettato, ma non ero sicura che lo facesse per sempre. Temevo che volesse rivivere quelle splendide ore trascorse insieme.

Ha mantenuto la parola.

Non gli ho mai detto che la bambina è sua. A parte Tito e Giocasta, ho tenuto per me questo segreto. Ho detto a Tito solo quello che serviva. In privato, dopo che mi ha chiesto come era andata con il Batavo, sola per giorni a Pompei, gli ho detto che era nell'interesse della famiglia che sposassi Ceriale al più presto. Tito ha capito cosa intendessi. Non mi ha rimproverato. Non si è mostrato arrabbiato o deluso. Ha soltanto detto: «Allora non dobbiamo perdere tempo». Mi sono sposata con Ceriale per le Calende. Quando il mio ventre ha iniziato ad arrotondarsi e si è saputo che ero incinta, tutti hanno pensato che il padre del nascituro fosse mio marito, un generale e un patrizio, non un famoso gladiatore.

Se il Batavo sospetta di essere il padre di Flavia, non ne ha dato mostra. Non mi ha mai fatto rimpiangere quello che è accaduto tra noi. Al contrario, mia figlia è perfetta, e se io e il Batavo non avessimo avuto la nostra notte a Pompei, non l'avrei mai messa al mondo.

Il ciambellano ci oltrepassa. Sta discutendo con una servitrice. Ci evitano scendendo dal sentiero di pietra bianca che attraversa il giardino.

Sento il ciambellano affermare: «Oh, no, non usare *lui*. Costa troppo».

«È l'unico becchino nel raggio di venti miglia», risponde la serva.

«Ciambellano», lo chiamo. Lui e la servitrice si girano a guardarmi. Il sorriso dell'uomo è ampio ma falso. È della vecchia guardia, uno dei liberti di mio padre, che continua a controllare la casa di famiglia a Rieti. Mi vede ancora come la ragazzina che correva per queste sale, quando lui fingeva di essere ambasciatore di mio padre. Mi considera un fastidio più che una figura autoritaria.

«Sì, padrona», risponde.

«Qualcuno è morto, forse?».

Lui sorride ancora di più. «Nessuno che debba preoccuparti, Augusta. Il bambino di una delle serve è morto ieri notte. Stiamo cercando di sistemare la faccenda».

Di colpo mi viene in mente Pandora, la serva rimasta incinta nel mio stesso periodo. Eravamo diventate molto amiche, prima della nascita di Flavia. Poi, dopo il parto, sono stata troppo presa da mia figlia per ricordarmi di chiedere di lei.

«Riguarda Pandora?».

Lui annuisce, riluttante.

«Quando ha partorito?».

Il ciambellano getta un'occhiata all'altra serva.

«Due notti fa, padrona», risponde lei.

«E il bambino è morto ieri notte?».

Il ciambellano e la serva abbassano lo sguardo. Livia, ancora al mio fianco, interviene: «Sì, padrona. Purtroppo».

«E perché nessuno me l'ha detto?»

«Non volevamo spaventarti, padrona», risponde il ciambellano, «non volevamo preoccuparti senza motivo».

«Sappiamo che le morti arrivano a gruppi di tre», mormora la serva.

«Come sta?», domando.

«Come sta *chi*?». Il ciambellano è già annoiato da questa conversazione.

«È il secondo bambino che perde», spiega la serva, capendo a chi mi stia riferendo. Non aggiunge altro.

Povera Pandora. Non riesco a immaginare cosa possa significare perdere il proprio figlio così presto dopo averlo dato alla luce, dopo aver finalmente visto la persona che hai portato dentro per nove mesi. Comprendo perché nessuno abbia voluto dirmelo. L'ultima cosa che una donna appena diventata madre dovrebbe sentire è la notizia della morte di un neonato.

«La nostra famiglia si occuperà di tutto il necessario per il funerale, giusto?».

Il ciambellano si inchina. «Naturalmente, padrona. Però il becchino locale, Pinario, è molto costoso».

Quel nome mi colpisce per un attimo.

Poi, di colpo, capisco. È come un fulmine.

Pinario è il nome dell'uomo che aveva cercato di incontrarmi diverse volte a Baiae e che poi è morto il giorno prima del mio matrimonio.

«Hai detto Pinario?». Penso al corpo gonfio sul molo di Baiae. «Com'è? È un uomo anziano, con i capelli e la barba neri?»

«Quello era suo padre, padrona», spiega il ciambellano. «Io mi riferivo a suo figlio, Sesto Pinario. Ha studiato per anni il mestiere del padre, e alla fine dell'anno scorso ha continuato la sua attività».

«Cos'è accaduto a suo padre?».

Il ciambellano si stringe nelle spalle. Non gli interessa.

«Vorrei essere portata da quel becchino. Subito».

L'ampio sorriso falso del ciambellano torna al suo posto. Sto interferendo con le normali attività della casa che governa. «È tardi, padrona, e il sole sta calando. Le strade sono pericolose, di notte».

«Ha ragione, padrona», interviene Livia. «Non c'è motivo di rischiare. Sarà lì anche domani».

Il ciambellano continua a sorridere. «Posso disegnare una mappa».

Dico al Batavo: «Domattina mi scorterai a casa di questo becchino. Trova due pretoriani da portare con noi. Fa' preparare i cavalli».

Il Batavo annuisce.

Il ciambellano riprende: «Posso chiedere, padrona, che importanza abbia per te questo becchino?»

«Ho delle domande da fargli. Tutto qui».

Guardo Livia, per chiederle di venire con me; dopotutto lei aveva parlato con il becchino. Ma, sebbene fosse accanto a me fino a un attimo fa, ora è sparita.

«Strano», commento. «Dove sarà andata?».

La casa del becchino è una capanna in periferia. Arriviamo a cavallo. Una donna ci vede avvicinare e corre dentro. Un uomo più giovane, vestito di nero, esce dalla casupola. Quando siamo abbastanza vicini capisco che mi ha riconosciuto. Vorrebbe scappare, si sta guardando intorno in cerca di una via di fuga, ma poi ci ripensa. Non c'è alcun modo di fuggire.

«Sei Sesto Pinario?», gli domando, dopo che ci fermiamo all'esterno della casa. «Figlio di Plinio Pinario, il becchino?».

L'uomo sembra sconfitto.

«Perché vieni adesso?». La sua voce è più triste che accusatoria.

«Preferivi che venissi prima?»

«Abbiamo provato a parlarti. Ci abbiamo provato per un mese». Scuote la testa.

«Tuo padre era il becchino che ha cercato di parlarmi a Baiae?».

L'uomo guarda quelli che mi circondano.

«Temi per la tua incolumità?».

Lui annuisce.

Smonto e mi avvicino. Indicò la sua casupola. «E se entrassimo e parlassimo noi due da soli?»

«Padrona, io...», uno dei pretoriani tenta di dare voce alla sua preoccupazione, ma lo interrompo con un cenno della mano.

«Va tutto bene, soldato», gli dico. «Siamo tutti amici, qui».

Il becchino acconsente. Lo seguo dentro casa. Il letto, la cucina e la sala da pranzo sono tutti in un'unica stanza. Nonostante la povertà dell'abitazione, lui o sua moglie ne vanno fieri: tutto è pulito e lustro.

Mi invita a sedermi, dopo aver spolverato una sedia.

«Cosa vuoi sapere, padrona?»

«Tutto», rispondo. «Parti dall'inizio».

UN ANNO PRIMA...

OTTO SETTIMANE PRIMA DELL'ERUZIONE DEL VESUVIO

24 giugno
Rieti, Italia

Il becchino, Plinio Pinario, fissa il cadavere.

La mia prima divinità, pensa.

Il corpo giace su un divano, nudo e lavato di recente. O meglio, "strofinato", pensa Pinario, considerando quanta fatica ha fatto; considerando come la diarrea che l'ha tormentato verso la finegli si fosse incollata alla pelle come cemento campano.

Spesso va così. Quando il destino del padrone diventa chiaro e la sua morte certa, i suoi schiavi si fanno più pigri, meno attenti. I compiti non vengono più svolti. Soprattutto quelli che riguardano la pulizia del padrone. Iniziano a pensare al loro nuovo padrone, uno più giovane, con le viscere più sane. E poi, quando l'uomo esala l'ultimo respiro, la merda secca che ha sul culo è un problema del becchino.

Questa è la vita di uno che fa il suo mestiere.

Ma ci sono buone notizie. Non c'è traccia di decomposizione, e il caldo dell'estate deve ancora raggiungere le colline di Rieti. Grazie agli dèi. Forse, pensa Pinario, riusciranno a consegnare il cadavere a Roma senza una legione di cani affamati alle calcagna.

Il figlio di Pinario, Sesto, è in ginocchio, intento a prendere delle bottigliette di unguenti da una scatola. Le prende nell'ordine sbagliato, l'olio di croco dopo l'acqua di rose, invece che il contrario. L'errore non ha conseguenze. Solo Pinario può vederlo; solo lui ne è infastidito. Ma comunque, non è piacevole. Sperava che Sesto fosse pronto a occuparsi dei morti da solo, cosa che dovrebbe fare prima di poter prendere sulle sue spalle l'attività di famiglia. Ma il ragazzo non ha il necessario rigore. Pinario osserva il corpo disteso sul divano. Pensa: anche tu hai dovuto sopportare un figlio che ti deludeva?

Il cadavere ha il ventre ampio e le caviglie gonfie di un uomo ricco, e non ce n'erano più ricchi di lui. Ma ha anche l'aspetto triste di un uomo che ha combattuto contro una malattia, con le guance scavate e la carne che pende floscia intorno alle ossa, e una pelle che sembra fatta per un corpo più grasso e più in salute. Ha i capelli bianchi e radi, il mento squadrato come una lastra di marmo.

Per essere un dio, considera Pinario, sembra particolarmente umano.

Sesto versa un po' di olio nelle mani aperte di due schiavi, che iniziano a strofinarle sulla pelle floscia del cadavere.

Poi Sesto apre la bocca del morto. Usa un panno per evitare che l'impurità della morte gli infetti la mano. All'interno c'è una moneta d'oro che vale una piccola fortuna, circa mille sesterzi. Sesto recupera una singola, polverosa moneta d'argento dalla tasca. È un vecchio trucco da becchino: scambiare la moneta nella bocca di un ricco defunto, sapendo che la famiglia ha sprecato oro prezioso per il traghettatore, quando qualsiasi moneta andrebbe bene.

Di solito è un trucco innocuo.

Di solito.

Pinario afferra Sesto per il gomito. Il ragazzo si gira, chiedendo in silenzio una spiegazione. È questo il suo problema, pensa Pinario. Gli si deve spiegare tutto.

«Non stavolta», gli sussurra il padre. «Non si prendono le monete agli dèi. A meno che tu non voglia che una maledizione ci segua dentro casa».

Gli schiavi continuano a massaggiare l'olio sul corpo del morto, ma alzano gli occhi; sentono sempre tutto.

Sesto richiude la bocca del dio e rimette in tasca la moneta d'argento.

Finiscono in silenzio. Una serva porta una preziosa tunica di seta per il suo padrone insieme alla toga dei magistrati, bianca e con un'ampia striscia color porpora. Gli schiavi si affrettano a vestire il cadavere; poi lo coprono con un lenzuolo e posano ghirlande di fiori su di lui. Pinario passa alla serva un ramo di cipresso da appendere sulla porta d'ingresso della casa, per far sapere ai passanti del morto all'interno.

Il ciambellano attende nell'atrio. Sesto gli dà la sua parcella e l'uomo sgrana gli occhi.

«Mi sembra molto caro».

«Il prezzo include il viaggio da Roma e ritorno», spiega Sesto, sulla difensiva.

Il ragazzo dimentica troppo in fretta il valore del nostro lavoro, pensa Pinario. Nessuno vuole avere a che fare con i morti. È vero per tutti, per quanto ricca e potente sia la famiglia in questione. La casa di un morto pagherà sempre quello che gli chiederai di pagare.

Pinario spiega al ciambellano che se il prezzo è troppo alto, saranno ben lieti di lasciare lì il corpo. «Quanto ci metterete a trovare un altro becchino? Un giorno? Quando riporterete il corpo a Roma, puzzerà come una latrina, e il funerale sarà un gran brutto affare. Ma sì, potreste risparmiare qualche denaro».

Il ciambellano si acciglia. Non sono soldi suoi, dopotutto. Si costringe a sorridere e afferma: «Molto bene».

Le porte dall'altra parte dell'atrio si aprono e due soldati entrano in fretta nella stanza. L'uomo che arriva per primo è sui quarant'anni. Bello, sebbene inizi a perdere i capelli, e dalla corporatura solida, come un popolano che lavori al porto. Il secondo è l'esatto opposto del compagno, magro come un chiodo, folti capelli bianchi e barba dello stesso colore.

«Sono arrivato troppo tardi?», chiede il primo soldato.

Il ciambellano, che fino a un attimo fa era sereno e pacifico, adesso sembra aver perso l'amore della sua vita. «Oh, mi dispiace tanto, padron Tito», mormora. «È deceduto».

Quel nome, pensa Pinario, dove ho già sentito quel nome...

Quando capisce chi sia appena entrato nell'atrio, si toglie in fretta il berretto verde e cade in ginocchio. Sesto lo guarda, ma resta in piedi. Pinario lo colpisce con il berretto sulle gambe. «In ginocchio, ragazzo».

Lo scambio tra padre e figlio non viene neanche notato dai soldati. Hanno appena saputo che l'imperatore è morto, e non si curano dell'imbarazzo di un becchino e e del suo figlio e aiutante.

«Dov'è?».

Il soldato con i capelli bianchi prende il compagno per un braccio. «Dobbiamo riportarti subito a Roma, Tito. Hai bisogno che l'esercito ti giuri fedeltà quanto prima. E il senato deve...».

«Virgilio, molte cose sono già sotto controllo. Abbiamo tempo. Ma voglio prima dire addio a mio padre».

Il ciambellano chiama una serva, che conduce i due soldati nella stanza dove l'imperatore è temporaneamente chiuso. Quando se ne vanno, il volto del ciambellano torna sereno.

«Prima che tu vada, abbiamo un altro cadavere di cui devi occuparti», afferma.

Pinario si alza con lentezza. Sente l'età nelle ginocchia doloranti.

«Un altro?», chiede. «Non avete avuto molta fortuna, in questa casa, eh?».
Il ciambellano non si scompone. «È solo un liberto, perciò non ha bisogno del trattamento completo. Ma era uno dei favoriti dell'imperatore, non possiamo semplicemente abbandonarlo nei boschi».
«Cos'è successo?».
Il ciambellano si stringe nelle spalle. «Si è ammalato ed è morto».
Conduce il becchino e suo figlio all'esterno, nelle stalle, dove un cadavere giace su un letto di fieno. La luce della lampada è debole, ma Pinario nota che il liberto ha le stesse guance incavate del suo padrone, e nella stanza aleggia lo stesso fetore di feci secche.
«Potete prepararlo prima che faccia giorno?», chiede il ciambellano.
Sesto si tura il naso, si inginocchia e ispeziona il cadavere. «Sì, direi di sì».
«Bene. Vi lascio al vostro lavoro».
Quando il ciambellano si allontana, Sesto alza lo sguardo dal cadavere del liberto e domanda: «Pensi che siano morti della stessa malattia, padre?».
«Non siamo noi a doverlo dire».
«Ma guarda». Usando un panno, Sesto apre gli occhi del liberto. «Ha gli occhi rossi come il suo padrone. E la diarrea. Forse era la stessa malattia. Forse hanno mangiato lo stesso...».
Pinario colpisce Sesto su una spalla. «Sta' zitto, ragazzo!».
Che cos'ha che non va?, pensa Pinario. In cosa sta cercando di immischiarci?
«Concentrati sul tuo dovere», gli ordina. «E tieni la bocca chiusa».

Hanno finito di caricare i cadaveri all'alba. Il corpo del liberto è sul loro carro. L'altro si trova in un carro costruito per un re, dipinto di porpora e oro e tirato da quattro cavalli bianchi. Pinario si domanda quanto possa costare un cavallo del genere. Più di quanto lui abbia guadagnato in tutta la sua esistenza, probabilmente.
Sesto e gli schiavi sono dall'altro lato del carro. Stanno litigando sottovoce.
«Che succede qui?», domanda Pinario, arrivando da dietro il carro e cogliendoli di sorpresa.
«Niente, padrone», risponde uno degli schiavi. «Niente».

«Parlate», insiste Pinario.
Gli schiavi abbassano lo sguardo. Sesto lo porta in alto, verso gli alberi.
Pinario nota qualcosa nella mano del figlio. Sembra un rotolo di papiro.
«Che cos'è?»
«L'abbiamo trovato», risponde Sesto.
Pinario sospira. «Dove?».
«Addosso... addosso al liberto».
«Pensavo di essere stato abbastanza chiaro. Questa non è una famiglia a cui possiamo rubare qualcosa». Pinario strappa via il papiro dalla mano di Sesto. «Dobbiamo rimetterlo dove l'avete trovato».
«Padre», ribatte Sesto. «Guardalo, ti prego. Non possiamo rimetterlo nelle stalle e basta».
Pinario rigira il papiro e vede quello che deve essere il sigillo dei Flavi.
Il sigillo dell'imperatore.
«È una lettera», spiega Sesto. «Dall'imperatore, credo. Prima che morisse».
Pinario si sente stringere lo stomaco. Il papiro sembra pesantissimo nella sua mano.
«Lo daremo al ciambellano e diremo la verità», sentenzia Pinario. «Che l'abbiamo trovato addosso al liberto».
«Ma padre», continua Sesto, «il sigillo è rotto».
Pinario solleva la lettera. Suo figlio ha ragione. Il sigillo è rotto. «Sei stato tu?».
«No», risponde Sesto.
Pinario sa che suo figlio sta mentendo, ma ormai non ha importanza.
«Per il culo fottuto di Giove».
«Padre», riprende Sesto. «Potrebbe essere un'opportunità. Potremmo fare una fortuna, con quella lettera. Aprila. Vedrai che è per la figlia dell'imperatore, l'Augusta. Ci ricompenserà per averle fatto arrivare la lettera. Ne sono certo».
Con il sigillo rotto è facile srotolare il papiro., ma a parte due nomi latini, è tutto in greco. Pinario non conosce quella lingua, nessuno di loro la sa parlare. Ma è senza dubbio indirizzata all'Augusta. Il suo nome, Domitilla, è lì, visibile e chiaro come la luce del giorno. Poi c'è un altro nome latino, nel corpo della lettera: Cocceo Nerva. Un nome che Pinario non conosce.
«Potrebbe cambiare la nostra vita per sempre, padre», insiste Sesto.

«L'Augusta è nota per regalare grandi fortune a coloro che ritiene degni. Ci sarà grata, se le consegneremo questa lettera. Ma se la dessimo al ciambellano... l'hai visto, com'è. Il sigillo è rotto. Potrebbe farci punire, invece di ricompensarci».

Questo dannato ragazzo, pensa Pinario, non ha mai apprezzato il mestiere di famiglia; ha sempre cercato qualcosa di più, una via di fuga.

Ma ha ragione, considera il becchino. Non possono restituire la lettera al ciambellano. Devono distruggerla o cercare di trarne vantaggio. E forse ne potrebbe venire qualcosa di buono, se Fortuna vuole.

Pinario infila la lettera nel mantello.

Sesto sorride, trionfante.

«La faremo tradurre», dichiara Pinario, «prima di farci qualsiasi altra cosa».

«Una decisione prudente, padre. A Roma, di sicuro troveremo qualcuno che possa farlo».

«Controlla i finimenti del bue», ribatte Pinario, «e, per gli dèi, andiamocene da questa casa».

1 luglio
Suburra, Roma.

Nel centro della Suburra, il cuore pulsante del lato oscuro di Roma, Plinio Pinario sta camminando avanti e indietro nel minuscolo appartamento.

«Hai finito?», domanda Sesto, impaziente.

Il traduttore è un vecchio greco ingrigito dalla testa piccola. Aggrotta la fronte e solleva lo sguardo dal suo lavoro. Ha guardato il testo attraverso una lente di vetro per ingrandirne le lettere e ha tradotto ogni parola su una tavoletta di cera. Lo sforzo è stato grande.

«Non mettetemi fretta, per favore», scatta il vecchio. «Non mi pagate abbastanza per potervelo permettere».

«Pazienza, cugino», dice Cornelio. «Pazienza. Lascia che quest'uomo finisca il suo lavoro».

Cornelio è il nipote di Pinario ed è nato e cresciuto a Roma. La sua visione del mondo è forgiata sulla geografia. Si crede sofisticato e cosmopolita perché è di Roma, e pensa che suo zio e suo cugino siano dei sempliciotti perché non lo sono di Roma. Sesto ha sempre ammirato Cornelio. Ed è stato lui a insistere di coinvolgere il cugino nella faccenda, quando sono arrivati a Roma due giorni prima. Gli occhi di Cornelio si sono accesi, all'idea di ottenere un guadagno. «Una lettera dall'imperatore in persona!», ha detto. Ma, per Pinario, Cornelio è già diventato più un peso che un aiuto. È stata sua l'idea di usare questo vecchio greco come traduttore, che sembra in realtà così fuori allenamento da non saper più comprendere la sua lingua madre.

Il greco torna al lavoro.

Avrà idea di chi sia la lettera che sta traducendo? Si chiede Pinario. Non sembra proprio.

È il terzo traduttore che ha trovato Cornelio. Il primo ha letto la lettera e ha pensato che si trattasse di uno scherzo. Il secondo, dopo averla letta, sembrava aver visto un fantasma. L'ha restituita e ha affermato in tono gentile che non voleva avere nulla a che fare con loro o con quello scritto. «Il mio consiglio», ha detto, «è di gettarla subito nel Tevere». Ma non ha detto perché.

Il greco finisce e osserva la traduzione in latino scritta sulla tavoletta di cera; poi si gratta la testa pelata. «Dove avete detto di averla trovata?».

«Non ti paghiamo per fare conversazione», ribatte Sesto, prendendo la tavoletta.

Pinario schiocca le dita e Sesto, da bravo figlio obbediente, gli tende la tavoletta. Pinario si siede per leggerla. Sesto e Cornelio si sporgono dalla sua spalla per fare lo stesso.

Cornelio è il primo a concludere. «Merda», sbotta, lasciandosi cadere su una sedia nelle vicinanze.

Pinario la legge due volte.

Mia carissima figlia Domitilla,

la mia salute sta peggiorando. Temo che non resterò ancora a lungo in questo mondo e che molto presto esalerò il mio ultimo respiro. Ho avuto una buona vita, che il figlio di un usuraio e una provinciale non avrebbe mai potuto immaginare di avere. Da soldato a generale, da politico a principe. È stata notevole: perciò in un certo senso sono soddisfatto.

Ma qualcosa mi tormenta.

Non molto tempo fa stavo bene, a parte la gotta di cui soffro da anni, ma che è sempre stata gestibile. È semplice spiegare la mia malattia: sono vecchio, ed è questo che succede ai vecchi. Un giorno stai bene, il giorno dopo ti ammali. Tuttavia io ho il sospetto di essermi ammalato per volontà di qualcuno, di essere stato avvelenato con qualcosa di sottile impercettibileda somministrarmi a piccole dosi, nel corso del tempo.

Ricorderai bene che, dopo l'attentato alla mia vita a maggio, un mio amico, o quello che ritenevo esserlo, mi ha prestato il suo medico: quell'uomo ha fatto meraviglie per la mia gotta, allora ho insistito perché venisse con me quando sono andato a Rieti. Di recente ho iniziato a pensare che la mia salute ha cominciato a peggiorare da quando assumo le medicine di questo sedicente medico. Il mio liberto, che beve tutto ciò che bevo io, e mangia tutto ciò che io mangio, ha iniziato a stare male come me. È giovane ed è sempre stato bene, e poco altro potrebbe spiegare un così repentino peggioramento della salute.

Non vorrei coinvolgere tuo fratello. Se dovessi morire, avrà tutto il peso di un impero sulle spalle. Mi fido di te. Di tutti i miei figli, tu sei la più giudiziosa.

Non ho prove, soltanto sospetti. Tutto questo potrebbe anche essere soltanto il rifiuto dell'inevitabile, la protesta di un uomo che sta morendo.

Ti dico solo questo: fai attenzione a Cocceo Nerva. È stato lui a prestarmi il suo medico. Sono molti i problemi inspiegabili che la nostra famiglia ha dovuto affrontare. E mentre me ne sto qui a morire lentamente, a decine di miglia di distanza da Roma, mi chiedo: forse è Nerva il colpevole? Forse i problemi della nostra famiglia coincidono con il declino della fortuna di Nerva? Forse ha deciso di complottare contro la nostra famiglia e il Principato nel momento in cui ho rivolto il mio favore ad altri?

Non conosco la risposta e dubito che la saprò mai, ma forse tu potrai scoprire la verità.

Ti voglio bene. Spero che queste non siano le mie ultime parole per te, ma se lo sono, voglio ringraziarti. Grazie per essere la donna che sei. La nostra famiglia sarebbe persa senza di te, non brillerebbe come ora. Davvero.

Tuo padre, che ti ama,
Vespasiano

Pinario china la testa sconvolto: ora è chiaro perché i primi due tradut-

tori abbiano pensato che quella lettera fosse uno scherzo, o qualcosa di terribilmente pericoloso. Gettarla nel Tevere era un saggio consiglio.

Sesto, però, non ne coglie il pericolo. Chiede: «Chi è quest'uomo, Nerva?».

«Davvero, cugino, sei proprio un provinciale, eh?», esclama Cornelio. «Cocceo Nerva è uno dei senatori più potenti di tutto l'impero. Lo è stato da quando ha aiutato a scoprire la congiura pisoniania, salvando la vita a Nerone. Ancora niente? Nerva è stato due volte console, una volta sotto Nerone e la seconda sotto Vespasiano».

«E lui...». Sesto comincia a comprendere il valore di quella lettera. E anche il traduttore. Sta cercando un modo per andarsene. Ma quelli sono i suoi clienti e l'appartamento è il suo. «Per favore, andatevene», mormora.

«Dobbiamo portare subito questa lettera all'Augusta», dichiara Pinario.

Il vecchio greco picchietta un dito contro il tavolo. «Lasciate il denaro che mi dovete sul tavolo e andatevene».

«C'è un'altra possibilità», afferma Cornelio. «Sono certo che il senatore Nerva sarebbe grato di avere questa lettera, giusto? Sono sicuro che pagherebbe tutto quello che gli chiediamo».

Il vecchio greco chiude gli occhi e si tappa le orecchie con gli indici. «Per favore, pagate e andatevene via».

«No, non lo faremo», ribatte Pinario. «Siamo dei semplici becchini, non dei politici. Non sappiamo niente di quel mondo. La cosa migliore e più sicura da fare è consegnarla all'Augusta».

«Il cugino Cornelio ha ragione, padre», obietta Sesto. «L'Augusta forse non ci pagherà nulla. Sarà furiosa per il ritardo con cui le porteremo la lettera. Invece Nerva ci ricompenserà per evitare che il suo nome sia infangato».

«Pensa a questo, ragazzo». La voce di Pinario è insieme furiosa e preoccupata. «Se la lettera dice il vero... se questo Nerva è capace di simili atti... quello che proponi è troppo pericoloso. Dobbiamo portare la lettera all'Augusta. E non discuterò oltre».

«Allora dovremo dirigerci a sud», commenta Cornelio.

«Cosa?»

«L'Augusta è andata a sud, a Baiae, ieri», ribatte Cornelio. «C'erano tantissimi sostenitori a gridare il suo nome, quando è partita».

«E quando tornerà?».

Cornelio si stringe nelle spalle. «La famiglia imperiale passa spesso l'estate a Baiae. Dobbiamo andare lì, a meno che tu non voglia attendere fino a settembre».

«Possiamo prendere questa?», chiede Sesto al vecchio greco, tenendo sollevata la tavoletta di cera.

«Non me ne importa niente», risponde lui, massaggiandosi le braccia come se avesse freddo, anche se nell'appartamento si soffoca di caldo. «Per favore, andatevene e basta».

19 agosto
Fuori dalla villa dei Pisoni, Baiae.

Attendono che la serva dell'Augusta torni da loro. Sesto cammina avanti e indietro sulle pietre nere della strada.

«Cugino», lo rimprovera Cornelio. «Per favore, smettila. Non hai più smesso di fare così dalle Calende. Dèi, sono così stufo del tuo nervosismo».

Sesto obbedisce. Si ferma e sospira in modo drammatico.

I due soldati di guardia alla porta della villa imperiale osservano i tre plebei con un feroce divertimento.

Dobbiamo sembrare uno strano trio, pensa Pinario.

«Zio», riprende Cornelio, «pensi davvero che oggi cambierà qualcosa, rispetto all'ultima volta che siamo stati qui?».

Pinario trova il tono del nipote inutilmente arrogante. È stato un errore portarlo con loro a Baiae. Ma una volta tradotta la lettera e ripresisi dallo shock di quello che diceva, Cornelio si è convinto ancora di più di poter ottenere un guadagno da quella storia, ed è stato impossibile liberarsi di lui.

«Ci siamo già stati due volte», continua il nipote, «solo per essere mandati via. Come fai a credere che oggi sarà diverso?».

Purtroppo Cornelio ha ragione. Incontrare l'Augusta si è rivelato più difficile di quanto chiunque di loro potesse immaginare. Il problema è che sono dovuti passare attraverso i suoi attendenti, e Pinario non vuole rivelare a nessuno se non a lei il contenuto della lettera. «È troppo rischioso», ha detto a suo figlio e a suo nipote, diverse volte. «Chi può sapere se uno schiavo sia leale o meno?». Ma l'Augusta si è rifiutata di riceverli.

E perché dovrebbe farlo?, pensa Pinario, mentre attendono, sono soltanto un umile becchino, reso impuro dal contatto con la morte. E lei è la figlia di un dio. Cosa mi è venuto in mente?

«Come ho già detto, zio», riprende Cornelio, «abbiamo un'altra possibilità. Se l'Augusta non vuole riceverci...».

Pinario afferra Cornelio per un braccio e, fingendosi calmo, per non destare sospetti, e sorridendo ai soldati, bisbiglia: «Nipote, so cosa stai per dire e quale nome stai per pronunciare. Dobbiamo fare attenzione. Non sappiamo chi sia in ascolto».

Cornelio ha abbastanza buonsenso da rispondere in un sussurro: «In tutta onestà, zio, non ti pare di essere un po' esagerato? Stavo solo per dire che dovremmo portare la lettera al senatore Nerva. Ci sarebbe grato per averlo messo al corrente di un tentativo di ledere al suo buon nome».

«E pensi che quella lettera sia soltanto questo?».

«Sì, certo», ribatte Cornelio. «Vespasiano era vecchio e malato, quando ha scritto quella lettera. Ricordi com'era nostro nonno, vicino alla fine? Pensava che tutti volessero ucciderlo».

Una porta si apre alle loro spalle.

Si girano e vedono la servitrice dell'Augusta, la ragazza carina con un solo sopracciglio. Si avvicina, passando oltre i due soldati.

Pinario si tiene il berretto in mano. Si rende conto, anche se non può fare nulla per impedirlo, dell'espressione di patetica attesa che ha in volto, come un cane che guarda una tavola imbandita. La loro fortuna dipende da ciò che quella ragazza sta per dire.

Quando scuote la testa, Pinario capisce che hanno fallito. Di nuovo.

«L'Augusta non vi riceverà oggi. Forse potete tornare un altro giorno».

Pinario affloscia le spalle. Cornelio impreca a mezza voce.

La serva dell'Augusta sorride, comprensiva. «Credo che il problema sia che non stiate dando all'Augusta un motivo per ricevervi. Forse, se mi spiegaste di cosa volete parlare con lei, potrebbe cambiare idea».

Cornelio dà una gomitata nella schiena a Pinario.

«Come ti chiami?», chiede Pinario.

«Livia», replica la ragazza.

«Livia. Io mi chiamo, come ho già detto, Plinio Pinario. Mi dispiace molto, ma devo parlare direttamente con l'Augusta».

La ragazza si stringe nelle spalle. «Come vuoi».

Poi si gira e se ne va.

Cornelio comincia a discutere con lo zio. «Dobbiamo dirle di più...». Pinario scuote la testa. «No. Ci dobbiamo attenere al piano. Dovremo dire all'Augusta e a lei soltanto quello che sappiamo. Avanti». Pinario si avvia lungo la strada, allontanandosi dalla villa imperiale. «Troveremo un modo migliore per parlarle».

20 agosto
Baiae, Baia di Napoli.

La notte prima dei giochi gladiatori, i tre discutono della loro prossima mossa.

«E perché pensi che domani sarà diverso dagli altri giorni?», chiede Cornelio.

Sesto si rosicchia nervoso le unghie.

«Non possiamo fare altro che provare», controbatte Pinario, facendo del suo meglio per non mostrare la disperazione, profonda quanto quella dei due giovani. «Forse, se ci vedrà... l'Augusta non ci ha mai visto, dopotutto... se ci vedrà, forse cambierà idea e parlerà con noi. Assisterà ai giochi domani. Dobbiamo provare a parlarle mentre si dirige all'arena».

«Ma se non vuole parlarci, padre?», chiede Sesto. «Non possiamo permetterci di vivere qui un giorno di più. Baiae è costosa, lo è perfino questa catapecchia».

Il minuscolo appartamento in affitto consiste in un letto e una porta. Nient'altro. Non c'è neanche una finestra. Ma poiché questa è Baiae, dove i ricchi vanno in villeggiatura, è terribilmente costosa.

«E», continua Sesto, «stiamo finendo i soldi. E a Rieti hanno bisogno di noi. Se non torniamo, l'attività potrebbe risentirne in modo grave. Abbiamo fatto un errore a venire qui».

Pinario scuote la testa. Non può ammettere una cosa del genere. Non ancora. «No, non è così. Avevi ragione, Sesto. Possiamo ottenere una fortuna da questa lettera. Dobbiamo solo parlare con la persona giusta».

Pinario ci crede fermamente, o almeno si convince sia così. Ma, in fondo, sa che si è fatto conquistare da una fantasia: vorrebbe essere l'uomo che ha salvato la famiglia imperiale. Vorrebbe che l'Augusta gli baciasse la mano e gli dicesse che è in debito con lui per averle salvato la vita, e che da quel momento in poi lui e la sua famiglia non avranno più bisogno di nulla. Del resto, non è una fantasia senza precedenti. Una volta Nerone ha ricompensato un liberto che l'aveva aiutato a scoprire la congiura pisoniania. Ha donato a quell'uomo una piccola fortuna. Perché l'Augusta non dovrebbe fare lo stesso per un becchino fedele?

Ma più attendono a Baiae, più la fantasia di Pinario si affievolisce; sta diventando qualcosa d'altro, che a lui non piace. Un senso di fallimento e miseria.

«Se l'Augusta non ci vorrà parlare domani», dichiara, serio, «ce ne torneremo a casa».

«Zio», riprende Cornelio. «Non puoi ignorare l'altra possibilità. Possiamo dare la lettera al senatore Nerva. Anche lui è qui a Baiae. Potrebbe volerci ricevere. E ci pagherà bene per quella lettera. Ne sono certo!».

Pinario dovrebbe rimproverare il nipote e dirgli di non ripetere mai più quel consiglio. Ma non lo fa. Siamo andati troppo avanti, pensa, ci abbiamo investito troppo. Non possiamo andarcene.

«Vediamo cosa succede domani».

22 agosto

Fuori dall'anfiteatro, Puteoli.

La folla freme di eccitazione, pulsa come il mare.

La lettiga dell'Augusta viene trasportata da sei schiavi, tre per lato. Le colonne sono di legno dorato e ritorto, le tende di seta danzano al vento. Un gruppo di schiavi e attendenti segue la lettiga a piedi. Vicino all'arena, il trasporto viene posato a terra e i pretoriani cominciano ad allontanare la folla con le aste delle lance.

«Attendete qui», dice Pinario a Sesto e Cornelio.

Si spinge attraverso la folla.

Oltre le spalle di due soldati, il becchino chiama a gran voce la ragazza con cui ha già parlato. Livia. Lei si gira al suono del suo nome. Sembra infastidita, ma sorride, cercando di nascondere la sua reazione iniziale.

Pinario la guarda tirare la manica dell'Augusta e le due donne lo fissano. Livia mormora qualcosa all'orecchio della padrona e poi si avvicina.

Pinario tiene il berretto tra le mani.

Livia si acciglia. «Non è cambiato niente, becchino. La mia padrona non vuole parlarti».

«Ti prego».

«Ho fatto tutto quello che potevo. A meno che tu non possa dirmi

qualcosa di più. Spiegami di cosa vuoi parlarle». La sua voce sembra sincera, come se volesse aiutarlo.

«Quello che ho da dire, posso dirlo soltanto alla tua padrona».

«E allora non avrai più fortuna degli altri giorni».

Pinario sbircia oltre la donna, verso l'Augusta. È la personificazione della bellezza: riccioli del colore delle mandorle, monili d'oro intorno ai polsi e al collo che scintillano alla luce del sole campano. La figlia di un dio.

Pinario non vuole tornare a Rieti a mani vuote. Sarebbe un disastro.

Pensa all'Augusta che bacia la sua mano, mostrandogli il suo favore.

Prende un respiro profondo.

«Riguarda il senatore Cocceo Nerva», dichiara infine, «e la sicurezza della famiglia imperiale».

Livia lo fissa per un attimo. Si era aspettato di vederla scioccata da quelle parole. Ma non è così. Forse le servitrici imperiali sentono parole del genere più spesso di quanto lui possa immaginare.

Livia si spinge tra i due soldati e parla a bassa voce a Pinario, in modo che nessuno possa sentirla.

«Hai fatto bene a portare questa notizia all'attenzione dell'Augusta. Ne sarà molto contenta. Ma non è questo il luogo per parlarne». Si guarda intorno, assicurandosi di nuovo che nessuno possa sentire. «Qualcun altro è a conoscenza di questa importante informazione? Non c'erano degli amici con te, quando hai cercato di chiamare l'Augusta, prima?».

Pinario esita. Forse è meglio non coinvolgere Sesto e Cornelio. Non ancora.

«No. Soltanto io so cosa devo dire all'Augusta».

«Molto bene. È importante, per la tua sicurezza, che tu non dica nulla a nessuno. Non finché non potrai dire all'Augusta tutto ciò che sai. C'è una taverna a Baiae, si chiama Le Ginocchia della Fanciulla. Attendi lì, stanotte, dopo il tramonto. L'Augusta ti farà venire a prendere da qualcuno per andare alla villa imperiale. Sono precauzioni che dobbiamo prendere per assicurarci la segretezza».

Preme qualcosa nel palmo di Pinario. Una moneta d'oro.

«L'Augusta di certo ti ricompenserà, se le informazioni sono valide. Questo è solo l'inizio delle ricchezze che riceverai».

Pinario alza lo sguardo. «Grazie».

Lei sorride e torna dall'Augusta. Si scambiano qualche parola. L'Augusta si acciglia, si gira e procede verso l'arena.

Non sembrava affatto grata come Pinario si era aspettato. Ma forse la necessità di segretezza è maggiore di ciò che pensasse.

Pinario ritrova il figlio e il nipote in mezzo alla folla.

«Cos'è successo?», chiede Cornelio.

«Va tutto bene», risponde Pinario. «La fortuna è dalla nostra parte».

Tornano nella stanza in affitto. «Dobbiamo restare nascosti?», chiede Sesto. «Voglio incontrare anch'io l'Augusta».

«Tutto a suo tempo, figliolo», dice Pinario, mentre pulisce la sua tunica con un panno umido. Vuole apparire al meglio davanti all'Augusta.

«Dovremmo venire con te alla taverna», commenta Cornelio. «In caso tu abbia bisogno di noi».

Pinario si ferma a considerare quelle parole. «Immagino che non ci sia niente di male in un po' di cautela in più. Forse dovreste andare alla taverna prima di me. Potrete mettervi in un angolo e controllare quando i servitori dell'Augusta verranno per accompagnarmi alla villa imperiale. Livia vi ha visto in faccia, l'altro giorno, fuori dalla villa. Quindi forse è meglio se non vi fate vedere. Potreste usare dei mantelli con il cappuccio».

«Porterai la lettera con te, padre?».

«Porterò con me l'originale. L'Augusta vorrà vederlo. Sono certo che conosca il greco e possa leggerla senza bisogno di un traduttore. Voi tenete la traduzione, per il momento».

Sesto sorride. «Tutto sta andando come pensavamo, grazie agli dèi. Eravamo così vicini al fallimento».

Pinario annuisce, serio. «Sì. Grazie agli dèi. Dovremo offrire dei sacrifici adeguati, al momento giusto».

Cornelio osserva i vestiti spiegazzati di Pinario. «Forse dovresti comprarti una nuova tunica, zio».

«Lo farei», dichiara Pinario, mentre continua a pulire il suo unico abito. «Ma non abbiamo il tempo di farlo».

Tre ore più tardi, dopo il tramonto del sole, Sesto e Cornelio entrano nella taverna. Pinario attende un quarto d'ora prima di seguirli all'interno.

Quando lui entra, li scorge a un'angolo del locale, intenti a godersi una coppa di vino. Ci sono altri tre avventori che bevono del vino, un uomo al bancone e due a un tavolo. Il proprietario e sua moglie sono dietro al bancone. I festeggiamenti dei giochi si celebrano altrove, a Puteoli, quindi c'è meno gente a Baiae. I clienti non sembrano voler festeggiare, soltanto bere. Dev'essere per questo che l'Augusta ha scelto questo posto, pensa Pinario, perché è più discreto.

L'uomo ordina una coppa di vino e si siede a un lungo tavolo, non lontano da Sesto e Cornelio.

I due più giovani tengono alte le coppe per nascondere il sorriso. Si stanno divertendo molto, in quest'avventura.

Attendono una mezz'ora. Poi Livia entra nella taverna con tre grossi uomini. Pinario si alza, con il berretto in mano. Sorride.

Livia lo indica e dice a uno degli uomini: «È lui».

Si volta e se ne va.

I tre si avvicinano a Pinario.

Uno di loro lo colpisce allo stomaco con un pugno.

L'uomo crolla sul pavimento, annaspando in cerca d'aria.

«Deve...», tenta di parlare, ma non riesce a riprendere fiato. «Dev'esserci un errore».

Un piede lo colpisce al ventre e il dolore è peggiore di quello del pugno. Pinario si raggomitola su se stesso. Gli occhi lacrimano per il dolore.

Una mano lo afferra per la spalla e lo solleva.

Sesto e Cornelio restano ai loro posti, pallidi per il terrore. I tre che hanno aggredito Pinario sono il doppio di loro. Non avrebbero alcuna possibilità, se provassero ad affrontarli.

Uno dei tre fa un giro per la stanza, lanciando monete ai clienti e ai proprietari. «Per il disturbo», afferma. «Voi non avete visto niente».

Ficcano uno straccio in bocca a Pinario, gli calcano un cappuccio in testa e lo portano via.

Una moneta piomba davanti a Sesto e rotea tre volte sul tavolo, prima di fermarsi. Lui la fissa con orrore.

«Ricorda. Non hai visto niente».

DOMITILLA

2 maggio
Rieti, Italia

La voce del becchino si spezza mentre finisce la storia. Mi mostra la moneta che ha ricevuto quando è rimasto a guardare suo padre che veniva trascinato via, a morire.

«E poi cos'hai fatto?», gli chiedo.

Lui singhiozza.

«Niente. Ho guardato quegli uomini portare via mio padre e non ho fatto niente. Sono rimasto lì, inerme. Mio padre è stato trovato il giorno dopo nel lago di Baiae. Sono tornato a Rieti. Non sapevo che altro fare. Ho venduto la proprietà per pagare i debiti e ho cercato di...». Prende un profondo respiro, cercando di controllare le emozioni. «Ho cercato di andare avanti».

«Mi dispiace», gli dico.

Lui non mi guarda. Le mie parole non gli sono di conforto.

È colpa mia. Mi sono rifiutata di incontrare suo padre perché sono la sorella dell'imperatore e lui era soltanto un povero becchino.

E la colpa è anche di Livia. Dev'essere una spia di Nerva. Sapevo che lui ha delle spie in tutto l'impero, ma non avrei mai potuto immaginare che una di loro si fosse infiltrata nella nostra famiglia. Mi sono affidata a Livia. Mi fidavo di lei. Era diventata importante, per me. È successo in modo così graduale da non essermi resa conto che fosse tutt'altro che un membro leale della nostra casa.

«Hai ancora la lettera?», chiedo a Sesto.

Lui scuote la testa. «Mio padre aveva l'originale. Mio cugino ha tenuto la traduzione. Io volevo bruciarla, ma lui ha pensato che potesse essere utile».

«Ma da quello che ricordi, le parole sono quelle che mi hai detto? Ne sei sicuro?».

«Sono impresse nella mia memoria. Non le dimenticherò mai. Quelle parole sono state come un veleno per mio padre come lo sono state per il tuo».

«Mio padre ha nominato specificamente Nerva?».

Lui annuisce.

L'anno scorso sono accaduti eventi che non hanno mai trovato una vera spiegazione. L'attentato alla mia vita e gli inesplicabili prodigi volti a distruggere il Principato. Era Nerva il colpevole? Quanti dei guai della mia famiglia possono essere attribuiti a lui?

Poso una mano su quella del becchino. «Nerva è il responsabile della morte di tuo padre. Ed è un mostro. Lo consegneremo alla giustizia, te lo prometto».

«Alla giustizia?».

Non crede a quella parola. Dovrò dimostrargliene il significato.

«Vieni», affermo, alzandomi. «Oggi è l'ultimo giorno che passi in questa catapecchia».

Lui non mi crede. Mi guarda senza espressione. Lo prendo per un braccio, aiutandolo ad alzarsi, e lo conduco alla porta. La apro, e il forte sole del mattino per un attimo mi acceca. «Questo è un nuovo giorno, per te», affermo, guidandolo fuori con gentilezza. Lui mi resiste, all'inizio, mentre gli premo una mano sulla schiena, ma poi il suo peso finisce in avanti, come se fosse caduto o trascinato, e io inciampo sulla soglia.

Cado in ginocchio, con le mani sulla terra cotta dal sole. Alzo lo sguardo e vedo un gigante che preme il becchino contro la parete della sua casa. Gli stringe un avambraccio contro il collo, soffocandolo.

Sua moglie, la donna che ho visto arrivando, non si vede, ma la sento urlare.

Chiamo aiuto, ma mi muore la voce in gola. Mi giro e vedo i soldati che mi hanno accompagnata morti accanto ai loro cavalli. Il Batavo è in ginocchio. Due grossi uomini gli bloccano le braccia dietro la schiena. Sanguina, ma non riesco a capire quanto sia grave la sua ferita.

Livia è seduta su un ceppo. È piegata in avanti, con il mento in una mano.

Altri grossi uomini si aggirano nello spiazzo.

Qualcuno mi guarda dall'alto. Cerco di capire chi sia. Il volto dell'uomo è avvolto dalle ombre. Si accoscia accanto a me, in modo da potermi guardare negli occhi.

È Nerva.

«Tutto bene, mia signora? Sei caduta?».

Mi tende la mano. Io la scaccio con un colpo.

Sento il respiro affannoso del becchino alle mie spalle. È ancora schiacciato contro il muro della sua casa. Ha i piedi sollevati da terra e scalcia furiosamente. «Sta soffocando. Lasciatelo andare».

Nerva si alza in piedi e si sistema la tunica. «No. Penso proprio di no».

I calci del becchino si intensificano, poi di colpo smette; il suo corpo si affloscia. Lo scagnozzo di Nerva si scosta e il becchino crolla a terra.

Ho distrutto sia il padre che il figlio. Non sono riuscita a salvarli.

Furiosa di rabbia, mi alzo e corro contro Nerva, ma due uomini mi afferrano prima che possa avvicinarmi abbastanza da toccarlo.

Lo maledico, sputando con furia. Lui mi osserva con occhi gelidi.

Poi rivolgo la mia rabbia a Livia, rendendomi conto che è stata lei a correre da Nerva e a dirgli che volevo parlare con il becchino. Dev'esserci andata ieri sera. Ha suggerito di andare dal becchino la mattina dopo per avere il tempo di avvertire Nerva.

«Come hai potuto?», urlo.

Livia non mi guarda. È ancora seduta sul tronco e guarda un punto lontano.

«Non la giudicherei con troppa severità, Augusta», commenta Nerva. «Lei non ti ha tradito. Lavora per me da quando la conosci. È stata una fortuna che ti sia affidata a lei nel modo in cui hai fatto». Si gira verso Livia e schiocca le dita. «Mia cara», le dice. Poi tende una mano, in attesa.

Livia si alza e tira fuori da sotto la tunica una fiala di liquido blu.

Nerva la prende e la muove avanti e indietro, mischiandone il contenuto. Poi la solleva verso la luce.

«Cos'è?», domando.

«Penso che tu lo sappia».

«È lo stesso veleno che hai usato su mio padre?».

Il sorriso di Nerva è privo di emozioni. «No. Quello che ho somministrato a tuo padre funzionava in modo molto lento, nel giro di settimane. Era fatto per far sembrare la sua morte il frutto di una lenta malattia. Questo», e solleva la fiala, «è molto più letale. E farà rapidamente effetto».

«Non lo neghi, allora. Sei stato tu ad assassinare mio padre».

Lui si stringe nelle spalle.

«Perché?».

Mi fissa, come se considerasse se dire di più o meno. «La tua famiglia è rimasta al potere troppo a lungo. Non capiresti».

«Sei un traditore e un assassino. Questo lo capisco».

«Un traditore? E chi avrei tradito?».

«Roma. Il tuo imperatore».

«Vedi? Avevo ragione». Nerva scuote la testa e quasi scoppia a ridere. «Non riesci a vedere l'ipocrisia della tua famiglia. Hai dimenticato da dove viene tuo padre. Lascia che ti faccia una domanda, Augusta: quando Vitellio era imperatore e tuo padre ha radunato un esercito e ha marciato verso ovest per sfidarlo e strappargli il trono, stava tradendo Roma? E quando i suoi uomini hanno massacrato l'esercito di Vitellio, o quando hanno saccheggiato Roma, o quando hanno fatto a pezzi Vitellio sulle Scale Gemonie? Stava tradendo Roma?

«Non si può tradire Roma. È una serie di edifici intorno al Tevere. Si può conquistare con la forza o con gli intrighi, ma non si può tradire. Se non altro, quando ho avvelenato tuo padre, è morto un solo uomo. Quando tuo padre ha deciso di conquistare il trono, quanta gente è morta? Pensa alla scia di sangue che l'esercito di tuo padre si è lasciata dietro in tutta l'Italia affinché lui potesse essere il Primo a Roma.

«La politica è un gioco sporco», continua. «Tuo padre sapeva giocarlo meglio di molti altri e ha vinto. E ha continuato a vincere finché un uomo migliore non l'ha battuto allo stesso gioco. Ma sapeva come chiunque altro che se non si vince, in politica, allora si perde. E a Roma, il rischio è più alto che in qualsiasi altro luogo. Quando perdi, perdi anche la vita».

«Mio padre era un brav'uomo», protesto.

«Tuo padre era un dio, non un uomo. E, come tutti gli dèi, Cesare richiede sacrifici in suo nome. Vuole il sangue. Giove, Apollo, Cesare... sono tutti uguali. La sete di sangue di un dio è costante come il sole che rinasce ogni giorno».

«No. Non è vero. Se gli fossi rimasto leale, non ti avrebbe mai fatto del male. Lui si fidava di te». La mia voce è sconfitta, ora. Ho lottato con tutte le mie forze contro gli uomini che mi bloccano per le braccia, ma provo un senso di ineluttabilità che mi percorre tutta. «La sua fiducia è stata l'unica cosa che ti ha permesso di avvicinarglisi così tanto da ucciderlo. E tu hai tradito quella fiducia».

C'è un lampo di rabbia negli occhi di Nerva. Dura solo un attimo, però; poi torna impassibile come se il suo volto fosse di pietra, freddo e spietato. «Cesare non si fidava di me. Non si fidava di nessuno se non del suo figlio maggiore. Ha mostrato il suo favore al senato solo per negarglielo, alla fine. Ha fatto sì che noi senatori ci combattessimo tra noi, in modo da non rivolgere la nostra ira contro di lui. Quando tuo padre è salito al trono, mi ha nominato console: un grande onore. Ma poi mi ha messo da parte. Ha favorito altri uomini. È stato un insulto. E se non avessi fatto nulla, finché fossi rimasto da parte a guardare la scena dall'esterno, sarebbe stata solo questione di tempo prima che fossi offerto in sacrificio al dio».

«È per questo che hai avvelenato mio padre?».

Nerva annuisce, lieto che io inizi a capire la sua logica distorta. «Ho capito che avrei avuto più fortuna con un nuovo imperatore. Prima ho agito per far crollare il favore di Cesare e incoraggiare un colpo di stato. Ma quando Marcello ha fallito, ho preso la faccenda nelle mie mani».

Penso agli strani prodigi dell'anno prima. Il cane che senza motivo ha portato nel foro la mano di un uomo. La città ne ha parlato per settimane, interpretandola come il segno che il potere stava per cambiare di mano. Quel presunto prodigio, insieme alla malattia di mio padre: tutto ha contribuito a destabilizzare il Principato. Senza dubbio ha convinto Marcello a tentare il colpo di stato. Tito ha scoperto che il cane era stato addestrato per fare ciò che ha fatto. Ma non avevamo mai scoperto chi fosse il colpevole.

«La mano nel foro», domando. «Lo scorso gennaio. Sei stato tu?».

Nerva annuisce. «Sì. È stato uno dei tanti presagi che ho orchestrato per distruggere il Principato, per far capire quanto fosse vulnerabile la vostra famiglia. Per ispirare gli altri a fare l'impensabile».

Mio padre aveva ragione. Nerva è il responsabile di tutti i guai inspiegabili della nostra famiglia.

Penso all'uomo che ha cercato di uccidermi, non molto dopo quell'incidente con la mano. È entrato nel palazzo e mi ha aggredita con un coltello. È stato solo grazie al Batavo se mi sono salvata.

«Ed è stato per questo che hai cercato di farmi uccidere?».

«No», risponde Nerva. «Eri promessa a Marcello. Sapevo che Marcello aveva mire sul Principato. Se ti avesse sposato, e tuo padre e i tuoi fratelli fossero morti, lui sarebbe stato la scelta più logica per essere il nuovo imperatore. E io volevo un nuovo imperatore, ma non Marcello. Sarebbe stato peggiore di tuo padre. E non potevo permettermelo».

«Quindi, il modo migliore per risolvere quel problema era uccidermi?».

Esatto.

Inizio a piangere.

«Mio padre era un buon imperatore. Era un brav'uomo».

«Gli dai troppo credito. Non era molto migliore di Nerone. La sua fortuna è stata la guerra civile che ha vinto per guadagnarsi il trono. È stata così orribile che il popolo non avrebbe potuto sopportarne un'altra, tuttora non ce la farebbe. Ed è per questo che i Flavi continuano a mantenere il potere».

Penso a Tito. Al mio invincibile fratello.

«Volevi un nuovo imperatore, ma Tito non ti darà il suo favore. Sa bene che razza di uomo sei».

Nerva si avvicina, poi accenna a uno degli uomini che mi tengono bloccata. Una mano mi fa rovesciare la testa indietro e un'altra mi apre a forza la bocca.

«Non mi preoccupa», afferma Nerva. «Conosco tuo fratello. Conosco i suoi punti di forza e le sue debolezze...».

Nerva mi rovescia in gola il liquido blu. È caldo e amaro. Mi chiudono a forza la bocca e non mi lasciano andare finché non sono costretta a deglutire il veleno. Mi lascia un sedimento sabbioso sulla lingua.

«Ho dei piani», continua Nerva, «e tuo fratello non mi impedirà di portarli a termine».

Gli uomini di Nerva mi lasciano andare e crollo nella polvere. La gola inizia a bruciare. Sono troppo debole per rialzarmi.

Guardo Nerva allontanarsi.

Non sento più le dita. La bocca mi si riempie di saliva. Vorrei vomitare.

Nerva indica il Batavo. «Preparatelo».

Uno degli scagnozzi trascina delle catene di ferro nella polvere. Il Batavo lotta per liberarsi, ma un uomo lo picchia con un bastone finché non riesce più a reagire. Viene spinto con la faccia nella polvere, incatenato e imbavagliato.

«Cosa vuoi fargli?», domando.

«Lo venderò», dichiara Nerva. «Sarà incolpato della tua morte e di quella dei due pretoriani. Il mondo penserà che il Batavo non sia riuscito a vivere senza di te. E così ti ha ucciso ed è fuggito».

Un dolore intenso mi afferra lo stomaco. Inizio ad avere difficoltà a respirare.

Penso a Flavia. La mia bambina. Ho paura a pronunciare il suo nome. Cosa le succederà?

Mi distendo sulla terra bruciata e fisso il sole sopra di me. Il dolore sale finché non credo che riuscirò più a sopportarlo...

E poi sparisce.

C'è solo quella luce calda che mi accarezza. Mi sembra di fluttuare in quella luce bianca e confortante.

Chiudo gli occhi, e tutto si fa buio.

BARLAA

15 maggio
Eufrate, al confine tra Roma e la Partia

La nostra guida è un siriano basso e dagli occhi azzurri con un pugnale legato alla cintura. Si chiama Mosè.

«Il fiume», ci spiega, indicando l'Eufrate. Per lui, esiste soltanto un fiume. Non ha bisogno di chiamarlo per nome.

«Lo attraverseremo qui».

Fisso le calme acque verdazzurre che scivolano lente verso sud-est. La riva è di un marrone rossastro, punteggiata di arbusti verdi. Dall'altra parte si trova quella che i Romani chiamano Partia. La mia terra di nascita.

Avevo dimenticato come fosse, il fiume. Vivendo per tutti quegli anni in Italia il ricordo era lontano, appena fuori dalla mia portata, come il volto di una persona amata morta da tanto tempo. Ma ora che sono qui, ora che riesco a vederlo e a sentirne l'odore; ora che sento la brezza fresca che viene dall'acqua, i ricordi a lungo sepolti mi stanno tornando in mente.

Io e Carene avevamo guadato il fiume proprio in questo punto, trent'anni fa. La sua espressione era cupa, mentre guardava il fiume per l'ultima volta. Eravamo rimasti in catene per mesi, prima che Vologase ci mandasse a ovest, e avevo i polsi segnati dai ceppi. Avevo il cuore colmo d'odio per mio fratello, per avermi bandito, per avermi mandato a vivere con i nostri nemici.

Provo un certo conforto a vedere che è tutto uguale a prima. A sapere che, se io sono invecchiato, le montagne e il fiume sono sempre gli stessi, e continueranno a esserlo.

«È come lo ricordavi?», mi domanda Ulpio. Se ne sta afflosciato sulla sella, piegato in avanti sulle redini. Sembra stanco e non posso biasimarlo. Il viaggio è stato lungo e difficile. Si rigira tra le dita quel pezzo di terracotta che porta sempre con sé.

«Sì».

Lui annuisce.

«Vuoi che aspettiamo un attimo? Il tempo non ci manca».

Mi guardo alle spalle. La colonna di trenta soldati è in paziente attesa. Avremmo dovuto attraversare il fiume per entrare in Partia con duecento uomini. Ma ad Antiochia la dissenteria ha fermato le truppe e Ulpio si è rifiutato di attendere. Abbiamo ripreso il viaggio soltanto con quelli che erano in grado di reggersi in piedi. «Gli altri ci raggiungeranno», ha detto.

La nostra guida, Mosè, è impaziente. «È una follia attendere», afferma. «Dovreste attraversare subito il fiume e farla finita».

«Nessuno ha chiesto la tua opinione», ribatte Manlio. Lui e Marco sono dietro di me. Entrambi hanno tenuto d'occhio Mosè come falchi. La nostra guida ha fatto fin troppe domande, da quando abbiamo lasciato Antiochia, cercando di scoprire tutto quello che poteva. Una volta attraversato il fiume, proverà a vendere quelle informazioni ai suoi contatti partici. Questi uomini di confine, che passano il tempo sia a Roma che in Partia, possono essere subdoli.

Ma, qualunque cosa dica, non interferirà con i nostri piani. I suoi scopi ci sono stati chiari fin dall'inizio, quindi siamo stati attenti. Sa solo quello che è ovvio a guardarci. Ovvero, che siamo una missione diplomatica (nessuno va in guerra contro la Partia con trenta uomini). Che abbiamo con noi due prigionieri ariani; uno è senza orecchie, l'altro ha gli occhi bianchi. Che tra i Romani che viaggiano verso la Partia c'è un vecchio guerriero partico che parla latino come un italiano. È tutto ciò che sa.

«Manlio ha ragione», interviene Marco. «Prenditi il tempo che vuoi».

Ringrazio i miei compagni con un cenno, poi smonto e mi avvicino alla riva.

Ascolto il fiume. Il sole mi scalda il viso.

È strano pensare al ragazzo che ero quando ho attraversato il fiume entrando nei territori romani. Ero stato in catene per mesi, affamato e dolorante per i pestaggi occasionali delle guardie. Ma ero giovane. Ero magro e forte come un toro.

Qualcosa mi si stringe nel petto. Penso alla vita che ho perso vivendo a Roma, ai trent'anni che avrei potuto avere da nobile e guerriero arsacide. Penso alle persone più vicine a me quando me ne sono andato. Le mie mogli, le mie sorelle, i miei fratelli. Quanti di loro saranno ancora vivi? Non ne ho idea. E cosa penseranno di me quelli che sono ancora vivi? Sarò un emarginato, come il Rospo, un Romano in tutto tranne che nel nome? O saranno felici di rivedermi come lo sarò io di rivedere loro?

Mi inginocchio sul bordo del fiume e affondo una mano nell'acqua. È fredda e pulita. Spingo più giù la mano e afferro una manciata di terra nera.

La manica della mia tunica è bagnata e mi si incolla all'avambraccio. È piacevole, con il caldo che fa.

Ho portato con me un senso di tristezza e malinconia. Mi è cresciuto dentro, nei miei trent'anni a Roma, e non sono mai riuscito a cancellarlo.

Ma c'è una risposta a tutto questo, qui, mentre stringo in mano la terra del mio luogo di nascita.

Sfrego insieme le mani; la terra nera mi macchia i palmi. Porto le mani al viso e inspiro a fondo.

Il nodo che avevo nel petto si scioglie, come un fiore che sboccia in primavera.

Le lacrime mi scorrono sulle guance.

Sono a casa.

EPILOGO

Cesare riceve la notizia di sua sorella durante la mattinata

È quasi estate, il sole splende e fa caldo, e Cesare era entusiasta all'idea delle settimane in arrivo. L'ultimo mattone dell'anfiteatro è stato posato e ben presto i giochi inizieranno. Cento giorni per celebrare l'apertura della più grande e grandiosa costruzione al mondo. Una testimonianza del potere dei Flavi. Nerone ha costruito la Domus Aurea per se stesso. I Flavi hanno costruito uno stadio per il popolo. Cesare ora sa che sarà ricordato per sempre, anche solo per questo edificio.

E la devastazione in Campania? Sebbene non possa sperare di cancellare i danni causati dall'incendio peggiore e più inesplicabile che il mondo abbia mai visto – ma cosa può fare lo stesso Cesare, quando intere città vengono sepolte dalla cenere? – grazie alla sua dedizione e alle sue risorse, molto è stato fatto per aiutare la zona. Il dolore si sta placando.

E sì, c'è stato un devastante incendio anche a Roma, non molto dopo il fuoco del Vesuvio. Ma Cesare ha quasi ricostruito la città, a sue spese, e le sofferenze dell'incendio stanno iniziando a svanire.

Il padre di Cesare avrebbe risolto il disastro in Campania e l'incendio di Roma alzando le tasse; avrebbe fatto pagare il popolo per la ricostruzione. Ma suo figlio è diverso, o così dice la gente per le strade. Come prefetto, era il cane da caccia di suo padre, rapido con la spada, violento e spietato. Ma i suoi cittadini sono felici di vedere Cesare, ora che è il primo uomo dell'Impero, dimostrarsi un Principe benevolo e comprensivo.

E non ci sono stati più portenti, ultimamente, nessun presagio infausto che indicasse disastri. Nessuno ha dovuto consultare gli Oracoli e ascoltare quel pessimismo che innervosisce sempre il senato e il popolo. Al contrario, finora, quest'anno, i presagi sono stati positivi.

L'anno si sta rivelando favorevole. Cesare è molto popolare; la sua posizione è forte; i sudditi sono contenti. Cesare non pensa più da mesi alla Sibilla e alla sua grotta buia.

È questo il suo stato d'animo, quando scopre di sua sorella.

È il suo più caro amico, il prefetto pretorio dai capelli bianchi, a farglielo sapere. Cesare stava ispezionando l'anfiteatro con i suoi architetti. Il prefetto l'ha preso per un braccio, portandolo in un punto più appartato, e gli ha sussurrato la notizia all'orecchio.

Morta. Per mano dello schiavo imperiale, il famoso Batavo. Folle d'amore per la sua bellissima padrona, il Batavo l'ha strangolata dopo che lei aveva rifiutato le sue proposte. Ha mantenuto l'onore in cambio della vita.

Poiché riceve la notizia in pubblico, Cesare non può reagire come dovrebbe un fratello. Non piange, non crolla in ginocchio. Cesare deve rimanere impassibile. È tragico, quando la sorella di un dio muore, ma lui deve dimostrarsi superiore.

Gli sussurra di rimando: «Dov'è il batavo?».

«Non lo sappiamo».

Cesare non cambia i suoi impegni, dopo aver ricevuto la notizia. Si presenta a ogni riunione organizzata per quel giorno; va in senato e poi nel foro. È solo quando si ritira nel palazzo imperiale, la sera, quando finalmente è solo, che le lacrime scorrono.

Ed è solo nel buio della notte, quando la mortalità, la sua e quella della sua famiglia, gli è ben chiara in mente, che Cesare ripensa alla voce della Sibilla, ai suoi occhi scuri, alla sua spietata predizione.

Uno schiavo regnerà.

RINGRAZIAMENTI

Grazie al mio editor, Martin Fletcher, e a tutti i membri della Zaffre, in particolare Sophie Orme e Jennie Rothwell.

Grazie al mio agente, Sam Copeland.

Grazie a tutti quelli che hanno letto e commentato le diverse bozze sulla via della pubblicazione: Jeff Hull, Michael Tonner, Marialena Carr ed Elyse Strathy.

E grazie a mia moglie Anna.

INDICE

Nuova Narrativa Newton

Ultimi volumi pubblicati

Francesco Caringella, *Non sono un assassino*
Barbara Frale, *In nome dei Medici*
Jeanne Kalogridis, *La dama dei Medici*
Fabio Delizzos, *La cattedrale dei vangeli perduti*
Massimo Lugli - Antonio Del Greco, *Il Canaro della Magliana*
Matteo Strukul, *Inquisizione Michelangelo*
Angela Marsons, *Una morte perfetta*
Araminta Hall, Il *nostro gioco crudele*
Marilena Barbagallo, *Ancora accanto a me*
Massimiliano Colombo, *Stirpe di eroi*
Joseph Kanon, *Omicidio a Mosca*
Holly Seddon, *Testimone silenziosa*
Scarlett Thomas, *Il potere del drago*
Kimberly Belle, *Il matrimonio delle bugie*
Alberto Beruffi, *Una ragazza cattiva*
Andrea Frediani, *Il cospiratore. La congiura di Catilina*
Esmeralda Batacchi, *La verità nascosta dei templari*
K.L. Slater, *Non fidarti di lui*
Alma Katsu, *The Hunger. Affamati*
Tim Willocks, *Un caso complicato per l'ispettore Turner*
Ann Cleeves, *La ragazza dell'isola*
Matteo Di Giulio, *Il segreto della seconda pergamena*
Caz Frear, *Dolci, piccole bugie*
Samantha King, *Un assassino alla mia porta*
Tim Lebbon, *Silence*
Simon Scarrow, *La spada dell'impero*
Alex Connor, *Eredità Caravaggio*
Caroline Mitchell, *La vittima silenziosa*
P. Brunoldi - A. Santoro, *Il monastero delle nebbie*
Alex Dahl, *Il ragazzo della porta accanto*
Luigi De Pascalis, *Il sigillo di Caravaggio*
Sarah A. Denzil, *April è scomparsa*
Roberto Fabbri, *Roma in fiamme*
Ben Kane, *Una battaglia per l'impero*
G.J. Minett, *Nel silenzio della notte*

Danilo Pennone, *Il cadavere del lago*
Romulo Felippe, *Il guerriero templare*
Robert Bryndza, *La ragazza nell'acqua*
G. Albertini - G. Gualdoni - G. Staffa, *Leonardo da Vinci. Il Rinascimento dei morti*
Gordon Doherty, *Imperatori e dèi*
Teresa Driscoll, *L'amica perfetta*
Riccardo Landini, *Il giallo di San Giorgio*
Winnie M Li, *Vittima innocente*
Sabine Martin, *Il tesoro segreto dei templari*
Barbara Taylor Sissel, *Una famiglia colpevole*
Salvo Toscano, *Joe Petrosino. Il mistero del cadavere nel barile*
Joy Ellis, *Il cadavere nella palude*
Silvio Foini, *Il monastero del male*
Patricia Gibney, *Le ragazze scomparse*
Rachel Caine, *Il mistero della casa sul lago*
Debbie Howells, *Una morte silenziosa*
Francesca Ramacciotti, *I custodi della pergamena del diavolo*
Simon Scarrow, *Eroi in battaglia*
S.J.A. Turney, *L'imperatore dannato*
Valerio Marra, *La donna del lago*
Javier Negrete, *Alessandro Magno e l'aquila di Roma*
Carmelo Nicolosi de Luca, *Il codice dei cavalieri di Cristo*
Mike Omer, *Nella mente del serial killer*
Romy Fölck, *Non entrate in quella casa*
Anthony Riches, *L'impero. La battaglia impossibile*
A.J. Banner, *Il testimone perfetto*
Jess Ryder, *La ex moglie*
Alex Sinclair, *I segreti della famiglia Turner*
Brian McGilloway, *Il cadavere nel fiume*
Daniel Kalla, *La maledizione della peste nera*
Jenny Blackhurst, *La figlia adottiva*
G. L. Barone, *L'alchimista di Venezia*
Franco Matteucci, *Il mistero del cadavere sul treno*
Joel C. Rosenberg, *Cospirazione Cremlino*
Claudio Aita, *La casa del manoscritto maledetto*
Guido Dieckmann, *Il patto dei sette templari*
Alex Connor, *Goya Enigma*
T.R. Ragan, *Il peso di uccidere*
Helen Fields, *Resti perfetti*
Cynthia Clark, *Mi chiamo Elizabeth e sono un'assassina*
Laura Elliot, *Colpevole*
Alison Belsham, *Il ladro di tatuaggi*
Stuart MacBride, *Strade insanguinate*
Massimiliano Colombo, *L'aquila della decima legione*

Kerry Wilkinson, *Il matrimonio degli inganni*
Kate Mosse, *La città dei labirinti senza fine*
Massimo Lugli - Antonio Del Greco, *Quelli cattivi*
Michelle McNamara, *Dieci brutali delitti*
Marcello Simoni, *L'enigma dell'abate nero*
Massimo Binarelli, *Il mistero del collegio abbandonato*
Alessandro Troisi, *La biblioteca del diavolo*
A.G. Riddle, *Un mondo di ghiaccio*
Andrea Frediani, *La guerra infinita*
Jack Whyte, *La fratellanza dell'impero*
Angela Marsons, *Linea di sangue*
Lucie Whitehouse, *Morte sospetta*
Barbara Copperthwaite, *Un'amica quasi perfetta*
Henry Venmore-Rowland, *L'imperatore tiranno*
Zoje Stage, *Una bambina cattiva*
Raffaele Malavasi, *Due omicidi diabolici*
Alessandra Carnevali, *Delitto in alto mare*
Rachel Sargeant, *I perfetti vicini di casa*
S.E. Lynes, *La maestra bugiarda*
Harry Sidebottom, *Gli ultimi eroi di Roma*
Gavino Zucca, *Il delitto di Saccargia*
Paolo Pinna Parpaglia, *Quasi innocente*
Jeroen Windmeijer, *La biblioteca dei labirinti*
Alex Marwood, *Una ragazza malvagia*
Clare Boyd, *Una bugia perfetta*
Luis Zueco, *Il monastero*
Kimberly Belle, *Una madre perfetta*
Max e Francesco Morini, *Il giallo di Ponte Sisto*
Simon Wood, *Otto anni prima*
Jo Jakeman, *Quella mattina prima di morire*
Adam Croft, *Un normale giorno di paura*
Douglas Jackson, *La conquista di Roma*
Liz Fenton e Lisa Steinke, *Un uomo tranquillo*
Liz Lawler, *La paziente scomparsa*
Andrea Frediani, *L'enigma del gesuita*
Matteo Strukul, *Le sette dinastie*
Fabio Delizzos, *Il quadro segreto di Leonardo*
Karen Katchur, *Due cadaveri senza nome*
Nicola Rayner, *Un marito quasi perfetto*
Andy Stone - Linda Lafferty, *Il quadro maledetto di Caravaggio*
Scarlett Thomas, *Il gatto dell'altro mondo*
Sharon Bolton, *L'uomo di carta*
Tami Hoag, *Unica testimone*
Erin Kelly, *Il cattivo psichiatra*
Simon Scarrow, *Lunga vita all'impero*

David Barbaree

Il trono di Roma

Volume rilegato di 468 pagine. € 10

Ferito e rinchiuso in una cella oscura, giace Nerone, il tiranno brutalmente deposto, ormai privato del suo potere, della sua libertà e della vista. Sull'orlo della più completa disperazione, la sua unica compagnia è un giovane che gli porta magre razioni di cibo, un semplice ragazzino che ha paura della sua stessa ombra. Ma per qualcuno che in vita ha raggiunto il più grande potere immaginabile, una cosa è chiara: persino gli imperatori un tempo sono stati semplici ragazzini. Dieci anni dopo, il figlio del nuovo imperatore assiste alle sorti incerte del dominio di suo padre. Ovunque posi lo sguardo ci sono ribellioni e persino coloro che gli sono più vicini si sono macchiati di tradimento in passato. In questo panorama sconfortante, arriva dai confini più remoti dell'impero un senatore ricchissimo, con una giovane e irrequieta guardia al suo seguito. L'uomo è saggio e imperscrutabile, generoso di tempo e denaro con un imperatore che ha disperato bisogno di un amico. Un amico che adesso ha un sorriso rassicurante e una benda sugli occhi…

Simon Scarrow

Lunga vita all'impero

Volume rilegato di 384 pagine. € 9,90

54 D.C. A causa dei tumulti che provengono dalle frange orientali dell'impero romano, il prefetto Catone e il centurione Macrone si trovano a far fronte a una nuova minaccia. L'impero partico ha invaso l'Armenia, che gode della protezione di Roma, e il sovrano è stato deposto. Il re Radamisto è ambizioso e privo di scrupoli, ma è leale nei confronti di Roma. Per questo il generale Corbulone è stato incaricato di rimetterlo sul trono e di prepararsi alla guerra contro i parti. L'arrivo di Catone e Macrone, soldati di grande esperienza, rappresenta l'unica speranza che Corbulone ha per tenere alto il morale delle truppe e organizzare l'offensiva. Ma riusciranno a tenere a bada il narcisismo del re Radamisto? Il sovrano, infatti, è intenzionato a ottenere la sua vendetta ed è solo questione di tempo prima che compia un passo falso che potrebbe mettere a repentaglio le sorti della guerra, l'invincibilità di Roma e, soprattutto, migliaia di vite…

NEWTON COMPTON EDITORI

Andrea Frediani

L'enigma del gesuita

Volume rilegato di 352 pagine. € 9,90

Roma 1634. Il pontefice Urbano VIII riceve una lettera misteriosa: l'autore sostiene di volergli rivelare la chiave per decifrare i geroglifici e, forse, accedere così al sapere originario che Adamo avrebbe tramandato ai suoi discendenti. Il segreto sarebbe custodito nella trascrizione di un'antica stele perduta. Per evitare che cada nelle mani sbagliate, l'uomo ha smembrato il manoscritto e ne ha celato le varie parti dietro una serie di enigmi. Il papa si rivolge così al suo uomo più geniale, il gesuita Athanasius Kircher, inventore, illusionista e studioso, cui affida il difficile compito di decifrare il mistero. Ma anche il cardinale Richelieu è sulle tracce dell'antica conoscenza perduta, mentre la setta che nei secoli ha protetto il segreto fa di tutto per impedire che venga svelato... Padre Kircher, accompagnato da un improvvisato giovane assistente, parte per seguire le tracce che potrebbero aiutare a svelare l'enigma: da Roma all'Egitto, da Parigi a Vienna, da Costantinopoli di nuovo a Roma, gli agenti papali ingaggiano una sfida serrata e senza esclusione di colpi con i francesi, che li costringerà a scelte difficili e a una corsa contro il tempo.

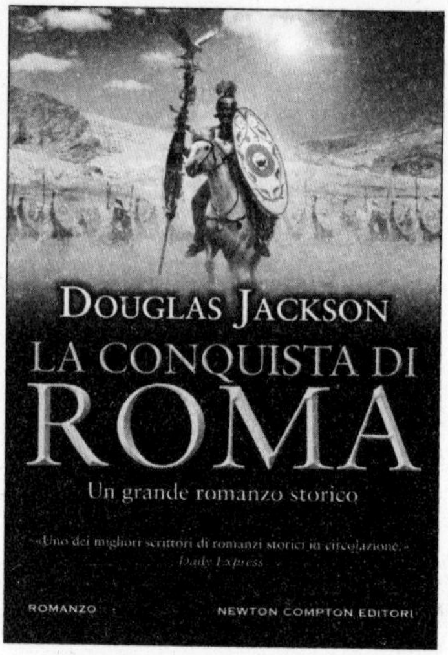

Douglas Jackson

La conquista di Roma

Volume rilegato di 432 pagine. € 12,90

70 D.C. Gaio Valerio Verre, un tempo tribuno militare, è in disgrazia. Bandito da Roma, con la minaccia della pena capitale, non gli resta che partire per l'Oriente, dove è in corso la ribellione dei giudei. L'unica speranza di ridare lustro alla sua famiglia, infatti, è legata al suo amico Tito, comandante delle armate in Giudea e figlio del nuovo imperatore, Vespasiano. Ma non appena Valerio raggiunge l'accampamento dei legionari, a ridosso della fortezza di Gerusalemme, si accorge che Tito è un uomo molto diverso da come lo ricordava. Il giovane pieno di ideali si è trasformato in un soldato cinico e spietato, schiacciato dalla responsabilità della missione che suo padre gli ha assegnato: sedare la ribellione a ogni costo. Valerio si ritroverà al centro di una fitta rete di intrighi, ordita dalla regina Berenice di Cilicia, amante di Tito, e dal suo alleato Flavio Giuseppe. Ma non è con i complotti né con la diplomazia che Gerusalemme potrà essere riconquistata. Valerio dovrà decidere se è arrivato il momento di pagare un tributo di sangue.

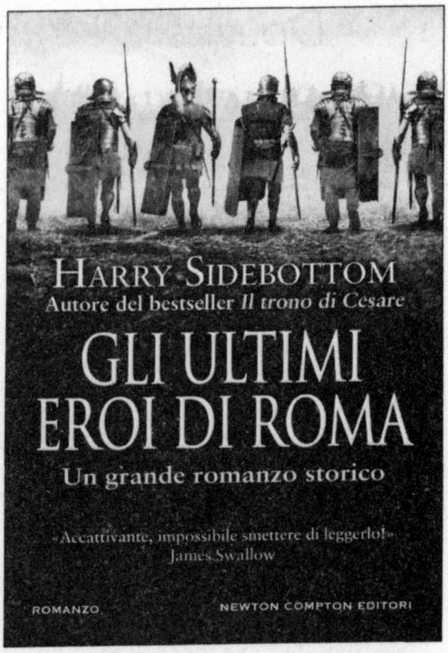

Harry Sidebottom

Gli ultimi eroi di Roma

Volume rilegato di 336 pagine. € 9,90

Valente è un giovane e ambizioso ufficiale dell'esercito romano. Viene incaricato di prendere parte a una missione rischiosa, insieme con uno sparuto gruppo di soldati. Il compito assegnato è quello di trarre il salvo il principe Sasan, che è stato imprigionato nell'impenetrabile Castello del Silenzio, una fortezza arroccata oltre la Mesopotamia, tra le montagne a sud del Mar Caspio. Soli in un territorio ostile, Valente e i suoi compagni verranno messi alla prova come mai prima d'ora. Specialmente quando, ad uno ad uno, cominceranno a morire in circostanze sospette… L'operazione di salvataggio sembra improvvisamente essersi trasformata in una missione suicida. Se vuole davvero avere una speranza di salvarsi, Valente dovrà conquistarsi la fiducia dei pochi soldati superstiti, per condurli in salvo prima che sia troppo tardi.

NEWTON COMPTON EDITORI

Henry Venmore-Rowland

L'imperatore tiranno

Volume rilegato di 320 pagine. € 9,90

68 d.C. L'imperatore Nerone non ha figli e non ha designato eredi. Improvvisamente la possibilità che Roma torni a essere una repubblica non è più così remota e le ambizioni di molti rischiano di scatenare corruzione, caos e spargimenti di sangue. Aulo Cecina Severo, l'eroe della gloriosa campagna contro Budicca, viene coinvolto in una cospirazione che mira a rovesciare la dinastia dei Cesari. In nome dei suoi ideali, sarà chiamato a commettere un tradimento, a sollevare una rivolta e persino ad affrontare torture che vanno oltre ogni immaginazione. Ma è davvero questo il destino di Roma? Il confine tra ciò che è giusto e sbagliato, infatti, è sempre più incerto e mantenere fede ai giuramenti diventa per Severo ogni giorno più pericoloso. Se vuole davvero mantenere intatto l'onore e agire per il bene di Roma, dovrà usare tutta la tempra acquisita in battaglia e affinare la sua astuzia politica. Perché con l'arrivo dell'anno dei quattro imperatori, le lotte di potere potrebbero degenerare in una sanguinosa guerra civile...

NEWTON COMPTON EDITORI